国家社科基金特别委托课题"全国生态文明先行示范区建设理论与实践研究：以湖州市为例"（编号：16@ZH005）

湖州市"三农"发展报告

——"两山"转化引领新时代乡村振兴

曹永峰 等◎著

2019

中国社会科学出版社

图书在版编目（CIP）数据

湖州市"三农"发展报告.2019："两山"转化引领新时代乡村振兴/曹永峰等著.—北京：中国社会科学出版社，2020.3
ISBN 978-7-5203-7307-4

Ⅰ.①湖…　Ⅱ.①曹…　Ⅲ.①三农问题—研究报告—湖州　Ⅳ.①F327.553

中国版本图书馆CIP数据核字（2020）第179629号

出 版 人	赵剑英
责任编辑	刘晓红
责任校对	周晓东
责任印制	戴　宽

出　　版	中国社会科学出版社
社　　址	北京鼓楼西大街甲158号
邮　　编	100720
网　　址	http://www.csspw.cn
发 行 部	010-84083685
门 市 部	010-84029450
经　　销	新华书店及其他书店
印刷装订	北京市十月印刷有限公司
版　　次	2020年3月第1版
印　　次	2020年3月第1次印刷
开　　本	710×1000　1/16
印　　张	18.5
插　　页	2
字　　数	245千字
定　　价	108.00元

凡购买中国社会科学出版社图书，如有质量问题请与本社营销中心联系调换
电话：010-84083683
版权所有　侵权必究

《湖州市"三农"发展报告》编委会

主　任：姚红健

副主任：曹永峰　徐海圣　叶　主　毛毓良　臧新昌

成　员：（按姓氏笔画）

王文龙　王柱国　杨小丰　何国华　何新荣　陆　萍
邵　梅　周　克　钱伟茂　黄　丹　曾建露　蔡颖萍

目 录

第一章 新时代乡村振兴的理论基础:"两山"理念与习近平生态文明思想 ……………………………………………… 1

第一节 "两山"理念与湖州的实践 ……………………………… 1

第二节 以习近平生态文明思想指引新时代乡村振兴 ……… 15

第二章 湖州市乡村振兴的"两山"转化基础 ……………… 34

第一节 湖州市农村自然基础 ……………………………… 34

第二节 湖州市农业产业基础 ……………………………… 42

第三节 湖州市乡村人文基础 ……………………………… 65

第三章 湖州市农业绿色转化 ……………………………… 79

第一节 湖州市绿色传统农业绿色转化 …………………… 79

第二节 湖州市农业新兴业态绿色发展 …………………… 102

第三节 湖州市农产品加工业绿色发展 …………………… 117

第四章 湖州市美丽乡村生态化转化 ……………………… 132

第一节 湖州市美丽乡村向美丽景区转化 ………………… 132

第二节 田园城市及实践探索 ……………………………… 146

第三节 湖州市美丽乡村向美丽经济转化 ………………… 162

第五章 湖州市乡村振兴内生动力转化 …………………… 179

 第一节 湖州市乡村振兴科技动力转化 …………………… 179

 第二节 湖州市乡村振兴人才动力转化 …………………… 197

 第三节 湖州市乡村振兴农业生产经营组织化动力转化 …… 208

第六章 湖州市乡村振兴制度供给转化 …………………… 227

 第一节 湖州市乡村振兴制度框架和行动方案 …………… 227

 第二节 湖州市农村土地管理制度改革创新 ……………… 231

 第三节 湖州市农村金融制度改革创新 …………………… 238

 第四节 湖州市幸福乡村制度创新 ………………………… 250

附录 ………………………………………………………………… 271

参考文献 ………………………………………………………… 280

第一章 新时代乡村振兴的理论基础："两山"理念与习近平生态文明思想

第一节 "两山"理念与湖州的实践

一 "两山"理念与湖州的生态文明之路

（一）"两山"理念的诞生与内涵

1. "两山"理念的诞生

2005年8月15日，时任浙江省委书记的习近平同志到湖州市安吉县余村考察时，首次提出"绿水青山就是金山银山"的科学论断。

湖州市安吉县余村是"两山"理念的诞生地，"两山"理念是习近平生态文明思想的核心内容。习近平总书记"两山"理念的提出具有深刻的时代背景，植根于中国特色社会主义建设之中，集中体现了21世纪之初我国促进经济社会发展与生态文明建设协调共进的实践要求。

20世纪六七十年代以来，针对越发严重的生态环境问题，推动可持续发展成为全球战略共识。改革开放以来的中国，为尽可能地促进生产力发展、经济增长，解决人们的物质生活问题，在推进工业化、走向现代化的进程中也产生了大量生态环境问题，陷入了发展的困境。

与全国一样，改革开放起步较早的湖州，同样也面临了"成长的烦恼"。湖州一度成为长三角建筑石料的主要供应地，造成绿水变浑、淤泥沉积、青山掉色。20世纪90年代初，环太湖城市纷纷兴起工业化建设高潮，随着乡镇企业异军突起，太湖沿岸工业蓬勃发展，太湖水污染非常严重，水质逐渐变浑、变黑，暴发了蓝藻事件，太湖流域的湖州面临了"守着太湖没水喝"的尴尬局面。1997年12月31日，国务院开展了一场声势浩大的"聚焦太湖零点达标行动"，拉开了太湖生态治理的序幕。"太湖治污零点行动"倒逼太湖流域产业结构调整，不少污染企业关停、搬迁，安吉县确立了"生态立县"战略、湖州市确立了"生态立市"战略。

早在2003年，时任浙江省委书记的习近平同志亲自推动"千村示范、万村整治"工程。时隔15年的2018年，联合国环境规划署将年度"地球卫士奖"中的"激励与行动奖"颁给浙江省"千万工程"。[①] 这是联合国最高环保荣誉，充分说明中国和浙江推进生态文明建设的努力和成效得到国际社会认可。

2003年4月9日，习近平到安吉调研时指出，"推进生态建设，打造'绿色浙江'，像安吉这样生态环境良好的地方，要把抓特色产业和生态建设有机结合起来，深入实施'生态立县'发展战略，努力在浙江省率先基本实现现代化"，"安吉最好的资源是竹子，最大的优势是环境。只有依托丰富的竹子资源和良好的生态环境，变自然资源为经济资源，变环境优势为经济优势，走经济生态化之路，安吉经济的发展才有出路"[②]。2003年7月，时任浙江省委书记的习近平提出实施"八八战略"，其中就包括"进一步发挥浙江的

---

① 《顶层设计+万千农户绘就中国农村新画卷——浙江"千万工程"获联合国"地球卫士奖"》，新华网，http://www.xinhuanet.com/politics/2018-09/30/c_1123508683.htm。

② 俞文明：《习近平在安吉调研时强调"推进生态建设、打造'绿色浙江'"》，《浙江日报》2003年4月10日第1版。

第一章 新时代乡村振兴的理论基础："两山"理念与习近平生态文明思想

生态优势，创建生态省，打造'绿色浙江'"这一重要内容。

2005年8月15日，习近平再次来到安吉县余村调研，当得知余村为贯彻生态立县战略陆续关停矿山、水泥厂时，习近平对余村的做法给予了高度评价，"你们下决心关停矿山就是'高明之举'，我们过去讲既要绿水青山，又要金山银山；实际上绿水青山就是金山银山"①，"长三角有多少游客呀，安吉距杭州一个小时，距上海两个小时，生态旅游是一条康庄大道。当鱼和熊掌不能兼得的时候，要学会放弃，要知道选择，发展有多种多样，安吉在可持续发展的道路上走得对，走得好。"② 9天后，习近平在《浙江日报》《之江新语》发表《绿水青山也是金山银山》的评论，明确提出，"我们追求人与自然的和谐，经济与社会的和谐，通俗地讲，就是既要绿水青山，又要金山银山"，"我省拥有良好的生态环境优势，如果能把这些生态环境优势转化为生态农业、生态工业、生态旅游等生态经济的优势，那么绿水青山也就变成了金山银山"。③

2006年3月23日，习近平进一步从金山银山与绿水青山之间对立统一的角度做了更为完整、更为严谨的表述："人们在实践中对绿水青山和金山银山这'两座山'之间的关系的认识经过了三个阶段：第一个阶段是用绿水青山去换金山银山，不考虑或者很少考虑环境的承载能力，一味索取资源。第二个阶段是既要金山银山，但是也要保住绿水青山，这时候经济发展和资源匮乏、环境恶化之间的矛盾凸显出来，人们意识到环境是我们生存发展的根本，要留得青山在，才能有柴烧。第三个阶段是认识到绿水青山可以源源不断地带来金山银山，绿水青山本身就是金山银山，我们种的常青树

---

① 参见2005年8月15日时任浙江省委书记习近平在安吉余村调研时的讲话，根据余村电影院视频材料整理。
② 陈毛应：《希望安吉提供更多更好的经验——习近平同志在安吉考察侧记》，《今日安吉》2005年8月18日第1版。
③ 习近平：《之江新语》，浙江人民出版社2007年版，第153页。

就是摇钱树,生态优势变成经济优势,形成了一种浑然一体、和谐统一的关系。"①

2. "两山"理念的内涵

目前,学界对"两山"理念的科学含义已经达成共识。从静态角度来认识,绿水青山代表生态环境,喻指作为人们生产生活所依赖的优质生态环境条件,与社会系统相融合地稳定持续地支撑经济社会发展的自然界样态和价值。金山银山代表经济发展,喻指经济发展及其基础上的社会发展,狭义而言指物质财富创造,广义而言指物质条件为基础的一切社会生活条件。"金山银山"与"绿水青山"反映的是人与自然的关系,即经济社会及人的发展与生态环境的关系;"绿水青山就是金山银山"意味着要正确处理生态环境与经济发展的关系,绿水青山和金山银山绝不是对立的,而是统一的,关键点和根本点是在"就是"两个字上。习近平总书记"三个重要论断":一是"既要金山银山,又要绿水青山";二是"宁要绿水青山,不要金山银山";三是"绿水青山就是金山银山"。其核心也是"绿水青山就是金山银山"。这一重要论断已经载入党的十九大报告及新党章,成为生态文明建设的指导思想。

从动态角度来认识,习近平指出,在处理生态环境与经济发展的关系上我们经过了三个阶段:一是用绿水青山去换金山银山;二是既要金山银山,也要绿水青山;三是绿水青山就是金山银山。这反映了人类发展理念和价值取向从单纯经济观点、经济优先,到经济发展与生态保护并重,再到生态价值优先、生态环境保护成为经济发展内在变量的变化轨迹,标志着发展理念的深刻变革、价值取向的深度调整、发展模式的根本转换,是人与自然关系不断调整、趋向和谐的过程。

"两山"理念来源于习近平总书记对人与自然、环境与经济、

---

① 习近平:《之江新语》,浙江人民出版社2007年版,第186—187页。

第一章　新时代乡村振兴的理论基础：
"两山"理念与习近平生态文明思想

保护与发展之间关系的深刻思考。"'两山'理念在解决经济增长与环境保护之间的'对立'中找到'转化'之策，在解决人与自然之间的'矛盾'中指明'共生'之路"，开辟了绿色发展的现实途径，使良好的生态环境成为提升人民群众获得感的重要增长点。

（二）湖州的生态文明之路

十几年来，从理念到实践，从湖州市安吉县余村到全国，"两山"理念被越来越多的地方实践所印证，成为推进生态文明建设的科学指南。①

1. "两山"理念指引下的余村生态经济转化

余村在"两山"理念指引下，转变发展思路，以壮士断腕的勇气放弃不可持续的发展方式，在营造人与自然和谐关系中创造新的经济增长点。余村坚持有所为、有所不为，全面关停每年给村集体经济带来300多万元收入，但对环境破坏极大的石矿企业，把全村规划为休闲旅游区、美丽宜居区、生态农业区三个区块，以荷花山风景区和隆庆禅院为主干，配上漂流、农家乐等服务项目，开拓村域休闲旅游产业，创建了国家4A级景区；以舒适、优美、生态、人文为目标，推进村级"美丽乡村"建设，拆治同步、改建结合，不断改善人居环境，提升人居品位；以绿色自然为底色，围绕"文创小镇""智慧小镇"建设，大力招引无污染、高效益企业，努力增强发展后劲。余村在山清水秀中走上了致富路，实现了从"卖石头"到"卖风景"的华丽转身。2015年，余村53位村民代表写信给习近平总书记报喜，向习近平总书记表达了自己的感受："我们按照您十年前来余村讲的'绿水青山就是金山银山'这句话做了以后，如今过上了睡在梦中都会笑醒的好日子。"② 2018年余村成功

---

① 祁巧玲：《"两山"理念与实践交融出怎样的智慧？——绿水青山就是金山银山湖州会议综述》，《中国生态文明》2017年第6期。
② 参见2015年1月余村53位村民代表写给习近平总书记的题为"向习总书记报个喜"的信。

创建国家4A级景区，2017年全村实现农村经济总收入2.78亿元，村集体经济总收入达410万元，比2005年的91万元，增长4.51倍；村民人均纯收入达41378元，比2005年的8732元，增长4.74倍。如今的余村真正实现了村强、民富、景美、人和的幸福愿景，余村经济社会发展的实绩使其成为中国美丽乡村建设和"两山"重要思想的实践样本。由此可见，"两山"理念与世界发展大势紧密联系在一起，深深植根于中国发展实际，在具体的湖州实践中得以生成。

余村从"矿山经济"转向"生态经济"，走上经济社会发展与生态环境保护双赢的绿色发展之路，以农村微观样本呈现了"两山"理念在当代的实践价值。"绿水青山就是金山银山"的发展理念体现了中国特色社会主义建设的规律性，以改革创新时代精神推进经济社会转型发展的历史必然性，以生态文明建设提升发展质量的方向性，以创造美好生活实现人民群众根本利益的目的性。

2. 湖州市的生态文明建设之路

习近平提出"两山"理念后，湖州市逐步意识到生态环境的宝贵，利用资源、发挥优势，2006年获国家环保模范城市、国家园林城市称号。在"两山"理念引领下，湖州市在2007年的湖州市第六次党代会上确立了建设现代化生态型滨湖大城市的奋斗目标，作出了创建生态市的工作部署，将绿色发展理念融入规划编制、产业培育、项目招引、城乡建设等各个方面，加大环境保护力度，加快产业转型步伐，发展绿色经济，打造生态城市，建设美丽乡村，为走生态文明之路积累了坚实的基础。

2014年，经国务院同意，湖州市被国家发改委等六部委批准为全国首个地级市生态文明先行示范区。① 2015年，在"两山"理念

---

① 《浙江湖州获批成全国首个地级市生态文明先行示范区》，中国新闻网，http://www.chinanews.com/df/2014/06-25/6320103.shtml。

第一章　新时代乡村振兴的理论基础：
"两山"理念与习近平生态文明思想

诞生十周年之际，湖州承办了全国农村精神文明建设工作经验交流会和浙江省委"两山"理论研讨会，开展了"两山"理念学习座谈和纪念活动，在湖州市上下进一步深化了对"两山"理念和生态文明建设的规律性认识，"尊重自然顺应自然保护自然、发展和保护相统一、绿水青山就是金山银山、自然价值和自然资本、空间均衡、山水林田湖是一个生命共同体"等理念深入干部群众心灵。

2015年，湖州市委第七届九次全会上确立了生态立市首位战略，进一步增强了湖州市上下践行"两山"理念的高度自觉和自信，更加坚定地照着绿水青山就是金山银山这条路走下去。湖州市上下坚定不移照着"两山"的路子走下去，立足实际资源禀赋，坚持因地制宜，努力探索和打通"两山"转化的通道，深化生态创建，发展生态产业，整治生态环境，培育生态文化，创新生态制度，在保护生态和发展经济中寻求最大的共赢点，实现了从靠山吃山到养山富山的转变，生态文明的前进步伐越迈越坚定、越迈越自信。湖州市战略性新兴产业年均保持两位数以上的增长，"美丽经济"方兴未艾，治水、治气、治矿、治土等成效明显，立法、标准、机制"三位一体"生态文明制度创新为浙江省乃至全国提供了"湖州样本"，并成为了全国唯一一个生态县区全覆盖的国家生态市、全国唯一一个市级全域旅游示范区、全国内河水运转型发展示范区。

2016年12月2日，全国生态文明建设工作推进会议在湖州市召开，习近平总书记作出重要指示："生态文明建设是'五位一体'总体布局和'四个全面'战略布局的重要内容。各地区各部门要切实贯彻新发展理念，树立'绿水青山就是金山银山'的强烈意识，努力走向社会主义生态文明新时代。要深化生态文明体制改革，尽快把生态文明制度的'四梁八柱'建立起来，把生态文明建设纳入制度化、法治化轨道。要结合推进供给侧结构性改革，加快推动绿色、循环、低碳发展，形成节约资源、保护环境的生产生活方式。要加大环境督查工作力度，严肃查处违纪违法行为，着力解决生态环境方面突出问题,让人民群众不断感受到生态环境的改善。各级党委、政府及各有关方面要把生态文明建设作为一项重要任务,扎实工作、合力攻坚,坚持不懈、务求实效,切实把党中央关于生态文明建设的决策部署落到实处,为建设美丽中国、维护全球生态安全作出更大贡献。"李克强总理作出了重要批示:"生态文明建设事关经济社会发展全局和人民群众切身利益,是实现可持续发展的重要基石。近年来,各地区各部门按照党中央、国务院决策部署,采取有效措施,在推动改善生态环境方面做了大量工作,取得积极进展。希望牢固树立新发展理念,以供给侧结构性改革为主线,坚持把生态文明建设放在更加突出的位置。着力调整优化产业结构,积极发展生态环境友好型的发展新动能,坚决淘汰落后产能。着力通过深化改革完善激励约束制度体系,建立保护生态环境的长效机制。着力依法督察问责,严惩环境违法违规行为。着力推进污染防治,切实抓好大气、水、土壤等重点领域污染治理。依靠全社会的共同努力,促进生态环境质量不断改善,加快建设生态文明的现代化中国。"张高丽副总理亲临会议并作重要讲话,多次肯定了湖州的工作,指出"我们看到浙江和湖州十多年来沿着近平总书记指明的方向前进,取得了经济发展、民生改善、生态良好的巨大成绩,感到十分高兴,深受教育启发"。并强调"要学习浙江、湖州宝贵的经验,交流各省成功的做法,进一步推进全国生态文明建设工作"。① 这是近年来在湖州市举办的规格最高、影响最大的全国性会议。会议的成功召开,进一步增强了湖州的荣誉感、责任感和使命感,为湖州进一步做好工作指明了方向、提供了遵循。同时,也极大地提升了湖州的美誉度和影响力,标志着湖州生态文明建设已经吸引了从上到下、由内而外各方面广泛关注的目光,已经形成了既

---

① 《习近平对生态文明建设作出重要指示 李克强作出批示》,新华网,http://www.xinhuanet.com/politics/2016-12/02/c_1120042543.htm。

第一章　新时代乡村振兴的理论基础：
"两山"理念与习近平生态文明思想

护美绿水青山，又做大金山银山，实现人与自然和谐共生、经济与环境协调发展的可看、可学、可示范的样板，已经进入了一个新的发展阶段。自此以来，湖州成功创建了"中国制造 2025"试点示范城市、国家绿色金融改革创新试验区、国家生态文明建设示范市和全国"绿水青山就是金山银山"实践创新基地、全国文明城市。

二　"两山"理念湖州实践的示范意义

湖州是"两山"理念的诞生地，也是"两山"理念实践的先行地。自"两山"理念提出以来，湖州秉持理念先行，"不懈探索生态环境保护与经济社会发展协同共进的实践路径，促进经济社会绿色转型发展，创造人民美好生活所需的生态环境和经济社会条件，取得了显著成效，走出了一条人与自然和谐共生、经济与环境协调发展的新路子，彰显了'两山'理念强大的生命力，为全国深入践行'两山'理念、推进社会主义生态文明建设提供了宝贵经验和实践参照。"①

1. "两山"理念湖州实践的历史意义

2005 年 8 月 15 日，时任浙江省委书记的习近平同志到湖州市安吉县余村考察时，首次提出了"绿水青山就是金山银山"的理念。2015 年 2 月 11 日，习近平总书记在会见全国军民迎新春茶话会代表时，叮嘱湖州要"照着绿水青山就是金山银山这条路走下去"。2016 年 7 月 29 日，习近平总书记在会见全国"双拥模范城市"代表时，再次叮嘱湖州要充分认识并发挥好生态这一最大优势，"一定要把南太湖建设好"。所以，湖州以"两山"理念引领生态文明建设实践是落实习近平总书记嘱托的重要体现，湖州在"两山"理念实践上承担着特殊历史使命和重大政治任务。

2016 年 12 月，全国生态文明建设工作推进会在湖州召开，习

---

① 《"两山"理念的湖州实践》，中国湖州门户网，http://www.huzhou.gov.cn/hzzx/bdxx/20171229/i751910.html。

近平总书记作出重要指示,"各地区各部门要切实贯彻新发展理念,树立'绿水青山就是金山银山'的强烈意识,努力走向社会主义生态文明新时代"。2017年5月26日,习近平总书记在主持中央政治局集体学习时强调"推动形成绿色发展方式和生活方式是贯彻新发展理念的必然要求",湖州要"努力实现经济社会发展与生态环境保护协同共进,为人民群众创造良好生产生活环境",再次强调了"两山"理念的实践要求。

党的十九大提出中国特色社会主义进入新时代是我国发展新的历史方位,新时代、新方位、新矛盾必然要求新思想、新战略,"坚持人与自然和谐共生"作为新时代坚持和发展中国特色社会主义的基本方略之一,明确指出"建设生态文明是中华民族永续发展的千年大计,必须树立和践行绿水青山就是金山银山的理念";随后,"增强绿水青山就是金山银山的意识"也被写入新修订的《党章》。"两山"理念诞生于湖州到写入党的十九大报告和党章,经历了12年的实践探索,成为全党全社会的共识和行动指南,标志着"两山"理念达到了新的历史高度,"两山"理念必将对新时代中国特色社会主义实践产生深远影响。这一历史进程既是对"两山"理念湖州实践的充分肯定,也是对新时代中国特色社会主义生态文明建设提出的新要求,体现了湖州实践的重要历史意义。

2. "两山"理念湖州实践的总体特征

十余年来,湖州牢固树立"绿水青山就是金山银山"理念,坚持生态立市发展战略不动摇,扎实推进生态文明建设,全面促进经济社会绿色转型发展,形成了"护美绿水青山、做大金山银山、完善制度体系、传承生态文化"为主要内容和标志的"两山"湖州实践模式。①

---

① 《"两山"理念的湖州实践》,中国湖州门户网,http://www.huzhou.gov.cn/hzzx/bdxx/20171229/i751910.html。

第一章 新时代乡村振兴的理论基础：
"两山"理念与习近平生态文明思想

我们深刻领会"两山"理念的理论内涵和内在逻辑，以及探索创新"两山"理念的实践路径和发展模式。我们深刻认识到：只有"护美绿水青山"创造生态环境优势，才能提供更多优质生态产品满足人民日益增长的优美生态环境需要；只有发展生态经济"做大金山银山"，才能把生态环境优势高效高质地转化为经济优势，进而满足人民日益增长的美好生活需要；只有大力推进生态文明体制改革，完善生态文明制度体系，才能为"绿水青山就是金山银山"的具体实践提供制度保障，确保实践成果的制度固化；只有传承弘扬生态文化，才能为生态文明建设提供最深远、最持久、最根本的力量，才能使"绿水青山就是金山银山"的理念深入人心、意识更加强烈，为生态文明建设提供强大精神支撑。①

从湖州实践的结构分析中，我们发现它是一个有机整体，其显著特征可概括为：深刻领会"两山"理念的理论内涵是首要前提；集聚人与自然和谐共生、生产生活与生态、经济社会发展与生态环境保护协同共进的实践要素是关键环节；树立和践行社会主义生态文明观，科学化、体系化推动人与自然和谐发展现代化建设新格局，满足人民日益增长的美好生活需要，争做践行"两山"理念样板地模范生，奋力率先走向社会主义生态文明新时代是其价值目标。

生态兴则文明兴，生态衰则文明衰。党的十九大报告明确提出，像对待生命一样对待生态环境，坚定走生产发展、生活富裕、生态良好的文明发展道路，建设美丽中国。中国特色社会主义优越性的展现，需要经济发展和国力强大，更需要生态安全和生态兴旺。通过这些年的创新实践，社会主义生态文明在湖州大地释放出了巨大的"生态红利"。2014—2018 年，湖州的 GDP 年均增长 8.18%，城

---

① 《"两山"理念的湖州实践》，中国湖州门户网，http://www.huzhou.gov.cn/hzzx/bdxx/20171229/i751910.html。

乡居民人均可支配收入年均分别增长8.74%和9.42%，收入倍差缩小到1.71∶1。湖州作为"两山"理念诞生地、中国美丽乡村发源地、"生态+"绿色发展先行地和太湖流域生态涵养地，先后被列为全国首个地市级生态文明先行示范区、成为全国唯一一个国家生态县区实现全覆盖的国家生态市、国家第一批生态文明建设示范市、"两山"实践创新基地。党的十九大报告中，习总书记再次向全世界宣告，我们建设的现代化是人与自然和谐共生的现代化，中国走的发展道路是绿色、低碳、可持续发展的道路，我们不仅要做好中国的事情，还要为全球生态安全做出贡献。展望未来，湖州将以习近平新时代中国特色社会主义思想为指导，深入贯彻落实党的十九大精神，奋力当好践行"两山"理念样板地模范生，奋力率先走向社会主义生态文明新时代，为夺取新时代中国特色社会主义伟大胜利贡献力量。①

3."两山"理念湖州实践的示范意义

湖州不仅是"两山"理念的诞生地，面向新时代湖州还要争当践行"两山"理念的样板地模范生，历经十多年的实践，湖州经验在以下方面具有示范意义：

在生态理念上，应当坚持好"人与自然是生命共同体，必须尊重自然、顺应自然、保护自然，满足人民优美生态环境需要"的生态价值观念，"当生产与生活发生矛盾时，优先服从于生活；当项目与环境发生矛盾时，优先服从于环境；当开发与保护发生矛盾时，优先服从于保护。"②

在生态标准上，应当加快创新生态文明制度体系，健全目标责任体系，确立走向社会主义生态文明新时代的工作标准、生态立市优先战略的制度标准、生态文明建设效应最大化的检验标准，坚持

---

① 《"两山"理念的湖州实践》，中国湖州门户网，http://www.huzhou.gov.cn/hzzx/bdxx/20171229/i751910.html。

② 陈伟俊：《新时代生态文明建设的湖州实践》，《国家治理》2017年第48期。

第一章 新时代乡村振兴的理论基础：
"两山"理念与习近平生态文明思想

立法、标准、制度"三位一体"，加强生态立法、制定建设标准、探索长效机制。

在生态环境上，应当把解决突出生态环境问题作为民生优先领域，有效防范生态环境风险，提高环境治理水平，坚持美丽城市、美丽城镇、美丽乡村"三美"同步，全域建设大景区、大花园，为人民提供更多优质生态产品和生态作品。

在生态经济上，应当全面推动形成绿色发展方式和生活方式，建构以产业生态化和生态产业化为主体的生态经济体系，大力发展绿色产业、美丽经济，持续不断将生态环境优势转化为生态经济优势。

专栏：

习近平总书记对湖州生态文明建设的指示

习近平总书记在浙江工作期间，对湖州的发展十分重视和关心，多次来湖州视察指导工作、作出指示要求。尤其是对湖州的生态文明建设寄予了殷切期望。

2003年4月9日，总书记在湖州调研时指出：要积极实施可持续发展战略，坚定不移地走生产发展、生活富裕、生态良好的文明发展道路。在走访安吉市溪龙乡黄杜村无公害白茶基地时，还留下了"一片叶子成就了一个产业，富裕了一方百姓"的赞美之言。

2004年6月2日，总书记在湖州调研时指出：要突出发展这个主题，把经济发展建立在资源节约、环境保护和生态改善的基础上，促进经济社会全面协调可持续发展。在走访长兴天能集团时，勉励企业"腾笼换鸟"，用高新技术和先进工艺改造提升传统蓄电池产业，从数量、规模的扩张向高端、高质、高效转型。

2005年1月27日，总书记在湖州调研时指出：要处理好加快发展与科学发展、三次产业之间、所处方位与推进优化发展、文化建设与经济社会发展等五对关系。今后一个时期，必须进一步加大工作力度，扩大增长幅度，在很多方面还不能跟着别人走，在很多方面还要去领跑，在很多方面还要去突破，这就需要有一种精神，这是一个很深的命题。湖州拥有生态特色、拥有良好的自然资源条件，应该在优农业上做好文章，多出亮点、多出经验，湖州历史上的"鱼米之乡"，不能在我们手里丢了。强工业，对湖州来讲具有十分重要的现实意义。强工业关键是选择的问题，目前湖州比较多的是发展资源型的产业，现在看来要适可而止。除了发展建材、纺织产业外，要积极寻找新的主导产业。兴三产，在湖州是大有可为的。湖州旅游业有很多优势，"太湖"的文章方兴未艾，这是一个很宝贵的资源。还有德清的莫干山、安吉的竹海、南浔古镇等，这都是特色产业，很好的禀赋资源。要千方百计挖掘潜力。

2005年8月15日，总书记到湖州市安吉余村考察时，在得知余村关停矿山、靠发展生态旅游让农民借景致富的情况后，给予了高度评价，发表了具有里程碑意义的"绿水青山就是金山银山"重要讲话，指出：生态资源是这里最可宝贵的资源，你们讲了下决心停掉一些矿山，这是高明之举。我们过去讲既要绿水青山，又要金山银山，实际上绿水青山就是金山银山。要坚定不移地走这条路，有所得有所失，熊掌和鱼不可兼得的时候，要知道放弃，要知道选择。

2006年8月2日，总书记在湖州考察南太湖开发治理工作时，再次强调"绿水青山就是金山银山"，要求湖州努力把南太湖开发治理好。他指出：南太湖开发问题一直是我脑子里装的一个问题。南太湖开发、治理、保护是一个综合性的问题，包括水资源、环保、产业等问题。湖州因湖而得名，不像苏州、无锡、

第一章 新时代乡村振兴的理论基础：
"两山"理念与习近平生态文明思想

> 宜兴，都没有"湖"，但是如果湖州不利用好湖、不开发好湖，湖州就得换名字了。"人生只合住湖州"，这句话我一直有这个印象。湖州适宜居住，湖光山色、美不胜收。这绿水青山，就是金山银山。要高起点规划，统筹兼顾，既要保护好生态，又要追求经济发展，实现保护与开发的双赢。
>
> 2015年2月11日，总书记接见全国军民迎新春茶话会代表，在听到湖州与会代表"我们按照您的要求，走'绿水青山就是金山银山'的路子，现在湖州南太湖的变化很大"的简要汇报时，叮嘱湖州：要"照着绿水青山就是金山银山这条路走下去"。
>
> 2016年7月29日，总书记接见全国"双拥模范城市"代表，在听到湖州与会代表"我们按照您提出的'两山'重要思想，正在科学推进南太湖的保护和开发建设"的简短汇报时，再次叮嘱湖州：要充分认识并发挥好生态这一最大优势，一定要把南太湖建设好。
>
> 2016年12月2日，全国生态文明建设工作推进会议在湖州召开，时任中共中央政治局常委、国务院副总理张高丽出席会议，总书记作出重要指示强调：生态文明建设是"五位一体"总体布局和"四个全面"战略布局的重要内容。各地区各部门要切实贯彻新发展理念，树立"绿水青山就是金山银山"的强烈意识，努力走向社会主义生态文明新时代。

第二节 以习近平生态文明思想指引新时代乡村振兴

一 习近平生态文明实现的形成与内涵

（一）习近平生态文明思想的形成

党的十八大报告中把"大力推进生态文明建设"作为独立章节

进行阐述，明确提出"建设生态文明，是关系人民福祉、关乎民族未来的长远大计。面对资源约束趋紧、环境污染严重、生态系统退化的严峻形势，必须树立尊重自然、顺应自然、保护自然的生态文明理念，把生态文明建设放在突出地位，融入经济建设、政治建设、文化建设、社会建设各方面和全过程，努力建设美丽中国，实现中华民族永续发展"。①

2013年5月24日，中共中央政治局举行第六次集体学习，习近平总书记强调要大力推进生态文明建设，要清醒认识保护生态环境、治理环境污染的紧迫性和艰巨性，清醒认识加强生态文明建设的重要性和必要性，以对人民群众、对子孙后代高度负责的态度和责任，真正下决心把环境污染治理好、把生态环境建设好，努力走向社会主义生态文明新时代，为人民创造良好生产生活环境。② 同年9月7日，习近平总书记在哈萨克斯坦纳扎尔巴耶夫大学演讲时回答提问时指出："我们既要绿水青山，也要金山银山。宁要绿水青山，不要金山银山，而且绿水青山就是金山银山。我们绝不能以牺牲生态环境为代价换取经济的一时发展。我们提出了建设生态文明、建设美丽中国的战略任务，给子孙留下天蓝、地绿、水净的美好家园。"③ 同年11月9日至12日，党的十八届三中全会召开，习近平总书记指出："水林田湖是一个生命共同体，人的命脉在田，田的命脉在水，水的命脉在山，山的命脉在土，土的命脉在树。用途管制和生态修复必须遵循自然规律，如果种树的只管种树、治水的只管治水、护田的只管护田，很容易顾此失彼，最终造成生态的

---

① 胡锦涛：《坚定不移沿着中国特色社会主义道路前进　为全面建成小康社会而奋斗——在中国共产党第十八次全国代表大会上的报告》，《人民日报》2012年11月9日第1版。

② 习近平：《坚持节约资源和保护环境基本国策　努力走向社会主义生态文明新时代》，《人民日报》2013年5月25日第1版。

③ 魏建华、周亮：《习近平：宁可要绿水青山不要金山银山》，中国青年网，http://news.youth.cn/gn/201309/t20130907_3839400.htm。

第一章　新时代乡村振兴的理论基础：
"两山"理念与习近平生态文明思想

系统性破坏。"①

在习近平总书记主持下，2015年4月25日，《中共中央国务院关于加快推进生态文明建设的意见》发布，明确提出"到2020年，资源节约型和环境友好型社会建设取得重大进展，主体功能区布局基本形成，经济发展质量和效益显著提高，生态文明主流价值观在全社会得到推行，生态文明建设水平与全面建成小康社会目标相适应。"同年9月21日，中共中央国务院印发《生态文明体制改革总体方案》，构建了生态文明建设的四梁八柱。同年10月12日发布的《中共中央关于制定国民经济和社会发展第十三个五年规划的建议》明确提出"必须牢固树立创新、协调、绿色、开放、共享的发展理念"，并对"五大发展"理念做了系统阐述。

党的十八大以来，在习近平总书记的主持下，我国把生态文明建设作为统筹推进"五位一体"总体布局和协调推进"四个全面"战略布局的重要内容，开展一系列根本性、开创性、长远性工作，提出一系列新理念新思想新战略，生态文明理念日益深入人心，污染治理力度之大、制度出台频度之密、监管执法尺度之严、环境质量改善速度之快前所未有，推动生态环境保护发生历史性、转折性、全局性变化。②党的十九大作出"中国特色社会主义进入了新时代，这是我国发展新的历史方位"这一重大判断，强调"坚持人与自然和谐共生"基本方略，"建设生态文明必须坚持和践行绿水青山就是金山银山的理念"③，"两山"理念成为全党意志和国家战略。

---

① 习近平：《关于〈中共中央关于全面深化改革若干重大问题的决定〉的说明》，《人民日报》2013年11月12日第1版。
② 习近平：《推动我国生态文明建设迈上新台阶》，《求是》2019年第3期。
③ 习近平：《决胜全面建成小康社会　夺取新时代中国特色社会主义伟大胜利——在中国共产党第十九次全国代表大会上的报告》，新华网，http：//www.xinhuanet.com//2017-10/27/c_1121867529.htm。

（二）习近平生态文明思想内涵①

2018年5月18日至19日召开的全国生态环境保护大会，将生态文明建设上升为"根本大计"，提出新时代推进生态文明建设的"六项原则"以及加快构建由"五个体系"②构成的生态文明体系，实现"两步走"的目标，即"要通过加快构建生态文明体系，确保到2035年，生态环境质量实现根本好转，美丽中国目标基本实现。到21世纪中叶，物质文明、政治文明、精神文明、社会文明、生态文明全面提升，绿色发展方式和生活方式全面形成，人与自然和谐共生，生态环境领域国家治理体系和治理能力现代化全面实现，建成美丽中国"。③本次会议具有重要历史意义，标志着习近平生态文明思想的正式确立。习近平总书记在全国生态环境保护大会发表重要讲话，深入分析我国生态文明建设面临的形势任务，深刻阐述加强生态文明建设的重大意义、重要原则，首次提出了"生态文明体系"的概念及其实践建构问题，突出社会主义生态文明建设的体系化特征，成为新时代生态文明建设的根本遵循与最高准则。

1. 习近平生态文明思想的重大意义

生态文明建设是关系中华民族永续发展的根本大计。生态兴则文明兴，生态衰则文明衰。我国环境容量有限，生态系统脆弱，污染重、损失大、风险高的生态环境状况还没有根本扭转，并且独特的地理环境加剧了地区间的不平衡，这是基本国情。经过不懈努力，我国生态环境质量持续改善。

我们党在社会主义道路上领导经济社会发展，艰辛探索人与自

---

① 习近平：《推动我国生态文明建设迈上新台阶》，《求是》2019年第3期。
② "五个体系"指生态文化体系、生态经济体系、目标责任体系、生态文明制度体系、生态安全体系，对于生态文明体系这一总体系而言，五个子系统从不同领域明确了生态文明建设的重点问题，深化了我们关于生态与文化、经济、政治、制度、民生等关系的理解，生态文明建设必须融入经济建设、政治建设、文化建设、社会建设的实践要求得到进一步丰富。
③ 习近平：《推动我国生态文明建设迈上新台阶》，《求是》2019年第3期。

第一章　新时代乡村振兴的理论基础：
"两山"理念与习近平生态文明思想

然和谐相处之道，不断深化对生态文明建设规律性的认识，集大成的理论认识和实践经验结晶，就是习近平生态文明思想。习近平生态文明思想，是习近平新时代中国特色社会主义思想的有机组成部分。这一思想深刻回答了为什么建设生态文明、建设什么样的生态文明、怎样建设生态文明的重大理论和实践问题，进一步丰富和发展了马克思主义关于人和自然关系的思想，深化了我们党对社会主义建设规律的认识，为建设美丽中国、实现中华民族永续发展提供了根本遵循。这一思想集中体现了我们党的历史使命、执政理念、责任担当，对新时代加强生态环境保护，推动我国生态文明建设迈入新境界，具有重大的指导意义。

2. 习近平生态文明思想的核心原则

习近平总书记指出，新时代推进生态文明建设必须坚持好以下六项原则：

一是坚持人与自然和谐共生。习近平总书记强调"人与自然是生命共同体生态环境没有替代品，用之不觉，失之难存"。"人类发展活动必须尊重自然、顺应自然、保护自然，否则就会受到大自然的报复。这个规律谁也无法抗拒。"在整个发展过程中，我们都要坚持节约优先、保护优先、自然恢复为主的方针，不能只讲索取不讲投入，不能只讲发展不讲保护，不能只讲利用不讲修复，要像保护眼睛一样保护生态环境，像对待生命一样对待生态环境，多谋打基础、利长远的善事，多干保护自然、修复生态的实事，多做治山理水、显山露水的好事，让群众望得见山、看得见水、记得住乡愁，让自然生态美景永驻人间，还自然以宁静、和谐、美丽。

二是绿水青山就是金山银山。"两山"理念是重要的发展理念，生态环境问题归根结底是发展方式和生活方式问题。"两山"理念阐述了经济发展和生态环境保护的关系，揭示了保护生态环境就是保护生产力、改善生态环境就是发展生产力的道理，指明了实现发展和保护协同共生的新路径。绿水青山既是自然财富、生态财富，又是社会财富、经济财富。保护生态环境就是保护自然价值和增值自然资本，就是保护经济社会发展潜力和后劲，使绿水青山持续发挥生态效益和经济社会效益。

三是良好生态环境是最普惠的民生福祉。环境就是民生，青山就是美丽，蓝天也是幸福。发展经济是为了民生，保护生态环境同样也是为了民生。要坚持生态惠民、生态利民、生态为民，重点解决损害群众健康的突出环境问题，加快改善生态环境质量，提供更多优质生态产品，努力实现社会公平正义，不断满足人民日益增长的优美生态环境需要。

四是山水林田湖草是生命共同体。人的命脉在田，田的命脉在水，水的命脉在山，山的命脉在土，土的命脉在林和草，这个生命共同体是人类生存发展的物质基础。要从系统工程和全局角度寻求新的治理之道，要深入实施山水林田湖草一体化生态保护和修复，开展大规模国土绿化行动，加快水土流失和荒漠化石漠化综合治理。

五是用最严格制度最严密法治保护生态环境。保护生态环境必须依靠制度、依靠法治。要加快制度创新，增加制度供给，完善制度配套，强化制度执行，让制度成为刚性的约束和不可触碰的高压线。要严格用制度管权治吏、护蓝增绿，有权必有责、有责必担当、失责必追究，保证党中央关于生态文明建设决策部署落地生根见效。

六是共谋全球生态文明建设。生态文明建设关乎人类未来，建设绿色家园是人类的共同梦想，保护生态环境、应对气候变化需要世界各国同舟共济、共同努力，任何一国都无法置身事外、独善其身。我国已成为全球生态文明建设的重要参与者、贡献者、引领者，主张加快构筑尊崇自然、绿色发展的生态体系，共建清洁美丽的世界。要深度参与全球环境治理，增强我国在全球环境治理体系中的话语权和影响力，积极引导国际秩序变革方向，形成世界环境

第一章　新时代乡村振兴的理论基础："两山"理念与习近平生态文明思想

保护和可持续发展的解决方案。要坚持环境友好，引导应对气候变化国际合作。要推进"一带一路"建设，让生态文明的理念和实践造福沿线各国人民。

3. 习近平生态文明思想的主要内容

一是生态文明体系。加快建立健全以生态价值观念为准则的生态文化体系，以产业生态化和生态产业化为主体的生态经济体系，以改善生态环境质量为核心的目标责任体系，以治理体系和治理能力现代化为保障的生态文明制度体系，以生态系统良性循环和环境风险有效防控为重点的生态安全体系，"五个体系"全面界定了生态文明体系的基本框架。

二是绿色发展。习近平总书记在谈治国理政中明确提出，"生态环境没有替代品，用之不觉，失之难存。我讲过，环境就是民生，青山就是美丽，蓝天也是幸福，绿水青山就是金山银山；保护环境就是保护生产力，改善环境就是发展生产力"。[①]《中共中央关于制定国民经济和社会发展第十三个五年规划的建议》明确提出"坚持绿色发展，着力改善生态环境"，并强调"坚持绿色富国、绿色惠民，为人民提供更多优质生态产品，推动形成绿色发展方式和生活方式，协同推进人民富裕、国家富强、中国美丽"。[②] 党的十九大报告在"加快推进生态文明体制改革，建设美丽中国"部分首先强调的是"推进绿色发展"，并指出"加快建立绿色生产和消费的法律制度和政策导向，建立健全绿色低碳循环发展的经济体系。构建市场导向的绿色技术创新体系，发展绿色金融，壮大节能环保产业、清洁生产产业、清洁能源产业"。[③] 习近平总书记强调，绿色发

---

① 习近平：《习近平谈治国理政》（第二卷），外文出版社2017年版，第209页。
② 《中共中央关于制定国民经济和社会发展第十三个五年规划的建议》，《人民日报》2015年11月4日第1版。
③ 习近平：《决胜全面建成小康社会　夺取新时代中国特色社会主义伟大胜利——在中国共产党第十九次全国代表大会上的报告》，新华网，http://cpc.people.com.cn/19th/n1/2017/1027/c414395-29613458.html。

展是构建高质量现代化经济体系的必然要求，目的是改变传统的"大量生产、大量消耗、大量排放"的生产模式和消费模式，使资源、生产、消费等要素相匹配相适应，实现经济社会发展和生态环境保护协调统一、人与自然和谐共处。加快形成绿色发展方式，重点是调结构、优布局、强产业、全链条；加快形成生活方式，倡导简约适度、绿色低碳的生活方式，反对奢侈浪费和不合理消费。

三是美丽中国论。[①] 党的十八大报告阐述"大力推进生态文明建设"部分明确指出："面对资源约束趋紧、环境污染严重、生态系统退化的严峻形势，必须树立尊重自然、顺应自然、保护自然的生态文明理念，把生态文明建设放在突出地位，融入经济建设、政治建设、文化建设、社会建设各方面和全过程，努力建设美丽中国，实现中华民族永续发展"。[②] 党的十九大报告再次系统阐述了"美丽中国"建设，并勾画了美丽中国建设的时间表："第一个阶段，从二〇二〇年到二〇三五年，在全面建成小康社会的基础上，再奋斗十五年，基本实现社会主义现代化。到那时……生态环境根本好转，美丽中国目标基本实现。第二个阶段，从二〇三五年到本世纪中叶，在基本实现现代化的基础上，再奋斗十五年，把我国建成富强民主文明和谐美丽的社会主义现代化强国。到那时，我国物质文明、政治文明、精神文明、社会文明、生态文明将全面提升。"[③] 因此，习近平生态文明思想具有明确的目标指向——美丽中国。

[①] 沈满洪：《习近平生态文明实现研究——从"两山"重要思想到生态文明思想体系》，《治理研究》2018年第2期。

[②] 胡锦涛：《坚定不移沿着中国特色社会主义道路前进 为全面建成小康社会而奋斗——在中国共产党第十八次全国代表大会上的报告》，《人民日报》2012年11月18日第1版。

[③] 习近平：《决胜全面建成小康社会 夺取新时代中国特色社会主义伟大胜利——在中国共产党第十九次全国代表大会上的报告》，新华网，http：//cpc.people.com.cn/19th/n1/2017/1027/c414395-29613458.html。

第一章　新时代乡村振兴的理论基础：
"两山"理念与习近平生态文明思想

四是美好生活论。① 党的十九大报告做出了社会主要矛盾转化为"人民日益增长的美好生活需要与不平衡不充分的发展之间的矛盾"的重大判断。习近平同志在报告中指出："我们要建设的现代化是人与自然和谐共生的现代化，既要创造更多物质财富和精神财富以满足人民日益增长的美好生活需要，也要提供更多优质生态产品以满足人民日益增长的优美生态环境需要。"② 可见，生态文明建设是实实在在为了满足人民对美好生活、美好环境、生态产品的需要。

五是环境污染防治论。习近平总书记指出，我国生态环境质量持续好转，出现了稳中向好趋势，但成效并不稳固。生态文明建设正处于压力叠加、负重前行的关键期，已进入提供更多优质生态产品以满足人民日益增长的优美生态环境需要的攻坚期，也到了有条件有能力解决生态环境突出问题的窗口期。要把解决突出生态环境问题作为民生优先领域。解决突出生态环境问题，要以改善生态环境质量为核心，以解决人民群众反映强烈的大气、水、土壤污染等突出问题为重点，全面加强环境污染防治，持续开展农村人居环境整治行动，打造美丽乡村，为老百姓留住鸟语花香田园风光。有效防范生态环境风险。把生态环境风险纳入常态化管理，系统构建全过程、多层级生态环境风险防范体系。提高环境治理水平。要充分运用市场化手段，完善资源环境价格机制，采取多种方式支持政府和社会资本合作项目，加大重大项目科技攻关，对涉及经济社会发展的重大生态环境问题开展对策性研究。要实施积极应对气候变化国家战略，推动和引导建立公平合理、合作共赢的全球气候治理体

---

①　沈满洪：《习近平生态文明实现研究——从"两山"重要思想到生态文明思想体系》，《治理研究》2018 年第 2 期。
②　习近平：《决胜全面建成小康社会　夺取新时代中国特色社会主义伟大胜利——在中国共产党第十九次全国代表大会上的报告》，新华网，http://cpc.people.com.cn/19th/n1/2017/1027/c414395-29613458.html。

系，彰显我国负责任大国形象，推动构建人类命运共同体。

六是生态系统论。生态文明建设是"五位一体"总体布局中的一个子系统，生态文明建设又要贯穿于经济建设、政治建设、文化建设、社会建设的各方面和全过程。因此，习近平生态文明思想特别强调系统论思维。习近平总书记在党的十八届三中全会上的讲话中指出："山水林田湖是一个生命共同体，人的命脉在田，田的命脉在水，水的命脉在山，山的命脉在土，土的命脉在树。"习近平在党的十九大报告中明确强调："我们呼吁，各国人民同心协力，构建人类命运共同体，建设持久和平、普遍安全、共同繁荣、开放包容、清洁美丽的世界。"

七是生态文明制度体系建设。《生态文明体制改革总体方案》《中共中央国务院关于加快推进生态文明建设的意见》构建了生态文明建设制度体系的四梁八柱。2015年《党政领导干部生态环境损害责任追究办法（试行）》强调显性责任即时惩戒，隐性责任终身追究。2017年，中央向地方派出了环保督察组，其力度前所未有，其效果也前所未有。习近平总书记强调"加快推进生态文明体制改革落地见效。抓好已出台改革举措的落地，及时制定新的改革方案。探索政府主导、企业和社会各界参与、市场化运作、可持续的生态产品价值实现路径，开展试点，积累经验。要健全环保信用评价、信息强制性披露、严惩重罚等制度"。①

八是要切实加强党对生态文明建设的领导。习近平总书记明确要求各地区各部门坚决维护党中央权威和集中统一领导，坚决担负起生态文明建设的政治责任，为新时代生态文明建设提供坚实政治保障。

二 以习近平生态文明思想为指引

以"两山"理念为核心的习近平生态文明思想，发端于湖州市

---

① 习近平：《推动我国生态文明建设迈上新台阶》，《求是》2019年第3期。

第一章　新时代乡村振兴的理论基础：
"两山"理念与习近平生态文明思想

安吉县余村，在指导余村、安吉县、湖州市新农村建设中发挥了极其重要的作用。在新时代乡村振兴中，习近平生态文明思想也必将长期发挥重要指导作用。"生态兴则文明兴，生态衰则文明衰"。建设美丽中国，关键在于建设美丽乡村。习近平总书记强调指出："中国要强，农业必须强；中国要美，农村必须美；中国要富，农民必须富。"将农村美与农业强、农民富联系起来，充分显示出以习近平同志为核心的党中央对建设美丽乡村的坚定信念，对造福全体农民的坚强决心。因此，我们必须以习近平生态文明思想为指导，注重保护生态环境，发展绿色产业，优化村镇布局，改善安居条件，培育文明乡风，建设产业兴旺、生态宜居、乡风文明、治理有效、生活富裕的社会主义美丽乡村。

（一）新时代乡村振兴的价值观转化

以"两山"理念为核心的习近平生态文明思想是习近平新时代中国特色社会主义思想的重要内容，是实现可持续发展的内在要求，是推动现代化建设的重大原则，蕴含着谋求人与自然和谐共生的生态思想和价值诉求，揭示了经济社会发展与生态环境保护之间的辩证统一关系。"绿水青山就是金山银山"以生动形象、朴实和富有哲理的表述解释了生态环境生产力理论的精髓要义，"蕴含了中华民族的生态智慧，回答和解决了建设生态文明、实现经济社会发展和生态环境保护协同共进的实践要求"[①]。习近平生态文明思想一方面在理论上揭示了全面协调生态环境与生产力之间的辩证统一关系，在实践上丰富和发展了马克思主义关于人与自然关系的总体性理论；另一方面鲜活地概括了有中国气派、中国风格和中国话语特色的绿色化战略内涵，折射出理论光辉映照美丽中国走上绿色发展道路，为加快推进我国生态文明建设提供了重要的指导思想，也

[①] 祁巧玲：《"两山"理念与实践交融出怎样的智慧？——绿水青山就是金山银山湖州会议综述》，《中国生态文明》2017年第6期。

以其蕴含的绿色新观念为我国各族人民牢固树立尊重自然、顺应自然、保护自然的生态文明理念提供了重要的理论依据和实践指南。

2014年3月7日，习近平主席参加贵州代表团审议时指出："绿水青山和金山银山决不是对立的，关键在人，关键在思路。保护生态环境就是保护生产力，改善生态环境就是发展生产力。让绿水青山充分发挥经济社会效益，不是要把它破坏了，而是要把它保护得更好。"①"绿水青山既是自然财富，又是社会财富、经济财富。保护生态环境，实现和扩大生态环境红利，就是保护和增强经济社会发展的潜力和动力。"② 生态环境问题归根到底是经济发展方式问题。"'两山'理念在解决经济增长与环境保护之间的'对立'中找到'转化'之策，在解决人与自然之间的'矛盾'中指明'共生'之路，开辟了绿色发展的现实途径，使良好的生态环境成为提升人民群众获得感的重要增长点。"③ 新时代乡村振兴，必须坚持把贯彻落实习近平生态文明思想贯穿于乡村振兴战略实施的全过程，建立健全以生态价值观念为准则的新时代乡村振兴生态经济体系、生态文化体系、生态文明制度体系、目标责任体系、生态安全体系，实现人与自然和谐共生的农业农村现代化。

（二）新时代乡村振兴的绿色发展

习近平生态文明思想中明确提出构建以产业生态化和生态产业化为主体的生态经济体系，因此，在新时代乡村振兴中，要紧紧抓住产业生态化和生态产业化这个关键，加快构建乡村生态经济体系，实现生态环境保护与经济发展的有机统一。产业生态化和生态产业化的实践离不开绿色发展、循环生产和低碳发展，实行生态文

---

① 《生态环境保护多重要，听习近平怎么说》，新华网，http://www.xinhuanet.com/politics/xxjxs/2018-05/17/c_1122844380.htm。
② 《绿水青山就是金山银山湖州共识》，《中国生态文明》2017年第6期。
③ 祁巧玲：《"两山"理念与实践交融出怎样的智慧？——绿水青山就是金山银山湖州会议综述》，《中国生态文明》2017年第6期。

第一章 新时代乡村振兴的理论基础：
"两山"理念与习近平生态文明思想

明发展的产业化。绿色发展是构建高质量现代化经济体系的必然要求。要依靠和运用科学技术促进绿色发展，"绿色发展是生态文明建设的必然要求，代表了当今科技和产业变革方向，是最有前途的发展领域。要加深对自然规律的认识，自觉以对规律的认识指导行动。要依靠科技创新破解绿色发展难题"。[①]

一是要以生态优先、绿色发展为导向，用循环、清洁、低碳技术和模式改造现有产业，实现提档升级生态化，如推动农业向投入品减量化、生产清洁化、废弃物资源化、产业模式生态化发展，推动乡村旅游、休闲观光农业、民宿经济等旅游业向资源节约型、环境友好型的生态旅游转化。

二是要以建立生态产品价值实现机制为导向，推进生态产业化，利用良好生态环境这个农村最大优势和宝贵财富，积极发展康养产业、有机食品，还可以利用生物资源多样丰富的禀赋发展中药材种植、加工产业。进而，在产权清晰、投资渠道明晰、收益有保证的条件下，将一些环境治理和生态保护修复运用市场机制加以产业化。

（三）新时代乡村振兴的生态环境保护

2018年4月26日，习近平总书记在武汉主持召开深入推动长江经济带发展座谈会并发表重要讲话，明确指出"生态环境保护和经济发展不是矛盾对立的关系，而是辩证统一的关系。生态环境保护的成败归根到底取决于经济结构和经济发展方式。发展经济不能对资源和生态环境竭泽而渔，生态环境保护也不是舍弃经济发展而缘木求鱼，要坚持在发展中保护、在保护中发展，实现经济社会发展与人口、资源、环境相协调，使绿水青山产生巨大生态效益、经

---

① 习近平：《为建设世界科技强国而奋斗——在全国科技创新大会、两院院士大会、中国科协第九次全国代表大会上的讲话》，新华网，http：//www.xinhuanet.com/politics/2016-05/31/c_1118965169.htm。

济效益、社会效益。"① 人与自然是生命共同体，坚持人与自然和谐共生，首先要保护"绿水青山"，拥有"绿水青山"，一旦经济发展与生态保护发生冲突矛盾时，必须毫不犹豫地把保护生态放在首位。2013年11月9日，习近平在党的十八届三中全会上作关于《中共中央关于全面深化改革若干重大问题的决定》的说明时指出"我们要认识到，山水林田湖是一个生命共同体，人的命脉在田，田的命脉在水，水的命脉在山，山的命脉在土，土的命脉在树"。② 2016年2月1日至3日习近平总书记在江西考察工作时指出："绿色生态是最大财富、最大优势、最大品牌，一定要保护好，做好治山理水、显山露水的文章，走出一条经济发展和生态文明水平提高相辅相成、相得益彰的路子。"③ 2016年3月10日习近平主席参加青海代表团审议时明确指出，"生态环境没有替代品，用之不觉，失之难存。在生态环境保护建设上，一定要树立大局观、长远观、整体观，坚持保护优先，坚持节约资源和保护环境的基本国策，像保护眼睛一样保护生态环境，像对待生命一样对待生态环境，推动形成绿色发展方式和生活方式"④，要形成节约资源和保护环境的空间格局、产业结构、生产方式、生活方式，给自然生态留下休养生息的时间和空间，让自然生态美景永驻人间，还自然以宁静、和谐、美丽。2017年5月26日习近平总书记在十八届中央政治局第四十一次集体学习时强调："让良好生态环境成为人民生活的增长点、成为经济社会持续健康发展的支撑点、成为展现我国良好形象

---

① 习近平：《在深入推动长江经济带发展座谈会上的讲话》，共产党网，http：//news. 12371. cn/2018/06/14/ARTI1528930272197355. shtml。

② 《生态环境保护多重要，听习近平怎么说》，新华网，http：//www. xinhuanet. com/politics/xxjxs/2018－05/17/c_ 1122844380. htm。

③ 习近平：《坚持绿色发展是发展观的一场深刻革命》，人民网—中国共产党新闻网，http：//cpc. people. com. cn/xuexi/n1/2018/0224/c385476－29831795. html？flag＝true。

④ 《生态环境保护多重要，听习近平怎么说》，新华网，http：//www. xinhuanet. com/politics/xxjxs/2018－05/17/c_ 1122844380. htm。

第一章　新时代乡村振兴的理论基础："两山"理念与习近平生态文明思想

的发力点，让中华大地天更蓝、山更绿、水更清、环境更优美。"①

（四）新时代乡村振兴的生态振兴

从美丽乡村到美丽中国，主阵地之一在农村。习近平总书记在2003年提出"千村示范、万村整治"，首先从农村环境整治入手。2015年3月6日，习近平在参加江西代表团审议时强调"环境就是民生，青山就是美丽，蓝天也是幸福。要着力推动生态环境保护，像保护眼睛一样保护生态环境，像对待生命一样对待生态环境"。② 2013年4月8日至10日，习近平在海南考察时指出"良好生态环境是最公平的公共产品，是最普惠的民生福祉"③，"生态环境是关系党的使命宗旨的重大政治问题，也是关系民生的重大社会问题。广大人民群众热切期盼加快提高生态环境质量。我们要积极回应人民群众所想、所盼、所急，大力推进生态文明建设，提供更多优质生态产品，不断满足人民群众日益增长的优美生态环境需要"，为此我们要"坚持生态惠民、生态利民、生态为民，重点解决损害群众健康的突出环境问题"④。2017年5月26日习近平总记在十八届中央政治局第四十一次集体学习时强调："如果经济发展了，但生态破坏了、环境恶化了，大家整天生活在雾霾中，吃不到安全的食品，喝不到洁净的水，呼吸不到新鲜的空气，居住不到宜居的环境，那样的小康、那样的现代化不是人民希望的。"⑤

"民亦劳止，汔可小康。"强调多谋民生之利，多解民生之忧。无论是加大环境治理力度，实现绿色发展，还是打赢脱贫攻坚战，

---

① 《生态环境保护多重要，听习近平怎么说》，新华网，http：//www. xinhua-net. com/politics/xxjxs/2018－05/17/c_ 1122844380. htm。

② 《生态环境保护多重要，听习近平怎么说》，新华网，http：//www. xinhua-net. com/politics/xxjxs/2018－05/17/c_ 1122844380. htm。

③ 《生态环境保护多重要，听习近平怎么说》，新华网，http：//www. xinhua-net. com/politics/xxjxs/2018－05/17/c_ 1122844380. htm。

④ 习近平：《推动我国生态文明建设迈上新台阶》，《求是》2019年第3期。

⑤ 《贯彻新发展理念，推动形成绿色发展方式和生活方式》，中国共产党新闻网，http：//cpc. people. com. cn/。

实现亿万人民的小康梦想，都符合民心民意。"三农"是全面建设小康社会的基石和关键。能不能实现好"绿水青山就是金山银山"，很大程度取决于是不是以生态文明为引领和切实推动"三农"转型发展。实践证明，以"两山"理念为核心的生态文明建设可以助推解决"三农"问题，使农民物质富裕精神富有，使农村美丽、农民生活美好。

"推进中国特色生态治理现代化，加强社会主义生态文明建设，是破解资源能源、环境污染问题，建设美丽中国、实现中华民族永续发展的根本之举，是'五位一体'总体布局的重要组成，也是全面建成小康社会的重要内容。中国特色生态治理现代化包括治理体系现代化和治理能力现代化两个方面。推进中国特色生态治理现代化，必须吸取世界生态治理实践的有益成果，坚持以中国特色社会主义社会形态为前提，以优秀中华文化为基础，以建设美丽中国为目标，以正确处理人与自然关系为核心，以生态文明建设融入经济建设、政治建设、文化建设、社会建设各方面和全过程为要求，从治理理念、治理主体、治理方式、治理机制等方面全方位探寻现代化路径，努力形成生态治理现代化的系统合力，确保经济社会持续健康发展。为此，应按照'五位一体'总体布局和'四个全面'战略布局的要求，牢固树立和贯彻落实创新、协调、绿色、开放、共享的发展理念，以新的发展理念推动新的发展实践。按照习近平所要求的那样，坚持目标导向和问题导向相统一，坚持立足国内和全球视野相统筹，坚持全面规划和突出重点相协调，坚持战略性和操作性相结合，着力解决我国生态治理中的突出问题和明显短板，加快生态治理现代化和生态文明建设进程。"[①]

生态治理现代化的核心是生态文明制度现代化。"要加快构建

---

① 杜飞进：《论国家生态治理现代化》，《哈尔滨工业大学学报》（社会科学版）2016年第3期。

第一章　新时代乡村振兴的理论基础：
"两山"理念与习近平生态文明思想

生态文明体系，加快建立健全以治理体系和治理能力现代化为保障的生态文明制度体系"①，有效的生态治理的关键取决于生态制度建设水平。"要牢固树立生态红线的观念。在生态环境保护问题上，就是要不能越雷池一步，否则就应该受到惩罚。保护生态环境必须依靠制度、依靠法治。只有实行最严格的制度、最严密的法治，才能为生态文明建设提供可靠保障。"②"要深化生态文明体制改革，尽快把生态文明制度的'四梁八柱'建立起来，把生态文明建设纳入制度化、法治化轨道。"③ 要"用最严格制度最严密法治保护生态环境，加快制度创新，强化制度执行，让制度成为刚性的约束和不可触碰的高压线"④。"要建立责任追究制度，对那些不顾生态环境盲目决策、造成严重后果的人，必须追究其责任，而且应该终身追究"⑤，"对破坏生态环境的行为，不能手软，不能下不为例。"⑥ 实践证明，"生态环境保护能否落到实处，关键在领导干部。要落实领导干部任期生态文明建设责任制，实行自然资源资产离任审计，认真贯彻依法依规、客观公正、科学认定、权责一致、终身追究的原则。"⑦

（五）新时代乡村振兴的文化振兴

"两山"理念作为一种生态文化，其核心在于确立了一种行为准则、一种价值理念、一种发展理性，是中国生态文明理论生命灵魂的形象外化，而这样的生态文化乃至生态文明要在全社会树立和

---

① 习近平：《推动我国生态文明建设迈上新台阶》，《求是》2019 年第 3 期。
② 参见 2013 年 5 月 24 日习近平总书记在十八届中央政治局第六次集体学习时的讲话。
③ 参见 2016 年 11 月 28 日习近平总书记关于做好生态文明建设工作的批示。
④ 习近平：《推动我国生态文明建设迈上新台阶》，《求是》2019 年第 3 期。
⑤ 参见 2013 年 5 月 24 日习近平总书记在十八届中央政治局第六次集体学习时的讲话。
⑥ 参见 2015 年 3 月 6 日习近平主席参加江西代表团审议时的讲话。
⑦ 参见 2017 年 5 月 26 日习近平总书记在十八届中央政治局第四十一次集体学习时的讲话。

扎根,就在于这种行为准则、价值理念和发展理性,要尽快成为我们的自觉实践和自为实现,这就是"两座山理论"的根本所在、秉持所在、指向所在。① 习近平曾强调,"推进生态省建设,既是经济增长方式的转变,更是思想观念的一场深刻变革。从这一意义上说,加强生态文化建设,在全社会确立起追求人与自然和谐相处的生态价值观,是生态省建设得以顺利推进的重要前提。生态文化的核心应该是一种行为准则、一种价值理念。我们衡量生态文明是否在全社会扎根,就是要看这种行为准则和价值理念是否自觉体现在社会生产生活的方方面面"。② 在全国生态环境保护大会上,习近平再次提出要加快建构"以生态价值观念为准则的生态文化体系",突出了生态文化建设对于"两山"理念践行的重要性。

"两山"理念作为生态文化的内核,在生态文明建设中发挥了基础性、牵引性和长效性作用。围绕"绿水青山就是金山银山"为内核的生态文化,应该进一步发挥生态资源的财富作用、政策制度的导向作用、生态科技的转化作用、文化氛围的推动作用、环境友好的普惠作用,进一步推进生态经济化和经济生态化,推动治理理念生态化和治理能力现代化,提升全民生态文明意识和行动自觉,让生态文明建设更好地普惠民生福祉。③ "对于一个社会来说,任何目标的实现,任何规则的遵守,既需要外在的约束,也需要内在的自觉。因此,建设生态省、打造绿色浙江,必须建立在广大群众普遍认同和自觉自为的基础之上。"④ 生态文明建设必须奠基于人民群众广泛的认同意识和行动力量之上,每个人都应该做践行者、推动者,要强化公民环境意识,推动形成节约适度、绿色低碳、文明健

---

① 李景平:《两座山理论,历史性创新——读习近平〈之江新语〉记》,《环境经济》2015 年第 7 期。
② 习近平:《之江新语》,浙江人民出版社 2007 年版,第 48 页。
③ 裴冠雄:《"两山论":生态文化的内核及其重要作用》,《观察与思考》2015 年第 12 期。
④ 习近平:《之江新语》,浙江人民出版社 2007 年版,第 13 页。

第一章　新时代乡村振兴的理论基础：
"两山"理念与习近平生态文明思想

康的生活方式和消费模式。要加强生态文明宣传教育，把珍惜生态、保护资源、爱护环境等内容纳入国民教育和培训体系，纳入群众性精神文明创建活动，在全社会牢固树立生态文明理念，形成全社会共同参与的良好风尚。

第二章 湖州市乡村振兴的"两山"转化基础

第一节 湖州市农村自然基础

"山从天目成群出,水傍太湖分港流,行遍江南清丽地,人生只合住湖州。"这既是元代诗人戴表元对湖州最宜人居环境的赞誉,也是今日湖州生态的真实写照。

一 湖州市土地资源

湖州市地处太湖南岸,浙江省北部,与江苏省、上海市、安徽省相接,东临上海,南接杭州,西依天目山北麓,北濒太湖,湖州市略呈三角形,东西长约126千米,南北宽约90千米,境域总面积5820.13平方千米。湖州市东部为水乡平原,西部以山地、丘陵为主,在地形上属于浙西丘陵和太湖平原的一部分。湖州市平原面积2950.80平方千米,占全境总面积的50.70%,主要分布在东部和北部。其中水域面积为685平方千米,占湖州市土地面积的11.70%。境内丘陵是天目山东北分支的延伸,面积达1801.40平方千米,以低山丘陵和盆地为特色,其走向大致为西南—东西走向。境内西南部依天目山,崇山峻岭,蜿蜒起伏,构成中低山地形,山地高度一般在海拔800米左右。低山分布在安吉县西部和西南部、德清县西部以及长兴县西北部和南部,面积830.40平方千

第二章　湖州市乡村振兴的"两山"转化基础

米，中等高度山地主要分布在安吉县西南部，为天目山余脉，千米以上的高山全部集中在安吉西南部，是西苕溪的发源地，面积237.20平方千米，湖州市山地丘陵占49.30%。湖州市土地构成有"五山一水四分田"之说。

湖州市域位于江（山）—绍（兴）断裂带的北西侧，在漫长的地质发展过程中，经历了多次地壳运动和岩浆活动。自震旦纪以来，经历了四大构造发展阶段。在震旦纪—志留纪的准地台阶段，本区处在扬子海的一个边缘海湾——钱塘海盆之中，并在其中接受了巨厚的浅海相类复理式沉积，加里东运动产生差异性隆起，并开始上升为陆地。泥盆纪—三迭世进入稳定的地台发展阶段，并在低洼之处相继接受陆相、海相交互的沉积物。燕山运动时期，形成了巨厚的中酸性火山岩的堆积，形成一系列花岗岩侵入体。喜马拉雅山运动时期，形成了构造盆地，在安吉、长兴两县的接合部有基性岩小规模侵入。

湖州市境内地形以分割破碎的低山、丘陵和广阔的平原为基本特色。地势自西南向东北倾斜，地形以湖州中心城为中心点，可划分为东北和西南两部分，西南部属丘陵地带，由天目山余脉延伸入境组成，地面峰峦起伏，平均海拔在100—200米。西南部天目山余脉分为东西两支，东支从安吉的市岭、幽岭伸入德清县莫干山，余脉延伸至城区的西部，西支从安吉的西南向东北延伸至长兴县西部，构成浙皖两省的天然界址。东部和东北部是大片的冲积平原和湖沼淤积平原，水网密布，地势低洼，平均海拔3—4米，是长江三角洲冲积平原的一部分。

根据湖州市第二次土壤普查资料，湖州市土壤总面积757.09万亩，占土地总面积的86.73%。湖州市土壤主要以黄壤、红壤和水稻土为主，自南而北主要分为三大土壤地带，即山地黄壤地带、丘陵红壤地带和平原水稻土地带。湖州市土壤共分十大土类、15个亚类、48个土属、123个土种。除了地带性红壤和黄壤两个土类外，还有水稻土、潮土、紫色土、黑色石灰岩土、基中性火山岩土、粗骨土、石质土、新积土等非地带性土壤。全区以东苕溪为界，西部山丘陵以红壤、岩性土类为主，低山地区森林覆盖率最高，丘陵地区植被稀疏，主要分布着针叶林、针阔叶混交林、毛竹林、薪炭林和果、茶等经济林；东部水网平原地区以潮土、水稻土类为主，是水稻、油料、蚕桑等粮油、经济作物的农耕地区。

其中黄壤主要分布在安吉县中低山和德清县莫干山区，占湖州市土壤总面积的2.06%。黄壤土层深厚，成土母质主要为火成岩中的凝灰岩或中基性岩风化体。在第二次土壤普查中发现，本地区土壤养分条件和物理性状较好，适宜苦竹、石竹和珍贵树种生长。因此，封山育林和更新林种，是开发利用这一土壤资源的主要途径。

红壤是湖州市地带性土壤，广泛分布在安吉、长兴、德清三县及市区低山丘陵缓坡地，占湖州市总面积的36.20%，成土母质主要为酸性岩浆岩、沉积岩及第四纪红色黏土。在第二次土壤普查中发现，本地区的土壤在微生物分解与雨水淋溶双重作用下，土壤有机质和矿物质养分含量低，土壤团粒结构较差，酸、瘦、黏、板成为该区域红壤的特点。红壤地区植被多遭破坏，部分土壤侵蚀较为严重，因此，保护土层，防止流失，增加有机质和施用磷肥，是改良低丘红壤、开发山区农业的一个重要措施。

水稻土是湖州市土壤面积最大、分布较广的一个土类，主要集中在东苕溪导流以东、长兴平原、西苕溪等河谷平原，是耕作历史最久、土壤肥沃、生产力最高的一个土类，占湖州市土壤总面积的33.10%。

第二章 湖州市乡村振兴的"两山"转化基础

表2-1　　　　　　　　　湖州市土壤构成

土类	红壤	黄壤	紫色土	黑色石灰岩土	基中性火山岩土	粗骨土	石质土	新积土	潮土	水稻土
面积（万亩）	273.70	15.60	4.60	12.20	11.70	78.90	8.10	1.60	100.20	250.40
占比（%）	36.20	2.10	0.60	1.60	1.50	10.40	1.10	0.20	13.20	33.10

资料来源：根据湖州市自然资源与规划局网站资料整理。

二　湖州市水资源

湖州市境内水系发达、河网密布，水域面积685平方千米，占境内总面积的11.8%，常年提供60%的入太湖自然径流量，是太湖流域和长三角地区重要生态涵养区和生态屏障。主要河流自西南向东北入太湖的有西苕溪、东苕溪、泗安溪、合溪、乌溪等；自西向东入运河的有长申湖运河、双林塘、练市塘等。平原湖荡密布，山区建有山塘水库，这些河流、湖荡、水库对于湖州市水资源起着重要的调蓄作用。港汊交错，荡漾棋布，构成了典型的江南水乡特色。

苕溪、霅溪合流后，在湖州城外呈双圈回字形的环抱之势，外圈是横渚塘港（西南）、菜花泾（南）、龙舌港（东）、龙溪港（西、北），内圈则构成了中心城的护城河。同时，全流后的苕水在清源门、定安门分两股入城，并穿城而过，在城中形成"人"字形，构成了"水从城中走、人家尽枕河"的城市格局。湖城水乡格局，"霅川漫流群山，环列秀气可掬，城中二溪横贯，此天下所无"。因此，湖州自古就有"水云乡""水晶宫"之称。

湖州市多年平均水资源总量37.06亿立方米，其中地表水资源为35.93亿立方米。地均水资源量为每平方千米64万立方米。人均水资源占有量为1460立方米，低于浙江省平均值（人均水资源占有量 2360 立方米）、全国平均值（人均水资源占有量 2700 立方米），耕地亩均占有水资源为 426 立方米，低于浙江省的平均值。

从水资源总量来看，湖州水资源能够满足经济社会发展需求，但是湖州水资源呈现出以下两个特点：一是水资源分布很不平衡，西部丘陵地区缺水，东部平原余水。二是湖州水资源总体上为水质性缺水，尤其是东部水乡平原遭到不同程度的污染。

2018 年湖州市水资源总量为 52.26 亿立方米，比多年平均多 12.80 亿立方米。湖州市平均产水系数 0.53，产水模数 89.80 万立方米/千米^2。2018 年人均拥有水资源量为 1726 立方米，耕地亩均拥有水资源量为 2301 立方米。2018 年上游来水和太湖回流水量为 38.68 亿立方米，是湖州市可用水资源的重要组成部分。①

2018 年年末，湖州市 11 座大中型水库蓄水总量 3.08 亿立方米，比上年末多 1.02 亿立方米；小型水库及山塘蓄水量较上年末多 0.24 亿立方米；河网蓄水量比上年末多 1.90 亿立方米；地下滞水量比上年末多 1.58 亿立方米。

2018 年湖州市境外流入水量 38.68 亿立方米，区域内自产水 52.26 亿立方米，年初年末蓄水变量 4.74 亿立方米，耗水 7.60 亿立方米，出境水量 78.60 亿立方米（其中：流入太湖 28.86 亿立方米、北排江苏 29.13 亿立方米、流入杭州 0.54 亿立方米、东排嘉兴 20.07 亿立方米）。

2018 年湖州市供水总量 14.01 亿立方米，其中地表水供水 13.55 亿立方米，地下水供水 0.01 亿立方米，中水回用 0.45 亿立方米，供水量满足各行业用水需求。2018 年湖州市用水总量 14.01 亿立方米，其中农林牧渔畜用水量 8.86 亿立方米，工业用水量 2.32 亿立方米，城镇公共用水量 1.04 亿立方米，居民生活用水量

---

① 《2018 年湖州市水资源公报》，湖州市人民政府网站，http://slj.huzhou.gov.cn/xxgk/tjsj/tjgb/20190828/i2440610.html。

第二章 湖州市乡村振兴的"两山"转化基础

1.54亿立方米,生态用水量0.25亿立方米。2018年湖州市各行业耗水总量7.60亿立方米,耗水率54.3%。2018年湖州市城镇居民、城镇公共用水、工业用水年退水量2.47亿吨,途中渗失后,年退水入河总量1.36亿吨。

湖州市71个重点水功能区,符合地表水Ⅰ—Ⅲ类标准的60个,占84.50%。按水功能区目标水质评价,56个功能区达标,达标率78.90%。其中保护区3个,达标率100%;保留区3个,达标率66.70%;缓冲区6个,达标率83.3%;饮用水源区11个,其中能达到Ⅲ类标准的11个,占100%,按目标水质Ⅱ类水评价,达标率63.60%;工业用水区12个,达标率91.70%;农业用水区31个,达标率80.60%;渔业用水区0个;景观娱乐用水区3个,达标率33.30%;过渡区2个,达标率为100%。

湖州市地处北亚热带季风气候区。气候四季分明,温和湿润,雨量充沛,光照充足。据湖州市气象资料记载:市区多年平均气温为15.8℃,1月平均气温为3.2℃,7月平均气温为28.2℃。平均无霜期为245天。年平均日照2125小时。

2018年,湖州市平均降水量1681毫米,属于丰水年,相比2017年多347毫米。其中,2018年4月至9月湖州市平均降水量为1109毫米,占全年降水量的66%。降水量自东北向西南随地势增高而递增,年均降水量变化范围在1400—2200毫米,实测年最大降水量为安吉县冰坑站,达到2217毫米;年最小降水量为长兴县天平桥站,为1343毫米。

三 湖州市林业资源

(一)森林情况

湖州现有林业用地面积437万亩,占土地总面积的50.07%。其中乔木林183.60万亩,活立木蓄积量730万立方米,竹林面积177.80万亩,毛竹立竹量3.24亿株,森林覆盖率达48.40%,平原林木覆盖率28%。

表 2-2　　　　　　　　　湖州市国有林场情况

名称	所在县市区	面积（公顷）
湖州市国有林场	湖州市吴兴区	433
德清县林场	湖州市德清县	487
安吉县灵峰寺林场	湖州市安吉县	1937
安吉县龙山林场	湖州市安吉县	950
长兴县林场	湖州市长兴县	5108

资料来源：根据湖州市自然资源与规划局网站资料整理。

（二）森林公园

湖州市现在有梁希国家森林公园和安吉竹乡国家森林公园 2 个国家级森林公园，莫干山森林公园等 4 个省级森林公园，长兴逃牛岭市级森林公园等 2 个市级森林公园，见表 2-3 所示。湖州市在森林公园建设中，以保护为原则，保护和开发相结合，以旅游经济理论和生态经济为指导。在充分保护好现在森林植被的基础上，利用森林植物群落结构、果、叶、干、植物干等形态和色彩，重点突出特有的植物景观，充分发挥好银杏文化、竹文化的优势。

表 2-3　　　　　　　　　湖州市森林公园情况

级别	名称	面积（公顷）	所在县市区
国家级	梁希国家森林公园	1376	吴兴区
国家级	安吉竹乡国家森林公园	16600	安吉县
省级	莫干山森林公园	420	德清县
省级	长兴八都岕古银杏省级森林公园	2130	长兴县
省级	桃花岕森林公园	448	长兴县
省级	安吉陈嵘森林公园	117	安吉县
市级	长兴逃牛岭市级森林公园	271	长兴县
市级	德清塔山市级森林公园	146	德清县

资料来源：根据湖州市自然资源与规划局网站资料整理。

第二章 湖州市乡村振兴的"两山"转化基础

(三) 湿地公园

湖州市现有湿地国家级湿地公园3个,省级湿地公园7个,见表2-4所示。湖州市湿地总面积48777.06公顷(起始面积8公顷以上,不包括水稻田),占湖州市土地总面积的8.38%。为防止外来物种和入侵造成灾害,应保护湿地的特种多样性,创造有利于湿地生物发展和生存的环境空间。保护湿地缓冲保护地带,减少城市建设对湿地的破坏,合理利用湿地内的水资源、矿物资源、生物资源。

表2-4　　　　　　　　湖州市湿地公园情况

级别	名称	地址
国家级	德清下渚湖国家湿地公园	德清县三合乡下渚湖湿地风景区
国家级	长兴仙山湖国家湿地公园	长兴县泗安镇仙山村
国家级	西山漾国家城市湿地公园	吴兴区东部新城
省级	长兴扬子鳄省级自然保护区	长兴县管埭乡尹家边村
省级	安吉竹溪省级湿地公园	湖州市安吉县梅溪镇
省级	吴兴太湖南岸湿地	湖州市南太湖新区
省级	长田漾湿地公园	太湖旅游度假区太史湾村
省级	浙江吴兴移沿山省级湿地公园	湖州市吴兴区八里店镇
省级	太湖图影生态湿地文化园	湖州市长兴县图影村
省级	浙江湖州菱湖省级湿地公园	湖州市南浔区菱湖镇

资料来源:根据湖州市自然资源与规划局网站资料整理。

(四) 生物多样性

湖州市气候温和,地形复杂,生态环境多样,生物资源比较丰富。据调查,本市共有动、植物2700多种,其中植物2300多种,脊椎动物320多种,淡水鱼类102种。复杂多样的地形,肥沃的土壤以及光热水充足等有利的自然条件,加上悠久的开发历史,为多种生物繁衍栖息和作物的种植、鱼虾的养殖,提供良好的自然生态和人工生态环境。湖州市拥有国家自然保护区 1 个和省级自然保护区 1 个，见表 2-5 所示。

表 2-5　　　　　　　湖州市自然保护区情况

级别	名称	地址	主要保护对象
国家级	浙江安吉小鲵国家级自然保护区	浙江省安吉县	安吉小鲵及银缕梅等珍稀濒危动植物
省级	长兴扬子鳄省级自然保护区	长兴县泗安镇管埭尹家边自然村	扬子鳄及其生境

资料来源：根据湖州市自然资源与规划局网站资料整理。

第二节　湖州市农业产业基础

湖州市自古以来就是鱼米之乡。近年来，湖州市农业产业突出转型升级，2018 年湖州市农林牧渔业总产值达到 216.40 亿元，自 2005 年以来年均增长 5.63%；2018 年农业增加值达到 127.70 亿元，自 2005 年以来年均增长 5.59%。自 2013 年浙江省开展农业现代化发展水平综合评价以来，连续六年位居浙江省第一，成为全国第二个基本实现农业现代化的地级市。2018 年，湖州市实现农林牧渔业总产值 216.42 亿元，比上年减少 2.39%。其中，农业产值 98.99 亿元，同比减少 3.57%；林业产值 21.86 亿元，同比减少 2.51%；牧业产值 18.31 亿元，同比减少 31.16%；渔业产值 65.56 亿元，同比增长 11.27%，农林牧渔服务业产值 11.70 亿元，同比增长 5.16%。

一　农作物生产

近年来，湖州市以水产、茶叶、果蔬、畜牧等特色优势产业为重点，大力实施主导产业提升行动，特色优势产业产值占农业总产值80%以上。2018年，湖州市渔业总产量46.48万吨、同比增长9.85%，产值100.39亿元、同比增长10.30%，淡水水产品产量、产值均列浙江省第一；湖州市茶产值44.37亿元，平均亩产值达10751元，产值和平均亩产值均列浙江省第一；湖州市果蔬产值44.86亿元。在抓好主导产业的同时，着力稳定蚕桑、粮油等传统产业，全面推进传统农业向规模化、机械化、品牌化、效益化转型升级。

（一）粮油

全年农作物播种面积239.41万亩，同比减少3.89%，其中粮食播种面积为117.82万亩，同比减少11.39%；经济作物播种面积121.59万亩，同比增加4.70%。2018年湖州市粮食播种面积117.82万亩，总产量51.82万吨，平均亩产达到439.8千克，粮食总产值14.50亿元，比2017年18.58亿元减4.08亿元，降幅达21.96%。据统计，2018年实种油菜面积17.32万亩，比2017年实收17.7万亩，略减0.38万亩，减少2.15%；平均亩产158.1千克，比2017年157千克增长1.10千克，增加0.70%；总产2.74万吨，比2017年2.78万吨减少0.04万吨，减少1.44%。

（二）蔬菜

蔬菜在湖州市农业主导产业中规模最大，是促进农业增效、农民增收的支柱产业。最近几年，湖州市的蔬菜产业规模基本保持稳定，种植面积和产量均小幅增长：2014年蔬菜种植面积为55.10万亩，到2016年增长到55.90万亩，三年间增幅为1.50%；同期，蔬菜产量从2014年的84.60万吨增长到2016年的87.30万吨，三年间增幅为3.2%。2018年湖州市蔬菜（含菜用瓜）播种面积56.91万亩，比上年增加0.11万亩，增幅为0.20%；总产91.45万吨，与上年增加0.21万吨，增幅为0.23%。

湖州市蔬菜产业主要分布在长兴县、吴兴区和安吉县。因为这三个县区有大量优质耕地资源，具备发展蔬菜产业的资源条件。在高收益驱动下，这三个县区的农户种植蔬菜的积极性较高。其中，吴兴区蔬菜种植面积占其耕地面积的比重约为38%，长兴县这一比例为34%，安吉县为30%。相对而言，南浔区和德清县的蔬菜种植面积比重较低，分别约为20%和16%。这是因为南浔区和德清县的农户更多依托当地水乡平原优势，优先发展收益更高的淡水养殖业。

（三）茶叶

茶产业是湖州市最具特色的农业产业。从整体看，湖州市的茶产业稳步增长。湖州市茶园面积2014年的33.60万亩，逐年递增到2018年的37.04万亩，五年间增加了3.44万亩；茶叶产量从2014年的10344吨增长到2018年的10667吨，四年间增加了323吨，2016年受到寒潮影响有小幅下滑。2018年茶产业总体为"面积增、价格稳、产量减、产值减"，受极端天气影响，采摘期缩短，茶叶价格稳定，鲜叶价格下滑，今年各地的头茶价格与上年持平。见图2-1所示。

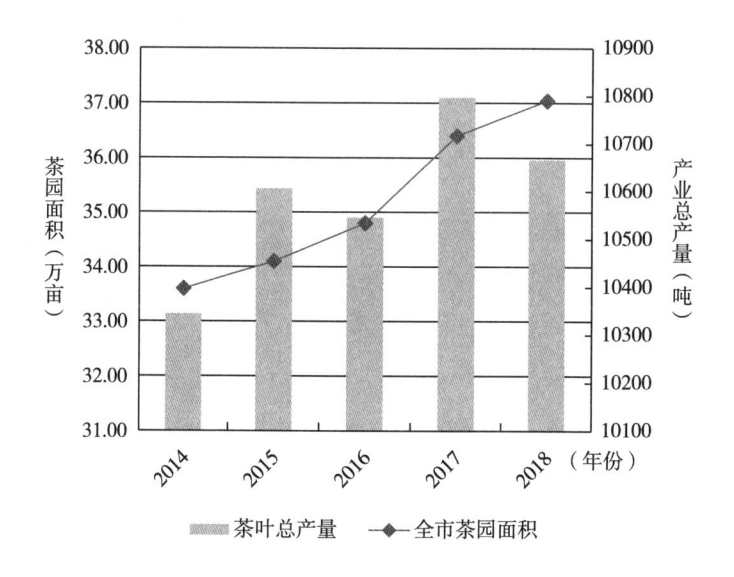

图2-1 湖州市茶园和茶叶总产量变化（2014—2018年）

资料来源：根据2014—2018年度湖州市农业统计资料整理。

从图 2-1 可知，从空间分布看，湖州市的茶园主要分布在安吉县和长兴县，这两个县的茶园面积占比在 90% 左右。近五年湖州茶园各县区分布如表 2-6 所示。从表 2-6 中可知，湖州市茶园主要分布在安吉县和长兴县，其中安吉县的茶园面积占比一直在 55% 以上，长兴县的茶园面积占比一直在 29% 以上。这是因为这两个县境内分布天目山余脉，拥有大量适于种茶的坡地和山地。湖州市新增茶园面积主要来自长兴县、德清县和吴兴区，其中来自德清县的增量为 1.34 万亩，来自长兴县的增量为 1.19 万亩，来自吴兴区的增量为 0.43 万亩。这些增量茶园主要分布在这三个县区临近天目山余脉的个别乡镇，德清县的增量集中在莫干山镇和武康镇，分别为 0.80 万亩和 0.20 万亩；长兴县的增量几乎完全来自和平镇，该镇增量为 1.10 万亩；吴兴区的增量集中在埭溪镇，为 0.30 万亩。

表 2-6　湖州市各县区茶园面积茶园分布（2014—2018 年）　单位：亩

年份	湖州市	吴兴区	南浔区	德清县	长兴县	安吉县
2014	336300	18500	30	13700	104000	200100
2015	340665	19995	165	15705	103830	200970
2016	348135	20445	165	22905	102480	202140
2017	368085	23115	120	27375	113970	203505
2018	370440	22815	120	27120	115875	204510

资料来源：根据 2014—2018 年度湖州市农业统计资料整理。

（四）蚕桑

2018 年，湖州市蚕桑生产"量价同减"，湖州市桑园面积为 21.80 万亩，同比减少 1.53 万亩；全年饲养蚕种 10.09 万张，同比减少 1.16 万张，减幅 10.28%；每张产量为 52.70 千克，同比增加 0.20 千克；蚕茧总产量为 0.53 万吨，同比减少 0.59 万吨，减幅为 10.07%；全年受蚕茧价格四连跌影响，蚕茧平均价格为 1881 元/担，比上年同期减少了257元/担，同比减少12%；茧款收入20241万元，比去年减少5266.50万元，同比减少20.60%。

（五）水果

近年来，湖州市水果种植面积保持在15万亩以上，呈现小幅波动。湖州市水果种植面积从2014—2016年增加了0.70万亩，并在2016年达到最高15.95万亩，在2017年减少了0.60万亩。2018年湖州市果园面积15.52万亩，比2017年增加0.12万亩，其中葡萄4.53万亩；水果产业总产值9.95亿元，较2017年的9.64亿元增加0.31亿元，同比增长3.2%；水果总产量24.00万吨，与2017年持平。

水果种植面积的波动主要由规模最大的两个品种——葡萄和桃子面积变化引起。葡萄和桃子种植面积合计约占水果种植面积的45%，其中葡萄占29%左右，约4.50万亩，桃子占比16%左右，约2.50万亩。湖州的葡萄集中分布在长兴县，该县葡萄种植面积占湖州市80%左右。长兴县的葡萄种植面积在2015年达到顶峰3.77万亩，随后在2017年减少到3.54万亩。桃园主要分布在长兴县和吴兴区，其中长兴县的桃园最多，占湖州市的60%左右，其次是吴兴区，占23%左右。

长兴的葡萄品种主要是鲜食葡萄，品种一直以传统的"藤稔"为主，其他高端品种较少。这是因为该品种技术成熟且所需设施简单、成本低，易于为众多农户所接受，因此种植规模最大。近几年长兴县的葡萄品种结构有了一定程度的优化，"藤稔"占比不断下降，品种多样化程度不断提升。品种单一导致产品上市时间集中，抑制了市场价格。葡萄品种单一造成上市时间集中，而品种又以鲜食为主，难以长时间储存，因此短期内市场供给量大，价格受到抑制。2018年长兴的葡萄产量保持稳定，但是价格比往年降低15%—20%。另外，湖州的葡萄还受到嘉兴葡萄、金华葡萄等地的激烈竞争。葡萄是嘉兴市第一大水果品种，2017年接近12万亩，是湖州

第二章 湖州市乡村振兴的"两山"转化基础

葡萄种植面积的2.60倍。而湖州的葡萄在和嘉兴竞争中,优势不明显。金华市的浦江县也是重要的葡萄种植地区,种植面积为7万亩。该县葡萄产业不仅规模大,而且具有较高的知名度和市场认可度,是2016年杭州G20峰会专供水果,并成为农业部登记保护的地理标志产品,具有较强的市场竞争力。湖州的葡萄产业缺乏品牌,并且品种单一,在市场竞争中不具有优势,未来发展面临较大压力。

二 林业生产

2018年,湖州市林业行业总产值达到680亿元。传统竹木产业加速转型,湖州市累计完成竹林流转4.14万亩,花卉苗木销售额已突破30亿元。大力发展林下经济,推广"一亩山万元钱"模式,全年新建培育6166亩,辐射推广2.06万亩,巩固深化5.28万亩。加速融合发展,重点培育12个省级林业特色小镇和12个森林人家,新增省级林业龙头企业3家,国家林业重点龙头企业1家。

湖州的花卉苗木种植面积约占浙江省的1/7,在浙江省具有重要地位。湖州的花卉苗木主要分布在长兴县,该县的花卉苗木面积占湖州市比重在70%左右;其次是安吉县,占湖州市比重为13%左右,如表2-7所示。这是因为长兴县位于浙北低山丘陵向太湖西岸平原过渡的地区,地势西高东低光照充足、气候温和、降水充沛、四季分明,适合苗木生长,尤其是该县泗安镇具有种植花卉苗木的历史传统,是全县花卉苗木产业的标杆。其他几个县区花卉苗木面积较小,主要是因为吴兴区、南浔区和德清县位于东部水乡平原,土壤潮湿,不适宜发展苗木产业;安吉县由于耕地面积狭小,难以大规模发展花卉苗木产业。

表2-7　　2014—2018年湖州市及县区花卉苗木种植面积　　单位:万亩

年份	湖州市	吴兴	南浔	德清	长兴	安吉
2014	29.30	1.70	1.30	1.30	21.20	3.90
2015	31.80	1.70	1.50	1.40	23.20	3.90
2016	33.90	2.00	2.20	1.80	23.50	4.30

续表

年份	湖州市	吴兴	南浔	德清	长兴	安吉
2017	34.60	2.00	2.50	1.80	23.60	4.60
2018	34.62	2.02	2.41	1.60	23.82	4.78

资料来源：根据2014—2018年度湖州市农业统计资料整理。

虽然过去几年湖州的花卉苗木种植面积稳步增长，但是市场波动对该产业产生了一定的冲击。由于花卉苗木生产周期较长，并且受到宏观环境影响大，难以及时调整产业结构应对快速变化的市场需求。2011—2015年，受房地产低迷、市政工程建设萎缩等因素影响，湖州市花卉苗木产业发展呈下行趋势，虽然产业规模没有相应缩小，但是经济效益下滑。2016年开始，随着城市生态建设进一步加快和房地产市场回暖，绿化建设用苗量增加，苗木市场逐步回暖，价格逐步上涨，花卉苗木产业发展持续向好。但是，进入2018年以来，房地产市场增长放缓，以及美化绿化等市政工程建设项目逐渐减少，都对花卉苗木市场产业需求产生不利影响。湖州的花卉苗木产业规模大，但是应对快速变化市场的能力不够强，主要有以下几方面原因：一是产业适度规模化水平低。以规模最大的长兴县为例，该县连片100亩以上的经营主体占全县经营主体数量的95%。二是产业技术水平整体不高，生产效率低。大量小规模经营主体粗放式经营，生产缺乏科学规划，并且基础设施比较落后，无法实现标准化和机械化。三是产业结构过于单一，不利于应对快速变化的市场需求。但是由于市场需求变化难以预测，众多小规模经营主体在选择品种时跟风从众，导致品种结构比较单一。而花卉苗木生产周期较长，单一品种结构无法适应快速变化的市场需求。以长兴县为例，该县拳头产品"长兴香樟"和"长兴红梅"在市场有较高的知名度，其中香樟种植面积达到33.50%。但是随着市场热点转移，即使是拳头产品也会面临"天花板"。

三 畜禽养殖

（一）生猪

2018年湖州市生猪饲养量54.73万头，同比减少17.82%。2017年吴兴区、南浔区关停大批养殖场，生猪提前出栏，导致2018年出栏同比大幅减少。生猪价格从2018年9月开始急剧上涨，主要原因是受非洲猪瘟疫情发生并迅速蔓延影响，生猪调运受限本地生猪供给不足。玉米、豆粕等主要饲料均价分别为1.98元/千克和3.2元/千克，同比分别增长7.84%和0.97%，养殖成本略有增加。根据养殖成本调查（自繁自养），以出栏一头115千克育肥猪计算，养殖成本为1560元（其中：饲料成本1280元，水电45元，动物防疫费65元，保险费20元，人工成本100元，治污30元，其他20元），养殖收益基本持平。非洲猪瘟疫情防控，湖州市设立非洲猪瘟防控公路临时检查卡点36个，24小时值守，严防不法经营者从疫情省份贩运生猪入境。对辖区内生猪规模养殖场实行封闭式管理，强化消毒灭源，每日统计分析病死猪数量，一旦发现异常，立即规范上报处置。加大对违法调运行为的查处力度，湖州市共办理各类违法案件63件，办结46件，罚款总额达到15万元。湖州市开展专项检查6轮，累计检查收集点140余个次、生猪规模养殖场227家次。湖州市102家存栏50头以上生猪规模养殖场参保率达100%。湖州市病死动物无害化跨区域处置累计转运养殖环节病死猪119385头，重量1085.2吨，其他病死动物重343.3吨，合计重1472.8吨，已全部处理完毕。

犬类狂犬免疫强推进，湖州市共设立免疫接种点114个，实现乡镇（街道）全覆盖，248名免疫员全部培训到位，统一规范填写疫苗进货、免疫、犬只登记三本台账。已印发《湖州市犬类免疫证》6万份，共免疫犬只3.2万只。

（二）湖羊

湖州最具特色的禽畜养殖业是湖羊产业。湖羊原产于太湖流域，是太湖地区特有的品种，具有耐粗饲圈养、耐高温高湿、繁殖力强、生长快速、肉质鲜嫩等特点，可谓"羊食百草，浑身是宝"。湖羊生产稳中有升，价格平稳效益良好。湖州市湖羊年内出栏量稳步提升，从2014年的38.77万只逐步增长到2018年的40.75万只，四年间增幅为5.1%。在《湖州湖羊产业兴旺发展三年行动计划（2018—2020年）》①的指引下，湖州市湖羊产业链条愈加完整紧密，附加值不断增加。

湖州市的湖羊超过1/3分布在南浔区，德清县、长兴县和吴兴区的比重分别占1/5左右。湖羊养殖规模增长最快的是德清县，该县从2014年的4.9万只增长到2017年的8.6万只，四年间增加了3.7万只，超过了同期湖州市增量3.2万只。这是因为德清县从2014年开始"五水共治"，拆除了大量猪棚，生猪出栏量从2014年的61.3万头、占湖州市比重44.5%，锐减到2017年的11.6万头。同时，德清县政府调整肉产业结构，扶持湖羊产业发展。该县湖羊出栏量从2015年开始快速增长：相对于2014年的4.9万头，2015年增加了39.1%，增加到6.8万头；2016年达到顶峰8.8万头，2017年小幅下降到8.6万头。湖州市其他县区生猪养殖规模基数不大，"五水共治"中关停生猪养殖场较少，畜禽产业结构没有出现明显变化，因此湖羊养殖规模变化不大。

四　水产养殖

湖州的淡水养殖面积、产量、产值多年位居浙江省第一，是湖州最具特色的产业。近年来，淡水养殖总产量和总产值分别占浙江省淡水产品的1/3以上，是名副其实的浙江省淡水渔业第一大市。在市委市政府的高度重视下，湖州市通过加快转变渔业发展方式，渔业经济实现快速增长，渔业增加值占湖州市农业增加值的比重由

---

① 参见《湖州湖羊产业兴旺发展三年行动计划（2018—2020年）》（湖政办发〔2018〕57号）。

第二章 湖州市乡村振兴的"两山"转化基础

2010年的19.00%增加到2018年的31.50%,成为农业第一大产业。水产品总产量由2010年的24.97万吨增长到2018年的46.48万吨,增长86.14%,总产值由2010年的62.25亿元增长到2018年的100.39亿元,增长61.26%,首次突破百亿元大关。2018年湖州市水产养殖面积达57.69亩(见图2-2),渔业产量、产值大幅增加,成为农业增效的主要产业。

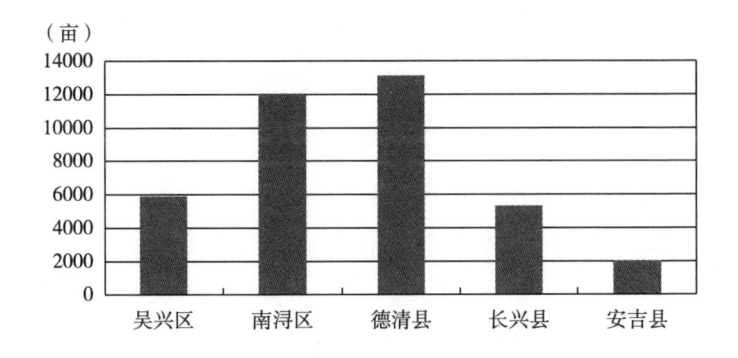

图2-2 2018年湖州市各县区淡水养殖面积分布

资料来源:根据2018年度湖州市农业统计资料整理。

(一)主要特点

近年来,渔业实现了绿色健康发展的良好态势,呈现出五个方面的特点。

1. 产业结构持续优化

近年来,湖州市不断调整水产养殖结构,特种水产养殖面积由2010年的43.50万亩增长到2018年的56.80万亩,增长30.57%,其中黄颡鱼、加州鲈、青虾、河蟹年产量分别占浙江省的91%、86%、68%、64%,菱湖镇、和孚镇、东林镇、钟管镇等乡镇的农业收入中,渔业收入占比达70%以上,部分渔业重点村占比达90%以上。大宗淡水鱼苗种生产总体平稳,苗种销售形势良好。其中,罗氏沼虾苗生产量达95亿尾;大口黑鲈"优鲈1号"实现规模化生产育苗10亿尾；台湾泥鳅实现大规模生产达到50亿尾以上；沙塘鳢苗种繁育量有较大的增加。一批新的品种如淡水石斑鱼、龙纹斑、柳根鱼等新品种引进湖州市开始试养，可能成为今后新的增长点。水产种业产值达3.30亿元，引进推进高质量种业项目6个，总投资突破两亿元；通过国家水产新品种审定1个（"太湖鲂鲌"）；创建了省级水产良种场两个。推广应用"稻—小龙虾""稻—青虾""稻—鳖"等稻渔综合种养3.15万亩，完成年度目标的125.93%，建设连片100亩以上的基地35个，创建了省级示范基地4个。推广养鱼跑道累计290条，完成年度目标的145%。南浔区探索"跑道鱼"保险联动和产业扶贫，打造万亩"跑道鱼"示范基地。大力推广使用配合饲料替代冰鲜鱼养殖，减少冰鲜鱼的投入，保护生态环境，推广加州鲈鱼、黑鱼全程配合饲料养殖2.20万亩，完成年度目标的146.53%。

2. 生产方式加快转变

在浙江省率先全面完成县域养殖水域滩涂规划，在全国率先开展水产养殖尾水全域治理，全面完成温室龟鳖养殖清零，大力推广稻渔综合种养、池塘循环水"跑道"养鱼、配合饲料替代冰鲜鱼等生态养殖模式，创建农业农村部健康养殖示范县两个、示范场28个，培育市级健康养殖示范户1005个，在养殖主体中推广渔业物联网2085户。

3. 经营主体不断壮大

大力提升渔业主体"技能化、专业化、职业化"水平，培育新型职业渔民4700余名，拥有渔业类家庭农场、专业合作社656家、338家，占湖州市总数的34.80%、17.20%，建成一批模式先进、设施完善、景观美化的现代渔业示范园区、美丽渔场，推动渔业经营性收入年均增长10%以上。

4. 科技支撑明显增强

通过与省淡水所、浙江大学、湖州师范学院开展"厅市合作"

第二章 湖州市乡村振兴的"两山"转化基础

"市校合作""地市合作",建成"国家罗氏沼虾遗传育种中心""浙江省渔业科技创新服务平台""南太湖渔业科技创新平台"等科技创新服务平台,一大批新品种、新技术、新模式得到推广应用,尤其是水产种业发展迅速,建成省级以上水产良种场5个,水产苗种外销率近90%,其中罗氏沼虾和太湖白鱼苗种年产量占全国的60%以上。

5. 新兴业态不断发展

建成省级示范性渔业全产业链两条、全国休闲渔业示范基地1个、省级休闲渔业精品基地7个,水产品精深加工业、水产饲料加工业、休闲渔业年产值分别达40亿元、30亿元、10亿元,桑基鱼塘系统入选全球重要农业文化遗产,德清淡水珍珠传统养殖与利用系统入选中国重要农业文化遗产,南浔鱼文化节成为国家级示范性渔业文化节庆。

(二)水产养殖主要品种

从养殖结构看,湖州的淡水养殖以淡水鱼为主。在淡水鱼中,四大家鱼和黑鱼产量最大,占淡水鱼产量的比重为45%。从空间分布看,湖州市的淡水养殖主要分布在德清县和南浔区,这两个县区占比超过72%。这是因为这两个县区位于东部水乡平原,具有丰厚的水产资源条件和悠久的淡水养殖历史;同时较高的收益吸引大量农户流转入耕地从事淡水养殖。

四大家鱼是湖州淡水养殖规模最大的品种,产量占淡水鱼总产量的比例超过1/3。湖州的四大家鱼产量逐年递增,从2014年的8.72万吨,增长到2017年的11.34万吨,四年间增长了30.05%。2018年,四大家鱼的产量有所下降,为10.46万吨,相比2017年下降7.76%。湖州的四大家鱼的产量在这四个品种的分布上比较均衡,以2017年为例,青鱼产量占四大家鱼总产量的比重为23.54%,草鱼占比为27.50%,鲢鱼占比为30.45%,鳙鱼占比为18.51%。湖州的四大家鱼主要分布在吴兴区、南浔区、德清县和长兴县，在这四个县区地形以水乡平原为主，具备优越的淡水养殖的条件；安吉县以山地为主，适用于淡水养殖的空间有限，因此分布最少。

黑鱼是湖州最近20年发展起来的特色产业。黑鱼，学名乌鳢，不仅骨刺少、含肉率高，而且蛋白质含量比鸡肉和牛肉高，具有较高的市场认可度。湖州的黑鱼产量逐年快速递增，从2014年的1.80万吨增长到2018年的3.86万吨，五年间增加了2.06万吨，平均年增长率高达16.48%。湖州的黑鱼产业主要分布在德清县和南浔区，近五年这两个县区的产量占湖州市总产量的95%左右。德清县的黑鱼产量在2015年快速增加，比2014年增加了0.47万吨，增幅为42.63%。德清县2015年的快速增长，主要是因为随着浙江省"五水共治"的全面深入推进，相邻的杭州市于2014年开始整治黑鱼养殖业，尤其是与德清县相邻的杭州市余杭区是浙江省最大的黑鱼养殖集中地，该区共退养转产7000亩黑鱼鱼塘。这导致市场供给量在短时间内大量减少、黑鱼价格快速上涨。在市场利润激励下，德清县黑鱼养殖规模在2015年大幅提升。

黑鱼是食肉鱼类，其饲料中有相当一部分是冰鲜小鱼和鸡肝鸭肝，这些饲料对水体造成比较严重的富营养化污染。黑鱼养殖过程造成的水体严重污染，成为制约其规模继续扩大的主要因素。在"五水共治"背景下，德清县和南浔区都出台政策禁止增加黑鱼养殖规模，并全面实施渔业养殖尾水治理。德清县从2015年开始黑鱼产量基本保持稳定，没有继续大幅增加。南浔区也于2017年12月出台并实施《南浔区养殖水域滩涂规划》，限制增加黑鱼养殖规模。目前湖州多地已禁止扩大黑鱼养殖规模，因此，湖州市的黑鱼产业规模在今后将不会大幅增加。

为了促进湖州黑鱼产业持续健康发展并保持强劲的市场竞争力，必须以保护生态环境为前提和根本，推广生态养殖技术。首先，需要严格执行环保政策，在湖州市推广生态环保的养殖技术。例如，通过推广普及跑道养鱼、养殖尾水治理等治污技术，减少养殖尾水污染，保持湖州淡水养殖产业可持续发展。其次，还需要大力推广新品种和生态养殖技术。例如，大力推广污染少的杂交鳢，可以减少单位面积总磷排放 92.30%，减少总氮排放 95.20%；大力推广新型饲料、低养殖密度等技术，有效减少动物性饲料造成的污染。从长远来看，只有健康、安全、低污染甚至无污染的养殖模式在更大范围推广，才能生产更多高质量的淡水养殖产品，才能满足广大消费者对安全食品的需求，才能实现湖州淡水养殖产业可持续发展。

五 湖州市农村基础设施建设

（一）农村基础设施建设的意义

农村基础设施是为农村各项事业的发展及农民生活的改善提供公共产品和公共服务的各种设施的总称，作为农村公共产品的重要组成部分，它涉及农村经济、社会、文化等方方面面。农村基础设施建设能够有效地提高农业生产效率，促进农业、农村经济的发展以及农民的增收，提高农村消费水平并直接和间接促进国民经济的增长和内需的增加，也为国家的经济安全提供了重要的物质保证。农村基础设施建设意义主要体现在以下方面：

1. 农村基础设施建设是践行乡村振兴战略的重要内容

党的十九大报告在乡村振兴战略中提出了"产业兴旺、生态宜居、乡风文明、治理有效、生活富裕"的总要求，其中农村基础设施的建设是上述要求的物质基础，也是实现上述总体要求的主要抓手。因此，中央农村工作会议上进一步提出了要大力改善农村基础设施，推进农村道路、厕所、供暖、供电、学校、住房、饮水"七改"的工程。

2. 农村基础设施的建设是实现"两美"浙江的重要环节

2014 年 5 月 23 日，浙江省委十三届五次全会通过《中共浙江省委关于建设美丽浙江创造美好生活的决定》，提出了"建设美丽浙江，创造美好生活"战略部署。农村社会经济的发展是实现"两美浙江"战略的主要方面,而农村基础设施建设正是实现浙江"水清、山绿、天蓝、人和"的重要环节。

3. 农村基础设施建设也是湖州市进一步创建"美丽乡村"、推进生态文明建设的重要抓手

农村交通通信、水利电力、垃圾处理、文化娱乐设施等建设和提升直接、间接提升湖州市美丽乡村建设的品质和特色,也为湖州市生态文明建设样板提供坚实的物质基础。

农村基础设施包含的范围广泛,涵盖农村生产、生活、生态各领域的设施。学者们基于研究不同的目的,将其做出了不同的分类。为了统计数据获取的方便和一致,本报告按照国家发展和改革委员会每年发布的《农村基础设施建设发展报告》,将农村基础设施分为农业生产类基础设施(包括农田水利设施、农产品流通设施等)、农村发展类基础设施(包括农村饮水设施、电力设施、交通设施等)、生态环境建设和农村社会类基础设施(包括农村教育设施、医疗卫生设施等)四个方面。本报告主要通过第二次农业普查(2006年)至第三次农业普查(2016年)湖州市农业基础设施建设的情况进行纵向比较分析;同时,在与浙江省平均水平进行横向比较。除非有特殊说明,本报告的数据均来源于浙江省、湖州市两次农业普查资料及历年湖州市统计年鉴。

(二)湖州市农村基础设施建设的现状

农业是国民经济的基础,农业农村的发展和效率的提升离不开基础设施持续投入。从湖州市二次农业普查有关农村基础设施建设相关指标比较可知:农村基础设施建设持续加强,现代设施农业发展迅速,农村人居环境明显改善,乡村道路、通信等公共品和教育文化等公共服务供给正在提档升级。

2006—2018年,湖州市农村基础设施建设取得了快速、高效的发展,农村基础设施的建设和农村经济社会发展呈现良性互动关系,并直接、间接促进整个经济社会的发展。其间,湖州市农林牧

第二章 湖州市乡村振兴的"两山"转化基础

渔业增加值由 2006 年的 65.59 亿元增长到 2018 年的 127.69 亿元，年均增长约 5.71%，农民人均纯收入由 8333 元增长到 31767 元，年均增长约 11.8%，农村全面消除贫困，城乡居民的收入差距不断缩小，2018 年城乡居民收入比为 1.71∶1，低于浙江省和全国水平，在全国地市中名列前茅。

从农业生产投入所需的劳动和资本两种最基本的生产要素看，湖州市第一产业从业人数一直趋于减少。2006 年第一产业从业人员为 46.04 万人，至 2016 年减少为 21.98 万人，十年间减少了 52.26%。可见湖州市农林牧渔业增加值的增长和农民增收，主要依靠农业生产效率的提升和资本投入的贡献。农村基础设施投资额的增加，有力地支持了农业生产稳步增长及综合能力的提高，使得农村居民人均可支配收入增加，提高农村消费水平并直接和间接促进国民经济的增长和内需的增加；改善了农村医疗卫生条件和生态环境，提高了农村居民的社会福利水平，有力地促进了社会经济发展和社会进步。可以说农业基础设施的建设是实现农业强、农民富、农村美的有力抓手，如表 2-8 所示。

表 2-8　2006—2018 年湖州市农林牧渔增加值、农村居民人均可支配收入及消费支出

年份	农林牧渔业增加值（亿元）	农村居民人均可支配收入（元）	农村居民人均消费支出（元）
2006	65.90	8333	5327
2007	71.11	9536	6172
2008	84.83	10751	7046
2009	90.26	11745	8058
2010	104.22	13288	9139
2011	116.22	15381	10093
2012	122.65	17188	11077
2013	119.80	20257	12440

续表

年份	农林牧渔业增加值（亿元）	农村居民人均可支配收入（元）	农村居民人均消费支出（元）
2014	120.34	22404	14836
2015	122.60	24410	16112
2016	127.42	26508	17609
2017	129.12	28999	18665
2018	127.69	31767	20718

资料来源：根据《2019年湖州市统计年鉴》整理。

1. 湖州市农业生产类基础设施建设现状

农田水利设施建设稳步发展，现代农业水利设施走在前列。农田水利设施具有农业灌溉、防洪、发电等功能，也是确保农村和城市安全的有力屏障。截至2016年年底，湖州市现有能够正常使用的排灌站数量6536个，能够使用的灌溉用水塘和水库7401个，分别比2006年年末增加了598个和1122个，超过99.50%的农户使用地表水进行灌溉，说明湖州市十年间对农田水利设施具有持续的重视和投入。湖州市有喷灌、滴灌、渗灌设施的种植面积5.33千公顷，占浙江省45.10千公顷的11.80%，有效地提高水资源的利用效率和生产水平，说明湖州市现代农田水利设施发展迅速，走在浙江省的前列，农业生产抵御自然灾害的能力不断增强。

乡村专业市场建设整体水平高，现代商品流通市场发展优势明显。乡村专业市场的建设反映了农村商品流通状况，是农产品与大市场能够有效对接，增加农民收入，提升农民积极性的有效途径。截至2016年年底，湖州市有71.70%的乡镇有商品交易市场，50.00%的乡镇有以粮油、蔬菜、水果为主的专业市场，2.20%的乡镇有畜禽为主的专业市场；68.20%的村有50平方米以上的综合上商店或超市，14.20%的村开展了旅游接待业务，有营业执照餐馆的村达到61.60%，另外有电子商务配送站点的村为42.60%，农

第二章 湖州市乡村振兴的"两山"转化基础

村居民的生活便利。横向比较,湖州市乡村专业市场整体各项指标均高于浙江省水平,尤其是乡镇专业市场的发展、村商品流通市场、现代物流能力和旅游接待能力方面,具有明显的优势。具体情况如表2-9所示。

表2-9 2016年湖州市及浙江省乡村各类专业市场占比 单位:%

乡村专业市场	湖州市	浙江省
有商品交易市场的乡镇	71.70	69.30
有以粮油、蔬菜、水果为主的专业市场的乡镇	50.00	34.10
有以畜禽为主专业市场的乡镇	2.20	1.50
有以水产为主专业市场的乡镇	—	2.10
有50平方米以上综合商店或超市的村	68.20	47.60
开展旅游接待服务的村	14.20	10.10
有营业执照餐馆的村	61.60	39.90
有电子商务配送站点的村	42.60	36.50

资料来源:根据《湖州市第三次农业普查主要数据公报》整理。"—"表示没有该统计数据。

设施农业发展迅速,发展空间充足。设施农业是采用人工技术手段,改变自然光温条件,进行动植物高效生产的一种现代农业方式,可以改变农业生产的时空分布。截至2016年年底,湖州市大棚、温室占地面积2.53千公顷,比2006年的0.53千公顷增长了2.7倍,发展非常迅速;渔业养殖用房面积0.10千公顷,相比2006年的0.12千公顷下降了16.67%[①],主要原因是为了响应节能减排,压缩了温室养殖龟鳖的面积。横向比较看,湖州市与嘉兴市大致相同,渔业养殖各约占浙江省20%,主导地位明显;但种植业类设施农业仍然仅占浙江省4.22%,发展空间很大,如表2-10所示。

---

① 2016年年末湖州市温室、大棚占地面积共计3.8万亩,渔业养殖用房面积98.2万平方米。为了与浙江省统一,本报告进行了换算。

表2-10　　　　2016年湖州市及浙江省设施农业　　　　单位：千公顷

设施农业	湖州市	浙江省	湖州市占浙江省比重（%）
温室、大棚占地面积	2.53	60.00	4.22
渔业养殖用房占地面积	0.10	0.50	19.64

资料来源：根据《湖州市第三次农业普查主要数据公报》《浙江省第三次农业普查主要数据公报》整理。为了统一，表格中将温室、大棚占地面积进行合并计算。

2. 湖州市农村发展类基础设施建设现状

农村发展基础设施建设是乡村振兴的重要内容，与农村居民的生产生活息息相关，直接影响到农民的生活质量水平。

（1）农村饮水设施提升迅速，农户惠及比例高。

农村饮水安全是一项重大的民生工程，政府历来非常重视。截至2016年年底，湖州市绝大多数农户都用上了干净的自来水，43.30万户乡村居民的饮水为经过净化处理的自来水，占90.60%；3.60万户的饮用水为受保护的井水和泉水，占7.40%，两项合计占比为98%，乡村居民饮水安全得到保证。与2006年末的33.7万户使用经过净化处理的自来水，占67.20%相比，近10万户农户有安全的饮用水，比例得到很大提升，同时也高于浙江省平均水平，如表2-11所示。

表2-11　　　　2016年湖州市及浙江省农户饮用水情况

饮用水情况	湖州市		浙江省	
	户数（万户）	比例（%）	户数（万户）	比例（%）
经过净化处理的自来水	43.3	90.6	773.4	88.8
受保护的井水和泉水	3.6	7.4	75.6	8.7
不受保护的井水和泉水	0.7	1.4	15.5	1.8
其他	0.3	0.5	6.4	0.8

资料来源：根据《湖州市第三次农业普查主要数据公报》《浙江省第三次农业普查主要数据公报》整理。

(2) 电力和通信设施普及，新能源设施建设捷足先登。

农村电力和通信设施是农村经济社会发展的重要基础和必要条件。2006年第二次农业普查时，湖州市农村电网改造基本完成，湖州市通电、通电话的村均已经达到100%，基础扎实。2016年年末，湖州市有100%的村安装了有线电视并接通了宽带业务。值得一提的是，已经有15.70%的村接通了天然气，远高于浙江省8.5%的水平。清洁能源的使用，有利于改善农村生态环境和空气质量；能源和通信设施的普及，满足了农村生产的要求，更方便了农村居民的生活，如表2-12所示。

表2-12　　　　2016年湖州市及浙江省农村能源、通信设施建设村占比　　　　单位:%

能源和通信设施	湖州市	浙江省
通电的村	100	100
通天然气的村	15.70	8.50
通电话的村	100	100
安装了有线电视的村	100	99.20
通宽带互联网的村	100	98.4

资料来源：根据《湖州市第三次农业普查主要数据公报》《浙江省第三次农业普查主要数据公报》整理。

(3) 交通设施建设投入多，乡村交通十分便利。

2016年年末，湖州市100%的村庄通公路。通村公路路面类型中，柏油路面比例最高，为82.10%，其次为水泥路面，占17.80%，沙石路面从2006年的4.00%下降到只有0.10%；村内路面类型中，水泥路面为64.00%，其次为柏油路面35.90%，沙石路面从2006年的25.6%到现今全部消除，农民的出行非常舒适便利，交通条件改善异常明显。与浙江省和嘉兴市相比，湖州市通村和村内公路中，柏油路面比例很高。与水泥路面相比，柏油路面具有投入多，建设施工难度较大，后期维护相对较复杂的特点，但通车后使用舒适度高。另外，湖州市91%村内主要道路已经安装了路灯，虽然比浙江省低了近5%，但与2006年的44.80%相比，增长率超过了46%。超过96%的自然村或者居民定居点到村委的距离在5公里之内，交通极为方便快捷，如表2-13所示。

表2-13　　　　2016年湖州市及浙江省农村
交通设施建设村占比情况　　　　单位:%

交通设施	湖州市	浙江省
通公路的村	100	99.90
按通村主要道路路面类型分的村	—	—
水泥路面	17.80	79.60
柏油路面	82.10	20.10
沙石路面	0.10	0
按村内主要道路路面类型分的村	—	—
水泥路面	64.00	92.50
柏油路面	35.90	6.10
沙石路面	0	0
村内主要道路有路灯的村	91.00	96.40

资料来源:根据《湖州市第三次农业普查主要数据公报》《浙江省第三次农业普查主要数据公报》整理。

3. 湖州市农村生态环境设施建设现状

党的十八大将生态文明放在突出的位置，建设"生态宜居"的美丽乡村也是乡村振兴战略的重要一环。解决乡村"垃圾满地、污水四溢"的有力措施是集中处理。2016年年末，湖州市100%的乡镇、村达到了生活垃圾集中或部分集中处理;生活污水集中或部分集中处理的村达到了92.30%;完成或部分完成改厕村达到了99.50%，与2006年的76.50%相比，提升了23%，以上改善乡村

第二章 湖州市乡村振兴的"两山"转化基础

卫生环境的各项指标均超过了浙江省的均值,完美体现了湖州"两山理论"的发源地和生态文明建设模范生的地位,公众对生态环境的满意度多年位列浙江省前列,如表2-14所示。

表2-14　　　　2016年湖州市及浙江省乡村卫生环境建设村占比情况　　　　单位:%

卫生处理设施	湖州市	浙江省
集中或部分集中供水的乡镇	—	97.70
生活垃圾集中处理或部分集中处理的乡镇	100	99.50
生活垃圾集中处理或部分集中处理的村	100	98.60
生活污水集中处理或部分集中处理的村	92.30	89.80
完成或部分完成改厕的村	99.50	96.30

资料来源:根据《湖州市第三次农业普查主要数据公报》《浙江省第三次农业普查主要数据公报》整理。

4. 农村社会类基础设施建设现状

加快农村社会福利事业的发展,推进基本公共服务均等化是统筹城乡一体化发展,缩小城乡差距,构建社会主义和谐社会的必然要求。

(1)乡村教育设施相对完善,文化健身设施发展迅猛。

2016年年末,湖州市所有的乡镇都有幼儿园、托儿所和小学,几乎所有的乡镇都有图书馆、文化站,有健身广场和公园的乡镇由2016年的53.30%上升到97.80%,有体育馆的比例由30%上升到43.50%;而有体育健身场所和业余文化组织的村比例从2006年的30.40%、21.90%分别上升到98.7%和63.20%,增长迅速,这反映了富裕了的农村居民对高层次的物质文化需求。湖州市所有相关指标均超出浙江省的平均水平,尤其是村幼儿园、托儿所的建设上,湖州市优势明显,如表2-15所示。

表 2-15　　2016 年湖州市及浙江省乡村文化教育设施建设乡镇村占比情况　　单位:%

乡镇、村文化教育设施	湖州市	浙江省
有幼儿园、托儿所的乡镇	100	95.90
有小学的乡镇	100	95.80
有图书馆、文化站的乡镇	97.80	97.90
有剧场、影剧院的乡镇	47.80	23.20
有体育场馆的乡镇	43.50	32.10
有公园及休闲健身广场的乡镇	97.80	86.20
有幼儿园、托儿所的村	34.00	22.40
有体育健身场所的村	98.70	97.50
有农民业余文化组织的村	63.20	62.50

资料来源:根据《湖州市第三次农业普查主要数据公报》《浙江省第三次农业普查主要数据公报》整理。

（2）重视医疗卫生和社会福利机构设施建设。

截至 2006 年年底，湖州市所有的乡镇均有卫生机构；超过 87.00% 的乡镇有各种性质的社会福利机构，超过 70.30% 的村有卫生室等医疗机构，这些指标均远超出浙江省的均值，说明在医疗卫生、社会福利机构等公共服务的提供上，湖州市一直比较重视，走在前列，如表 2-16 所示。

表 2-16　　2016 年湖州市及浙江省医疗卫生和社会福利机构　　单位:%

乡镇、村医疗卫生和社会福利机构	湖州市	浙江省
有医疗卫生机构的乡镇	100	100
有社会福利收养性单位的乡镇	89.10	75.70
有本级政府创办的敬老院的乡镇	87.00	66.40
有卫生室等医疗机构的村	70.30	49.90
有执业（助理）医师的村	65.60	42.10

资料来源:根据《湖州市第三次农业普查主要数据公报》《浙江省第三次农业普查主要数据公报》整理。

◆ 第二章 湖州市乡村振兴的"两山"转化基础

第三节　湖州市乡村人文基础

湖州是一座有着100万年人类活动史、2300多年建城史的国家历史文化名城。江南古邑湖州，古称菰城，秦时称乌程；三国时又为吴兴，取吴国中兴之意；后因地滨太湖而得今名，成为环太湖地区唯一因湖得名的江南城市。作为浙江省首批历史文化名城，早在战国时期，春申君即在此筑城，是浙江省开发较早的地区之一。湖州地区物华天宝，素有"苏湖足，天下足"之美誉，历来被誉为"丝绸之府、鱼米之乡、文化之邦"。近年来，湖州先后获得国家环保模范城市、国家卫生城市、国家园林城市、中国优秀旅游城市、中国魅力城市、全国城市综合实力百强市、国家森林城市、中国最幸福城市等荣誉称号，并成为全国首个地市级生态文明先行示范区。①

一　传统文化基础

在悠久的历史中，湖州的水文化、丝绸文化、茶文化、湖笔文化与书法文化等蔚为壮观。湖州的先人用生生不息的生态实践与殚精竭虑的生态创造，积淀而成的湖州生态文化传统，已成为湖州新时代生态发展之路的坚实基座。

（一）水文化

人类文明起源于水，作为江南水乡唯一一座因太湖而得名的城市，"一湖滨城、两溪交汇、三省通衢、四水环绕"，自古以来就以"山水清远""万桥之乡"和"水晶宫""水云乡""百湖之市"以及千年古城而闻名遐迩。湖州的文化恰如其名，与生态紧密融合，

---

① 《综述湖州》，湖州市人民政府网站，http://www.huzhou.gov.cn/zjhz/hzgl/zshz/20170206/i294773.html。

特别是与水不可分割。"具区（太湖别名）吞灭三州界、浩浩荡荡纳千派"（宋·苏轼），湖州先民的避水、治水、用水、防水、亲水等活动相伴相生，明王世贞《清容轩记》中有记载"吴兴水至多，割地几十之五"，城市可谓从湿地上崛起，早在78万—12.6万年前，就有先民们在安吉县溪龙乡上马坎以及长兴县泗安镇七里亭等滨水的坡地上劳作生息，这是太湖流域和我省关于古人类活动的最早记录①。米芾的《苕溪诗》、张志和的《渔父词》、朱庆余的《吴兴新堤》、苏轼的《登岘山》、赵孟頫的《题苕溪》和《吴兴赋》、戴表元的《湖州》、杨维桢的《山水歌》、韩奕的《湖州道中》、余怀的《苕溪四时歌》、厉鹗的《泛舟碧浪湖》，这些先人留下的诗句透露出湖州生态文化深厚的历史底蕴。湖州籍著名作家徐迟，曾满含深情地写下了一篇《水晶晶的湖州》，以表达对故乡的无限眷恋。

（二）丝绸文化

湖州土地肥美，气候宜人，自古宜蚕宜桑。人们习惯于在房前屋后植上几棵新桑。由桑而蚕，由蚕而丝，由丝而织造，由织造而商贸，由于蚕桑丝绸生产链条的循环往复，带来了经济的高度繁荣，促进了文化的兴盛。湖州是世界丝绸文化发祥地之一。在市郊钱山漾遗址出土的蚕丝织物，是迄今为止发现的世界上最悠久的蚕丝织物之一，有4700多年历史。春秋战国至南北朝，湖州绫绢就已出口到十几个国家，唐代时被列为贡品，明清时期辑里湖丝更成为宫廷织造和各地丝绸名品的首选原料。清时，湖州的"湖丝"质量为全国之冠。著名的湖州南浔"辑里丝"曾获1815年巴拿马国际金奖；双林绫绢更是驰名中外；清明时令含山轧蚕花和德清县新市蚕花庙会流传至今，是最古老的蚕乡民间民俗活动。蚕丝文化早已渗透于湖州大地的每一个角落。

---

① 刘艳云：《湖州水文化建设与生态旅游开发研究》，《浙江旅游职业学院学报》2015年第11期。

第二章　湖州市乡村振兴的"两山"转化基础

"湖丝"起源于史前新石器时代晚期以前。"湖丝"之称，见于记载，始于南宋嘉泰年间（1201—1204 年），其时已经"湖丝遍天下"了。实则自有"湖州"称谓始，便有"湖丝"之称。隋仁寿二年（公元 602 年）置湖州，以滨太湖取名，治所乌程。此为"湖州"称谓之始。况湖境之蚕，历代呼为"吴蚕"；隋、唐时，尚有"安吉丝""武康绵"，以及"湖绸""湖绫"等称谓。再往上推，三国吴时有"永安丝"，永安即今武康，也就是"武康丝"。其时湖地称"吴兴郡"，因此也是"吴兴之丝"。

改革开放 40 多年来，湖州丝绸产业始终坚守品质，挖掘文化底蕴，创新工艺技术，从种桑、养蚕、缫丝、织造、印染整理到服装、家纺产品及茧丝绸综合利用，湖州市的丝绸产业链不断延伸，如今丝绸纺织业仍是湖州市一大特色优势产业。湖州丝绸无论在产量，还是质量上均居全国之首，全国 1/3、全球 1/4 的绸缎面料都产自湖州的丝绸企业。

丝绸小镇的建设可以说是湖州推动丝绸产业振兴发展的一大壮举。2015 年 6 月，湖州丝绸小镇被浙江省列入首批特色小镇建设名单，规划面积 6.38 平方千米，分为活力镇中心、创意新丝巢、风尚丝绸秀、丝路夜明珠、浪漫丝艺园以及隐逸度假区六大功能区。小镇定位集丝绸产业、历史遗存、生态旅游为一体的产城融合的"丝绸文创度假小镇"，重点打造集设计师培训、丝绸研发设计、时尚发布、SHOWROOM 商业、企业总部为一体的时尚产业高阶，打造丝绸企业和人才的集聚地。

（三）茶文化

湖州是世界茶文化的发祥地之一。湖州因"茶圣"陆羽在此撰写世界上第一部《茶经》，后长留于此而成为世界茶人的朝圣地；安吉有连续三年获中国国际茶博会国际名茶金奖的安吉白茶；长兴有大唐起就尊为贡茶的紫笋茶；紫笋茶、顾渚山下的金沙泉、紫砂壶号称长兴"品茗三绝"。这里家家户户长年都有泡茶待客之习惯；

顾渚山更曾建有中国历史上第一座贡茶院。

湖州是中国绿茶的重要产区，茶叶品种很多。三国时期东吴已成为当时茶叶传播的主要地区，但消费还局限于上层社会，唐朝时茶叶的产销中心转移到浙江和江苏，湖州茶叶开始特供朝廷，名扬天下。湖州茶文化的繁荣有四大历史因缘。一是诗僧皎然介入茶事，成为著名茶僧，并引禅入茶，体悟"茶禅一味"的境界，率先提出"茶道"的概念，打造了中国茶道的第一块奠基石。二是陆羽移居湖州，更多地从"形而下"方面研究茶文化，与皎然的悟道互为表里。由于陆羽的建树，使唐代茶道在"道"和"器"两方面法相皆俱。三是大历五年（公元770年）唐代宗"命长兴均贡"，置贡茶院于顾渚山。四是大历年间颜真卿刺湖州，出现了鼎盛一时的湖州"大历茶风"，将湖州茶文化的气象推向极致——这是中国茶文化史上最为精彩的一笔。

湖州茶文化和名茶资源都十分丰富，具有极高的开发利用价值，"茶圣、茶经和贡茶"是我国茶文化史中的"名人、名著、名品"，这"三名"都与湖州息息相关，是湖州茶叶产业发展的宝贵资源。湖州市共有42个产茶乡镇，茶叶产业相关从业人员20余万人，现有茶园面积35万余亩，产业产量1.2万余吨，年产值34亿元。如德清莫干山黄芽特色小镇和安吉白茶特色小镇都较为典型。茶文化是贯穿在茶叶的采摘、制作、选水、煮茗、列具、饮用、礼仪以及茶诗、茶画、茶歌、茶舞等各个方面的，这种全方位多层次的文化也可以全面渗透于旅游六大要素之中，设计创新多种符合旅游者需求的茶文化旅游产品。

（四）湖笔文化

湖笔，与徽墨、宣纸、端砚并称为"文房四宝"，是中华文明悠久灿烂的重要象征。湖笔之乡在善琏镇。当地有笔祖蒙恬庙。相传秦始皇的大将蒙恬"用枯木为管，鹿毛为柱，羊毛为被（外衣）"，发明了毛笔。2006年，湖笔制作技艺入选国家非物质文化遗

第二章 湖州市乡村振兴的"两山"转化基础

产名录。湖笔选料讲究，工艺精细，品种繁多，粗的有碗口大，细的如绣花针，具有尖、齐、圆、健四大特点。

湖笔不仅有"湖颖之技甲天下"的盛誉，而且孕育了具有鲜明地域特色的湖笔文化。湖笔文化是指由湖笔而生成、繁衍、发展的文化现象、文化历史、文化成果（包括特质的和精神的）的总和，是中华民族一笔优秀的文化遗产。它包括笔艺（讲究选料、选器具、帛笔工艺即所谓尖、齐、圆、健四德）、笔道（运笔时讲究人品、意境、思想、审美、礼仪）、笔历史、笔风俗、笔文学、笔艺术、笔宗教、笔建筑（笔塔、笔亭、笔冢）等，融诗文、宗教、思想、民俗、旅游、包装工艺等为一堂，在不断丰富湖州区域文化中产生了丰硕的文化成果。善琏是中华文房四宝之首——湖笔的发源地，正所谓"天下毛笔出湖州，湖州毛笔出善琏"。自从湖笔之祖——蒙恬在此地革新了制笔技术后，善琏几乎人人为笔工，家家产湖笔，独以工艺考究出众！清光绪年间，笔工们在镇西建起了一座"蒙公祠"，又将镇上的一条河命名为"蒙溪"。旧时每年农历三月十六日和九月十六日，四方笔工都会云集蒙公祠，进行隆重祭祀笔祖仪式，始称"蒙恬会"，后逐渐演变为湖笔文化节。

两年一度的湖笔文化节是一项融艺术展示、文化交流、科技经贸合作、旅游观光于一体，极具江南水乡特色的大型综合节庆活动。文化节以"文化为经济服务，经济促进文化发展"为宗旨，以"笔"为媒，以有鲜明地域特色的"湖笔文化"为品牌，集中展示湖州文化渊源；以"节"为体，扩大湖州对外的经济文化交流，促进湖州经济社会发展，提高城市的知名度和美誉度。每逢金秋时节，整座湖州城弥漫着浓郁的笔墨芳香。位于莲花庄东北隅的中国湖笔博物馆，以珍贵的人文景观每年吸引着来自上海、南京等地数万游客，实现了经济与生态文化的互相融合、互相借势、互相促进。

（五）竹文化

湖州有"中国竹海"之称，全国1/10的竹子集聚于湖州；湖州单位面积的竹子数量全国最多。安吉县是中国十大竹乡，是湖州竹子的主要产地，全县面积仅1886多平方千米，但目前拥有竹林面积100万亩，立竹量2.40亿株。计算下来，平均每平方千米有531亩竹子，有12.73万株竹子，这个密度是全国任何一个县也比不上的。"入山不见寺，深在万林中。游人看不见，岗翠拔空蒙。"安吉的竹海，现已成为著名的旅游景观，游人流连于清翠之中，既能呼吸清新的空气，吐掉尘世烦恼，又能感悟白居易"竹节心虚是吾师"的精神境界，洗去贪嗔痴，实为江南游的极佳去处。我国共有22属200多个品种，湖州安吉人纳天下竹种于一隅，办起了世界最大的竹种园和竹子博物馆，竹子品种近300个，被国际林业专家称为"竹子王国"。安吉竹种园也被打造为旅游景点，2002年被评定为湖州首家国家4A级景点。湖州人对竹子的开发利用水平全国最高，普通的竹子在湖州人手上实现了最大的增值。

湖州竹派为中国画流派之一。画竹原以唐代萧悦、五代丁谦最有名，但无画迹传世。北宋文同、苏轼画竹著称于世。元丰元年（公元1078年）文同奉命为湖州（今浙江吴兴）太守，未到任，病故陈州（今河南淮阳）；苏轼接任湖州太守，未几坐狱贬黄州。他们虽籍隶四川，但画史上皆谓为"湖州竹派"始祖。湖州市擅长墨竹创作的画家不在少数，其作品已在海内外产生了影响。

安吉县立足丰富的竹资源，采用高新技术，积极发展循环经济，把以前只有30%利用率的竹子100%利用了起来，以全国1%的立竹量创造了20%的竹产值。在手工艺者手上，简单的竹子变成了丰富多彩的生产工具和生活用品，如竹席、竹扇、竹碗、竹毛巾、竹床单、竹内衣等，安吉成为我国生态纺织品的一个新的门类，安吉也因此拥有国际竹资源开发利用技术的最高水平。

第二章 湖州市乡村振兴的"两山"转化基础

(六) 历史文化名人

湖州自古以来文风鼎盛,文人雅士云集,历代名人荟萃。境内蕴藏着丰富的历史文化资源。由汉代至清代正史立传的有285人,近代更是才俊辈出。自有科举以来,据旧志记载统计,唐代至清末,湖州进士及第的共1530人。而状元的辈出,又是封建时代该地区文化昌盛、社会和谐的重要表现。湖州历代的本籍状元有13人(其中1人为特恩科状元),加上原籍湖州而生长于外的状元4人、外籍而寄籍定居于湖州的状元1人,这样,湖州历代的状元就有18人。湖州衣裳街"科举建筑群"就是江南地区科举文化的集中遗存。此外,湖州历史上涌现了画家曹不兴、史学家沈约、诗人孟郊、著名画家赵孟頫、文学家凌濛初、水利学家潘季驯、法学家沈家本等一大批在中国历史上举足轻重的名人。全国政协委员、经济日报常务副总编辑罗开富先生,则以一本"湖州人文甲天下"帮助人们理解"中国书画史,半部在湖州"的秘密。①

民国时期,湖州出了陈英士、张静江、朱家骅、陈果夫、陈立夫和吴昌硕、俞平伯、钱玄同、沈尹默等名扬海内外的志士仁人和文化名人。现今两院院士(中科院院士、工程院院士)包括钱三强等38人。众多的历史名人文化,这是弥足珍贵的文化资源和极其宝贵的精神财富,横跨政治、文化、教育、法律、商业、文学、艺术、军事、宗教、科技等各个系列。湖州无论是古今还是现在,都无愧于"文化之邦"之称号。

(七) 文化名镇

湖州地处长江下游浙北地区,气候温和,土地肥沃,水网密集,人文荟萃、人才辈出,是水乡文化、海派文化、湖笔文化、书画文化、蚕丝文化、茶文化、竹文化、水文化、园林文化和宗教文化的重要发源地之一,而湖州名镇正是承载着这些文化的载体。自南宋

---

① 程民:《徐迟笔下的湖州》,《文艺争鸣》2005年第4期。

以来，由于农副业的兴盛和商业手工业的发达，这些古镇成为一方物产的交汇中心，且各具鲜明历史和产业特色。城镇的富庶促使了文化的兴盛与发达，从而留下了众多的风景名胜和文化古迹，形成的街巷、民居、园林成为独具特色的名镇。由于小镇设施齐全、风景优美，又蕴含丰富的文化内涵，在它作为一种人类居住形态和生活方式呈现的同时，还被视为一种宝贵的旅游资源和文化形态，备受青睐，引得游人纷至沓来、乐而忘返。

南浔古镇地处杭嘉湖平原北部，荻塘河穿境而过，密布的水网带来了交通的便利。历史上因水成街、因水成市、因水成镇。自然条件的优越、经济与文化的活跃，使其发展成为具有居住、经济和生产等各种功能的城镇，成为江南水乡众多城镇的典范和代表。自明清以来以其经济之强、文化之盛而称雄江南，清朝末年，伴随着辑里湖丝的大量出口和近代丝业的兴起，在商贸经济的发展过程中，南浔丝商积累了大量资本，同时又较早地接受了西方文化。当时的"四象八牛七十二黄金狗"等富商巨贾大兴土木，建造园林巨宅，东西方文化的交融在城镇建筑上得到了充分体现。南浔中西合璧的建筑艺术形式在所有江南水乡古镇中是极为罕见的。古镇内拥有嘉业堂藏书楼，小莲庄、尊德堂、南浔张氏旧宅建筑群、江南运河南浔段、南浔丝业会馆及丝商建筑等5处全国重点文物保护单位，周庆云旧宅、刘氏景德堂旧址、生计米行等21处历史建筑，庞氏旧宅、南浔粮站总粮仓、洪济桥、通津桥、颖园、董氏世德堂、寿俊堂、兴福桥、通利桥、新民桥等市级文物保护单位和保护点。将传统美德与文化品质融入民宅建筑中，展现出特有的古镇文化。目前古镇内仍保存着比较丰富的历史文化遗产和较为完整的成片历史街区，文脉肌理表现为多元文化，包括江南水乡文化、中国儒家文化和西方海派文化。2015年，南浔古镇和其他12个古镇被中国向联合国推荐申报为世界文化遗产——"江南水乡古镇"项目。

新市是中国古代"丝绸之路"的发源地之一，是集宗教文化、

第二章 湖州市乡村振兴的"两山"转化基础

运河文化、蚕桑文化于一体的名镇,现有胡氏陈列馆、文史馆、仙谭民间艺术馆、明清木雕馆、江南蚕文化馆等。目前蚕文化开发主要围绕举办蚕花庙会、蚕文化遗址开发、蚕文化相关产业及商品开发三个方面。

双林在历史上具有贸易集散中心、织染技术中心以及乡镇金融中心的重要地位和作用。古镇区尚存的北栅码头和区内老绢巷、旧绢巷、新绢巷和墨浪河、织漪漾等因绢而称谓的街区、地块,现今仍然还在生产经营的民间作坊、工厂,都显现了双林丝文化的底蕴和脉络。

善琏素享"湖笔之都"之美称。善琏制湖笔历史悠久,南朝时已盛产湖笔。而建蒙公祠祭礼笔祖蒙恬,据文字资料记载最迟在元代。目前每年农历三月十六日蒙恬生日,农历九月十六日笔祖娘娘生日时,各地制笔人士云集蒙公祠隆重祭祀笔祖蒙恬,现已成为善琏镇的民间习俗。

荻港是一个具有千年历史的水乡古村落。四面环水,河港纵横;青堂瓦舍,临河而建的荻港自古就有"苕溪渔隐"之称。历代建筑风貌均在该村留下痕迹;从早期渔猎文化到农耕文化的历史发展过程,以及农耕文化形成的名人文化,所有这些历史信息至今在古村仍清晰可辨。荻港古村目前有明清建筑群(三瑞堂、演教禅寺、外巷埭、里巷埭等)、明清古桥(秀水桥、三官桥、隆兴桥等)、名人故居(瑞典王子罗伯特·章祖居等)。

练市不仅是一个历史悠久的江南水乡古镇,同时也是现代化的新兴工业强镇。形成了以新型纺织、电磁线缆、裘皮成衣三大产业链为支柱的强势特色产业聚群基地,针织、服装、毛纺、皮制品,再生资源等六大私营块状经济。蚕茧和湖羊是练市镇两大特色传统产业。

菱湖自战国时就已人工畜鱼,目前6万亩桑地和11万亩鱼塘,是联合国教科文卫组织和国际地球物理基金会赞赏的我国唯一保留完整的传统生态农业——桑基鱼塘，为联合国粮农组织菱湖桑基鱼塘教学基地。

织里距湖州市中心仅 10 千米，拥有规模庞大的童装产业，并集中了众多童装品牌和童装元素，童装文化经多年发展已经具有深厚底蕴。目前有织里中国童装城、中国童装城游客中心，是湖州市的又一个旅游目的地。

洛舍的木材加工和钢琴生产两大特色产业，占全镇经济总量的 60% 以上，被誉为"木业重镇、钢琴之乡"。自洛舍镇 1984 年兴办第一家钢琴企业"湖州钢琴厂"以来，目前已衍生在册钢琴企业达 46 家，钢琴产量约占国内钢琴总产量的 1/10。产品出口欧洲、东南亚等 10 多个国家和地区，已成为继"珠江"之后全国第二大钢琴生产基地。

鄣吴地处安吉县西北部，与安徽省广德县毗邻，属半山区，保存有天官墓、金銮殿、状元桥等古建筑遗址。近代艺术大师吴昌硕先生诞生于此，并在此度过青少年时代，此地留有修谱大屋、溪南静室、衣冠冢等，因此当地书画气氛浓厚。制扇业是鄣吴镇的特色优势产业，丰富毛竹资源和书画文化的优势，使竹扇集实用性、装饰性、欣赏性、收藏性于一体，深受客户欢迎，产品远销全国各地及日本、韩国、新加坡等地。

水口位于长兴县西北部，三面环山，东临太湖，具有特有的太湖气候，境内山清水秀，气候温和，生态优良，植被茂密。境内顾渚山因秀生茶，因茶而扬名，陆羽的一部《茶经》更令顾渚山名扬四海，紫笋茶续贡 800 余年。水口人文景观蔚为壮观，仅唐代就有颜真卿、杜牧等 28 位湖州刺史修贡于此，更引来白居易、刘禹锡、皮日休等 100 多位历代名人雅士来此游览品茗，并留下珍贵的摩崖石刻 7 处，其间有西楚霸王饮泉处，千年古刹寿圣寺，始建三国赤乌年间，是水口渊源佛教文化的见证。品茗三绝贯天下，水口的紫笋茶和金沙泉由盛唐至今，美名传天下。

◆ 第二章　湖州市乡村振兴的"两山"转化基础

二　农耕文化源远流长

逐水而居、傍湖而栖，湖州的水与广大劳动人民生活密切相关。特别是太湖流域自古被称为"国之仓庾"，这除了良好的生态环境外，溇港圩田这一棋盘式的水网农田系统也功不可没。时至今日，该系统仍对农业水利起着至关重要的作用，其作为中国古代伟大的水利工程，可以与四川的都江堰相媲美。此后以塘浦圩田为基础发展起来的桑基鱼塘这一传统农业循环经济模式，更是将湖州农业经济推向了新高。

（一）溇港圩田

2016年，在国际灌排委员会评定公布的第三批世界灌溉工程遗产名录中，浙江湖州太湖溇港入选世界灌溉工程遗产名录。[①]

太湖溇港具有重要的科学技术价值，其布局合理，规模适度，工程体系完备，闸坝溇塘蓄泄兼顾；又具有丰富的旅游价值，为农业发展提供了便利，农业基础深厚，水乡田园风光秀丽；还具备深厚的文化价值，2000多年的传承延续形成了丰富的管理制度、治水措施，遗留下众多的古桥、档案、碑刻等文物古迹，独特的灌溉节日、民风民俗等；此外其兴衰沿革还塑造了周边类型多样、水陆复合、人水和谐、缤纷多彩的生态环境景观。[②]

湖州是典型的水乡泽国。早在春秋战国时期，为了有利于农业生产，包括湖州在内的太湖流域先民们首创了规模化、棋盘化农田水利系统——"塘浦（溇港）圩田"，这种农田水利系统是在屯田制度和初级形式的围田基础上逐步发展起来的。为解决防洪、除涝、治渍、灌溉，在"屯田""筑圩"过程中就必须先解决水利问题。因此，塘、浦、溇、港一类的河道也应运而生，打开古地图便

[①] 许峰：《湖州又添"金名片"：太湖溇港入选世界灌溉工程遗产名录》，湖州在线—湖州日报，http：//www.hz66.com/2016/1109/264364.shtml。

[②] 黄瑞：《太湖溇港世界灌溉工程遗产及农旅结合规划研究》，硕士学位论文，浙江农林大学，2018年。

可看见一条条南北向的"溇""港"伸向太湖，一条条东西向的横塘相间其上，如梳齿般繁密的人工河道构成棋盘式的溇港圩田系统。

溇港圩田系统作为一项太湖流域滩涂开发形成的独具特色的灌溉排水工程，它在改变湖州的城市形态和生产生活方式的同时，也催生了颇具地方特色的溇港文化。由溇港、顿塘、太湖等人工运河构成的水网体系，类似今天的公路网，是太湖流域一种重要的交通方式，将太湖流域的村落、市镇、村落等联系起来，推动了商贸的繁荣，市镇的兴盛以及文化的交融。太湖溇港体系主要由太湖堤防、溇港漾塘、溇港圩田和古桥、古庙、祭祀活动等文化遗产体系四部分组成，曾主要分布在太湖东、南、西缘，宜兴的百渎以及太湖东南的震泽、吴江的90条溇港现如今大多已荡然无存，唯独湖州南太湖地区的溇港圩田系统留存至今。湖州的溇港目前主要集中在吴兴区，大致肇始于晋永和间吴兴太守殷康在修筑荻塘。当时，荻塘以北还是宽窄不等的湖滩地，因而荻塘的修筑需要同时开挖溇港排水。荻塘修筑后，经过唐、五代吴越时期的不断浚治和发展，逐步形成了溇港系统，历史上湖州地区社会经济文化的发展繁荣离不开溇港水利系统的发展完善。

吴兴溇港圩田之所以长期得以延续，一是规模适度，二是历代政府重视，三是顺应自然，巧借天力，布局合理。充分运用东西苕溪中下游地区众多湖漾，进行级级调蓄，起到"急流缓受"的作用，以消杀水势。通过人工开凿荻塘、北横塘、南横塘等的东西向河道使"上源下委递相容泄"，使东西苕溪和东部平原的洪水，经吴兴的溇港分散流入太湖。以自然圩为主体修筑"溇塘小圩"，使原有河网水系基本不受破坏，发挥河网水系的调蓄、行洪和自我修复功能。在发展过程中，溇港圩田还衍生出循环经济、生态农业的典范，不仅粮食稳产高产，而且具有高效农业、集约农业、精细农业、特色农业的特征。我国已故水利界泰斗郑肇经教授在其名著

第二章　湖州市乡村振兴的"两山"转化基础

《太湖水利技术史》中,对太湖流域地区的溇港圩田系统曾给予过很高的评价,他认为溇港圩田系统在我国水利史上可与四川都江堰、关中郑国渠相媲美。

近年来,为保护溇港圩田,湖州市政府结合"五水共治"工作,大力推进生态河道工程。结合太湖流域水环境综合治理,全力配合实施环湖河道整治、太嘉河和苕溪清水入湖三大工程,加快推进太湖溇港的拓宽和生态整治,对溇港的80条、40千米河道实行连片生态化建设,加强河岸绿化,探索河岸、漾区生态化建设的新途径,如通过全流域整体规划,分步实施治理,把南横塘打造成为"生态河流、旅游水道、城市绿廊、宜居福地",充分展现溇港河道的生态价值,实现"岸绿景美"。同时对沿线的古石桥、明代古堤、江南民居、老湖闸、竹木湖岸进行详细的普查,并采取保护措施,悉心打造精品亮点,重点实施古村落的典型推广,宣传独特的溇港文化。

（二）桑基鱼塘

桑基鱼塘系统是湖州地区先民遵循着植桑、养蚕、蓄鱼生产规律,将桑林附近的洼地深挖为鱼塘,垫高塘基、基上种桑,以桑养蚕、蚕丝织布,蚕沙喂鱼、塘泥肥桑,形成多层次可持续的生态农业复合循环系统,是目前保存最为完整的古代生态循环农业系统,2014年入选中国重要农业文化遗产[1];2017年11月,入选全球重要农业文化遗产[2]。目前,湖州桑基鱼塘位于湖州市南浔区西部,现存6万亩桑地和15万亩鱼塘,是中国传统桑基鱼塘系统最集中、最大,保留最完整的区域之一。其中荻港区域桑基鱼塘,位于南浔区和孚镇荻港村,占地1007亩,是湖州桑基鱼塘农业文化遗产的核

---

[1] 《第二批中国重要农业文化遗产——浙江湖州桑基鱼塘系统》,农业农村部网站,http://www.moa.gov.cn/ztzl/zywhycsl/depzgzywhyc/201406/t20140624_3948709.htm。

[2] 李剑平:《浙江湖州桑基鱼塘被认定为全球重要农业文化遗产》,中青在线,http://news.cyol.com/content/2017-11/24/content_16720003.htm。

心保护区。

为保护传承桑基鱼塘，湖州市先后出台了《湖州市桑基鱼塘保护办法》，成立系统保护与发展工作领导小组、中国重要农业文化遗产保护与发展研究中心，建立了活态的湖州桑基鱼塘系统历史文化馆等。

一是建立保护管理机制。2013年市、区两级政府相继成立了保护工作领导小组。2015年，桑基鱼塘系统保护与发展纳入《湖州市生态文明先行示范区建设条例》。二是制订保护发展规划。编制《湖州南浔桑基鱼塘系统保护和发展规划》，针对系统分级划定核心保护区、次保护区以及一般保护区。同时，针对桑基鱼塘系统衍生产业，在农业生态保护、文化保护、景观保护以及生态产品开发、休闲农业发展等方面制定详细保护与发展规划。① 三是成立科学研究院士专家工作站。2016年11月，在全国成立首个农业文化遗产院士专家工作站，充分挖掘农业文化遗产，开展桑基鱼塘可持续利用保护与适应性、规模性管理，推动科研成果转化，为桑基鱼塘系统农业文化遗产保护与利用提供战略咨询。四是传承桑基鱼塘文化。通过传承方式的积极探索和经验积累，使得桑基鱼塘文化在中小学课堂与实践教育中得到了有效的传承与推广；此外，将桑基鱼塘文化纳入美丽乡村建设内容，通过农村文化礼堂这一平台的传扬，使得特色文化在民众间得到有效保护。五是加大资金扶持力度。政府成立专项资金，每年通过项目补助形式对核心保护区内鱼塘修复、河道疏浚、桑树补植等方面给予支持。

---

① 吴怀民等：《湖州桑基鱼塘生态系统保护的现状与规划》，《蚕桑通报》2017年第2期。

第三章　湖州市农业绿色转化

第一节　湖州市绿色传统农业绿色转化

一　湖州市种植业绿色发展

（一）湖州市种植业发展现状

1. 农业主导产业

湖州市农业主导产业有粮食、油料、茶叶、蚕茧、蔬菜、园林水果、毛竹等。近年来，湖州市大力实施主导产业提升行动，全面推进传统农业向规模化、机械化、品牌化、效益化转型升级。稳定发展茶叶、果蔬等特色优势产业，2018年湖州市茶叶产量稳定在1万吨以上，茶产值44.37亿元，平均亩产值达10751元，产值和平均亩产值均列浙江省第一；湖州市蔬菜稳定在91万吨以上，水果稳定在13万吨以上，果蔬产值44.86亿元。在抓好优势产业的同时，着力稳定油料、毛竹等传统产业，油料产业在2016年大幅下降，从2015年的24987吨下降到2016年的18887吨，然后逐年回升，2018年已经回升到21037吨；毛竹采伐量基本保持稳定，采伐量基本保持在5000万支左右。主导产业中，湖州市粮食产量出现明显下降，由2017年的625423吨下降到2018年的518200吨，同比下降17.14%。蚕桑产业在2017年大幅下降，从2016年的7261吨下降到2017年的5842吨，2018年稳定在5254吨。见表3-1所示。

表 3–1　　　　2015—2018 年湖州市主要农产品产量

年份 主导产业	2015	2016	2017	2018
粮食（吨）	669500	629718	625423	518200
油料（吨）	24987	18887	19686	21037
茶叶（吨）	10606	10546	10797	10667
蚕茧（吨）	7884	7261	5842	5254
蔬菜（吨）	845585	872969	912422	914511
园林水果（吨）	136838	135898	135590	136206
毛竹采伐量（万支）	5102	4992	5013	5021

资料来源：根据 2015—2019 年《湖州市统计年鉴》整理。

2. 生态循环农业

自 2015 年湖州市整建制建设现代生态循环农业试点市以来，湖州市各级农业部门以绿色发展理念为引领，围绕"一控二减四基本"的总体要求，以"一十百千"工程为载体，以畜禽养殖排泄物利用、农业废弃物综合利用、化肥减量增效、农药减量增效、农业节水和智能化信息化六大系统为抓手，大力发展现代生态循环农业，湖州市形成了绿色发展生态布局，并总结推广了稻鳖共生、稻鱼共生、农牧对接等新型、生态、高效的种养模式，德清"千斤粮、万元钱"的稻田综合种养模式在全国推广。生态循环农业"遍地开花"，越来越多的农业主体主动将生态循环的理念融入生产经营的各个环节，以生态循环求发展空间，"主体小循环、园区中循环、县域大循环"的发展格局基本构建，具有湖州特色的现代生态循环农业发展体系和农业可持续发展长效机制基本建立，走出了一条生态、高效、清洁、安全的现代生态循环发展之路。

近年来，为减少化肥施用，大力推广沼液、有机肥、缓控释肥料和测土配方施肥，湖州市化肥施用总量逐年下降。2014 年，湖州市农用化肥施用量（按折纯法计算）为 47423 吨。到 2018 年，湖州市农用化肥施用量（按折纯法计算）下降到38914吨，下降幅度达到17.9%。在2018年湖州市施用化肥（按折纯法计算）中，第一是氮肥为23904吨，占比为61.43%；第二是复合肥，为9138吨，占比为23.48%；第三是磷肥，为3747吨，占比为9.63%；第四是钾肥，为2125吨，占比为5.56%。湖州市亩均农用化肥施用量也出现逐年下降态势。2014年，湖州农作物亩均施用化肥168.95吨/万亩；2015年达到174.40吨/万亩的峰值，然后逐年下降；到2018年亩均化肥施用量下降到162.54吨/万亩，已经低于2014年的亩均施用量。如图3－1所示。

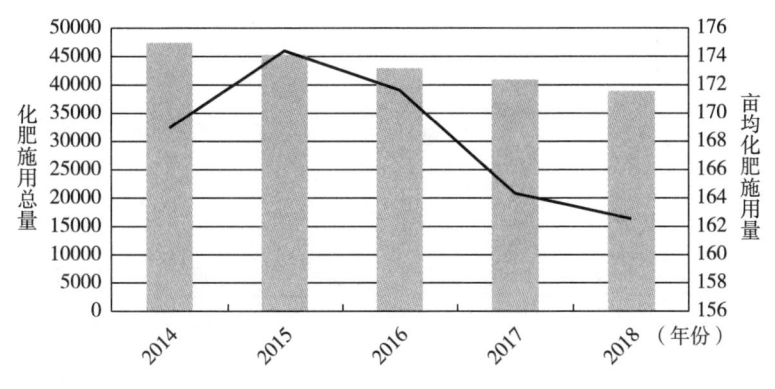

图3－1　2014—2018年湖州市按折纯法计算农用化肥施用量

资料来源：2014—2018年度湖州市农业统计资料。

近年来，为减少农药使用，采取统防统治与绿色防控相结合的办法，湖州市农药使用量也呈现逐年下降态势。2014年，湖州市农药使用量为5730吨。到2018年，湖州市农药使用量下降到3271吨，下降幅度达到42.90%。湖州市亩均农药使用量也出现逐年下降态势。2014年，湖州农作物亩均施用化肥20.41吨/万亩，2016年、2015年与2014年基本持平，为20.44吨/万亩，然后逐年下降，到2018年亩均农药使用量下降到13.66吨/万亩，已经大幅低于2014年的亩均使用量，如图3-2所示。

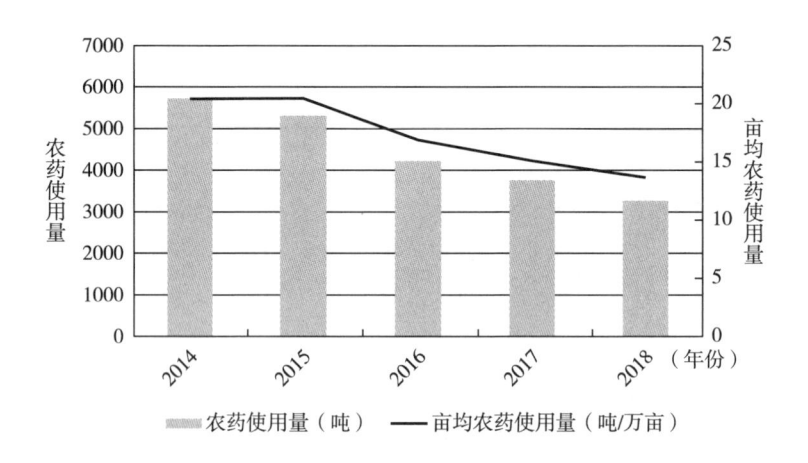

图3-2 2014—2018年湖州市农药使用量

资料来源：2014—2018年度湖州市农业统计资料。

近年来，随着农用塑料薄膜技术的推广，湖州市农用塑料薄膜使用总量却在逐年增加。2014年，湖州市农用所料薄膜使用总量为5097吨。到2018年，湖州市农用塑料薄膜使用总量增长到5398吨，四年增长幅度为5.91%，如图3-3所示。目前多数农用薄膜为聚乙烯成分组成，这种材料的性能稳定，在自然环境中，其光解和生物分解性均较差，残膜仍留在土壤中很难降解。为减少"白色垃圾"，湖州市通过集中回收和专业化处理，让农资废弃物"回家"等，初步建立农田土壤污染治理预警体系，农业投入品废弃包装物回收率达90%以上、处置率达100%。

(二) 湖州市种植业发展战略

1. 大力推进农业绿色发展

巩固提升农业"两区"建设成果，以农业"大好高"项目引进为抓手，以大好高项目引进为支撑，重点围绕蔬菜、茶叶、水果、

第三章 湖州市农业绿色转化

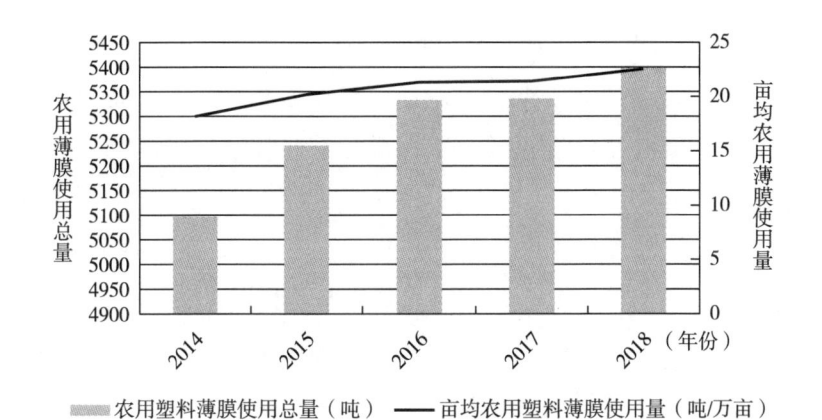

图3-3　2014—2018年湖州市农用塑料薄膜使用量

资料来源：2014—2018年度湖州市农业统计资料。

花卉苗木等特色优势产业，按照生态、高效、特色、精品的要求，积极引进新品种、新技术、新模式，不断完善装备设施，加快转变生产方式，生产出更多有优势、市场有需求、效益有保障的农产品。

支持多种形式的农业适度规模经营发展，鼓励支持农村土地经营权向家庭农场、农民专业合作社、农业企业等新型经营主体流转。积极推进新型农民职业化、农民职业技能化、学农人才创业化。加强农民专业合作社规范化建设，健全利益联接机制、完善分配机制、强化民主管理，充分发挥合作社的纽带作用。大力发展家庭农场，引导规范经营管理、开展示范创建、强化支持服务。

2. 大力发展生态循环农业

按照"一控两减四基本"的目标要求，优化产业布局，控制养殖规模和总量，推进农业污染综合防治，创新农作制度，推广种养结合生态模式，加强资源化利用，努力打造"主体小循环、园区中循环、县域大循环"的生态循环农业发展格局。切实加强农产品生产的产前、产中、产后管理，努力形成种子种苗生产、施肥用药、栽培技术、生产操作、产品准出等各个环节的管理规范，不断增强农业生产经营主体的质量安全意识，努力提高产品质量安全水平。推进多种形式种养结合模式、节水节肥节药技术模式等机制创新，形成示范效应。

推进农田环境整洁化、农业生态循环化、生产设施现代化、农业面貌景观化。加强农业废弃物资源化循环利用，完善秸秆、沼液利用和农药废弃包装物、废旧农膜、病死动物等回收和无害化处理体系，实现县区农业废弃物统一回收处置体系全覆盖，促进农业废弃物回收处理和资源化循环利用。有效控制农业外源性污染，有效治理内生性污染，不断改善耕地质量、土壤环境、水体生态，做到耕地保有量不减少、质量不降低，粮食综合生产能力稳步提高。

3. 建立健全保障制度

落实基本农田保护责任制度，扩大基本农田保护财政转移支付试点范围，划定永久基本农田，严格限制占用永久基本农田。围绕建设高标准农田，加快土地整治和中低产田改造，以地力培肥、土壤改良、养分平衡、质量修复为主要内容，以高标准农田工程建成区、占补平衡耕地项目区、耕地质量问题突出区为实施重点，大力实施沃土工程，推广秸秆还田、增施绿肥、有机肥等，着力提升耕地内在质量建设。

不断完善农产品质量安全追溯体系建设，推动农产品质量安全信用体系建设，稳步实施农产品质量"黑名单"管理，加大农产品质量安全监测力度，农产品质量安全抽检合格率达到98%以上，确保不发生重大农产品质量安全事件。

推进农业标准体系建设，加快发展绿色农产品和地理标志农产品，做到质量有标准、过程有规范、产品有标志、市场有监测、安全有追溯。

4. 大力发展智慧农业

以"两化"深度融合为方向，以"互联网+"为载体，以农业物联网智能化园区为平台,加大智慧农机装备示范基地建设力度,大力推进农业"机器换人"步伐,着力提升智慧农机装备水平,着力推进现代信息技术在农业生产、农产品加工营销、农产品质量追溯、农业执法和农业综合服务等领域的数字农业应用。着力推进智慧农机装备应用,重点突破果蔬关键环节智能化应用提升农产品加工、冷藏保鲜自动化设备保有量。加速推广果蔬播种、育苗、移栽机械,提升农产品加工、冷藏保鲜设备保有量。支持和引导物联网技术在"三品一标"质量追溯、农产品加工、仓储、包装、运输、销售等环节应用,推动农产品从生产、流通到销售全程信息化管理。积极推进现代农业地理信息系统应用,强化农业产业布局、农机作业调度、动植物疫病防控、市场供求信息等各项功能,不断提高农业信息化管理水平,提升服务效能。

二 湖州市渔业绿色发展

湖州市淡水渔业历史悠久,是全国淡水鱼养殖的传统产区,享有"中国淡水渔都"的美誉。近年来,在推进农业农村现代化建设中,渔业转型升级一马当先,成为农业产业兴旺的主力军。

(一)湖州市渔业绿色发展的现实基础

近年来,在市委市政府的高度重视下,湖州市通过加快转变渔业发展方式,渔业经济实现快速增长,成为农业第一大产业。水产品总产量由2014年的30.58万吨增长到2018年的46.48万吨,年均增长率达到11.04%;渔业增加值也从2014年的28.92亿元增长到2018年的42.92亿元,年均增长率达到10.38%,如图3-4所示。

1. 水产养殖结构不断优化

近年来,湖州市加大特种水产养殖,名特优专养面积由2014年的45.67万亩增长到2018年的51.72万亩,增长13.25%,如图3-5所示。黄颡鱼、加州鲈、青虾、河蟹年产量分别占浙江省的91%、86%、68%、64%。菱湖镇、和孚镇、东林镇、钟管镇等乡镇的农业收入中,渔业收入占比达70%以上,部分渔业重点村占比

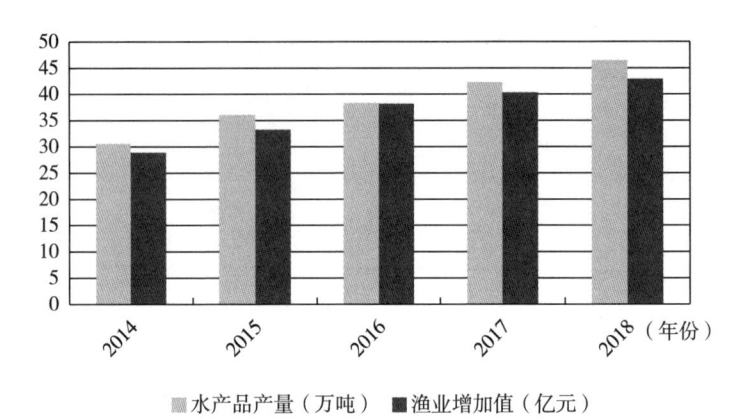

图 3-4　2014—2018 年湖州市渔业产量和增加值情况

资料来源：根据 2019 年《湖州统计年鉴》整理。

达 90% 以上。通过与省淡水所、浙江大学、湖州师范学院开展"厅市合作""市校合作""地市合作"，建成"国家罗氏沼虾遗传育种中心""浙江省渔业科技创新服务平台""南太湖渔业科技创新平台"等科技创新服务平台，一大批新品种、新技术、新模式得到推广应用，尤其是水产种业发展迅速，建成省级以上水产良种场 5 个，水产苗种外销率近 90%，其中罗氏沼虾和太湖白鱼苗种年产量占全国的 60% 以上。

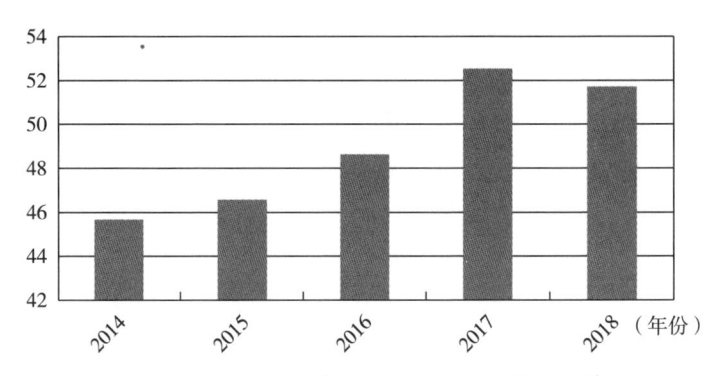

图 3-5　2014—2018 年湖州市名特优专养面积情况

资料来源：2014—2018 年度湖州市农业统计资料。

2. 生态循环水产养殖模式不断涌现

湖州市在浙江省率先全面完成县域养殖水域滩涂规划，在全国率先开展水产养殖尾水全域治理，全面完成温室龟鳖养殖清零，大力推广稻渔综合种养、池塘循环水"跑道"养鱼、配合饲料替代冰鲜鱼等生态养殖模式，创建农业农村部健康养殖示范县两个、示范场 28 个，培育市级健康养殖示范户 1005 个，在养殖主体中推广渔业物联网 2085 户。

3. 生态渔场不断壮大

大力提升渔业主体"技能化、专业化、职业化"水平，培育新型职业渔民 4700 余名，拥有渔业类家庭农场、专业合作社 656 家、338 家，占湖州市总数的 34.80%、17.20%，建成一批模式先进、设施完善、景观美化的现代渔业示范园区、美丽渔场，推动渔业经营性收入年均增长 10% 以上。建成省级示范性渔业全产业链两条、全国休闲渔业示范基地 1 个、省级休闲渔业精品基地 7 个，水产品精深加工业、水产饲料加工业、休闲渔业年产值分别达 40 亿元、30 亿元、10 亿元，桑基鱼塘系统入选全球重要农业文化遗产，德清淡水珍珠传统养殖与利用系统入选中国重要农业文化遗产，南浔鱼文化节成为国家级示范性渔业文化节庆。

(二) 湖州市渔业绿色发展面临的挑战

渔业是一个对资源环境高度依赖的产业，湖州市渔业发展在取得较大成效的同时，也面临着人民对优质安全水产品和优美水域生态环境的需求，与水产品供给结构性不合理和渔业对资源环境过度利用之间的矛盾，存在着产业体量大而不强、品种结构多而不精、产业链条全而不长、渔业品牌有而不优等问题，主要表现在以下几个方面。

1. 生态环境制约

随着工业化和城市化进程加快，渔业资源环境遭受着外源性破坏、内源性污染等多重压力，越来越严的环保要求也倒逼渔业资源的利用方式作出改变，发展空间受到了环境条件的严重约束。根据《水域滩涂养殖规划》，湖州市划定禁养区34.30万亩，并要求禁养区逐步退出水产养殖，湖泊、水库、河沟等以前用于水产养殖的地方基本退出；同时，尾水治理工程又占用了养殖池塘6%—10%的面积用于建设处理设施，今后一个时期水产养殖水面还将受到约束。水生动物疫病依然呈多发态势，水产养殖如果施药方法不够科学，会带来水产品残留超标、环境污染等问题。水产品质量安全监管工作面广、量大，目前的组织体系、工作条件和执法能力不能完全适应全面规范管理的要求，有效保障水产品质量安全面临挑战。

2. 市场价格波动

当前，湖州市渔民收入主要依靠传统的养殖及捕捞业，养殖品种多达20余种，四大家鱼的养殖量占比仍在20%以上，效益较低的品种养殖比重相对偏大，优势品种的主导地位不突出。一方面，塘租、劳动力、投入品、物流等渔业生产成本在不断增加，另一方面，部分水产品价格波动较大，特别是甲鱼、黄颡鱼等品种价格持续低迷，在受到生产成本"地板"越抬越高和价格"天花板"越降越低的双重制约下，渔业持续增效、渔民持续增收的难度在不断加大。

3. 第一产业与第二产业、第三产业的融合发展较慢

一方面，生产环节上受限于传统养殖方式，导致渔业科技成果与产业发展的融合较慢，先进设施装备和技术模式不断涌现的同时，大量落后的生产模式仍然存在，特别是中小养殖主体的科技化程度不高，抵御自然灾害和防范风险的能力较弱。另一方面，经营环节上受限于低小散养殖规模，导致第一产业与第二、第三产业的融合较慢，养殖主体中，50%以上都是30亩以下的小散户，且流动性大，市级以上农业龙头企业中，渔业龙头企业占比不足20%，第一、第二产业和第三产业之比为10∶4∶1，省级以上农业品牌中，渔业类品牌占比不足20%，千家万户的小规模分散经营，难以适应千

变万化的大市场竞争。

(三) 推进渔业绿色发展的建议

在生态环境承载范围之内，发展适度规模养殖，积极推广农牧渔结合的生态循环模式，创建畜牧业绿色发展示范县、美丽生态牧场，培育生态化养殖示范乡（镇）和现代生态循环农（渔）业示范区建设。通过建设渔业转型升级先行区、绿色健康发展示范区、农民持续增收样板区，全力打造湖州"中国绿色渔业发展第一市"。

1. 加强规划布局，以培大育强主导产业夯实渔业绿色发展

通过以空间优化、资源节约、环境友好、生态高效、政策保障为基本路径，推进渔业强供给与保生态有机统一。一是优化空间布局，科学利用资源。统筹生产发展与环境保护，加快落实养殖水域滩涂规划制度，稳定水产生态养殖面积在55万亩左右，保障养殖生产空间，并建立健全绿色养殖的制度体系，加强全程监管，提升养殖者环境保护责任意识。积极发展综合种养、多品种混养、工厂化养殖、立体养殖等模式，拓展养殖空间。科学确定渔业资源增殖放流品种和规模，有效促进水域生态环境的修复和改善，打造南太湖沿岸带和东西苕溪沿岸为重点的"湖溪洁水渔业生态屏障区"。二是优化产品结构，做强支柱产业。按照"一个品种一个产业"的思路，以"一镇一业""一村一品"为载体，打造一批渔业产值突破10亿元、1亿元的特色强镇和专业示范村。重点发展一批具有市场前景的主导品种，精心培育一批具有本土特色的土著品种，科学引进一批具有市场前景的优质品种，适当调减一批结构性过剩和污染较高的低效品种，科学有序发展池塘循环水"跑道"养鱼，重点将加州鲈、青虾、河蟹、鳜鱼、小龙虾等单个品种打造成产值突破10亿元的优势品种，推动池塘养殖亩均产值达到20000元以上。三是优化政策创设，完善体制机制。切实将渔业摆上乡村振兴产业兴旺的龙头位置，在2018年大力发展的基础上，继续安排市级渔业绿色发展专项资金，做到重视程度、支持力度、推进强度不减。聚焦发

展的重点和难点,进一步创新机制,特别是加快完善水产养殖土地承包、渔业保险、渔业生产电价等方面的政策措施。构建以绿色生态为导向的渔业政策体系、指标体系和激励约束机制,形成"支持保护精准有力、体制机制顺畅高效、经营主体充满活力"的政策环境。

2. 转变生产方式,以发展生态健康养殖彰显渔业绿色发展

将绿色发展理念、大消费观念贯穿于水产养殖生产全过程,推行生态健康养殖制度,发挥水产养殖业在山水林田湖草系统治理中的生态服务功能,促进节水减排、清洁生产、低碳循环、持续发展。一是坚持"产业生态化、生态产业化",大力发展健康养殖。积极开展水产健康养殖示范创建,大力发展池塘标准化健康养殖、循环水跑道养殖、工厂化养殖等生态高效养殖技术和模式,加快推进水产养殖用药减量行动。全面提高养殖设施和装备水平,推进物联网应用示范和智慧渔业园区建设,切实提升综合生产能力、资源利用率和管理效率,实现储渔于水。全力推进尾水治理长效机制和实效机制构建,大力推广尾水治理"塘长制"模式,确保养殖尾水循环利用或达标排放,实现渔业发展与水域生态环境保护相互促进、相得益彰。二是坚持"市场主导、消费引领",着力优化生态养殖。以市场为导向,主动适应消费观念、消费升级的要求,推进渔业由以往的生产导向向市场和消费导向转变,引导养殖主体生产更多绿色、生态的水产品,打造一批跑道鱼、有机鱼、清水鱼、特种鱼、观赏鱼等消费主导产品,满足消费者对健康、优质水产品的消费需求。主动适应活鱼消费向便捷加工产品消费转变,加快养殖方式与水产品中央厨房产销模式的有效衔接。三是坚持"生态循环、渔粮共赢",科学发展综合种养。根据资源禀赋,合理布局稻渔综合种养的适宜区和非适宜区,避免盲目发展、无序扩张。以国家《稻渔综合种养技术规范》为指导,严格把握沟坑占比不超过总面积10%的红线。以"减少肥料、减少农药、减少排放"为要求,

第三章 湖州市农业绿色转化

集成推广一批绿色防控、生态循环、综合利用等适用技术。强化示范引领、辐射带动，创建一批国家级稻渔综合种养示范区，打造一批万亩特色乡镇、千亩专业村、百亩示范主体，切实提高综合效益和农民收入。

3. 实施创新驱动，以科技进步人才振兴支撑渔业绿色发展

全力打通渔业科技创新和成果转化的"最先一公里""关键一公里"和"最后一公里"，全面增强绿色发展核心竞争力。一是打造种业强市，打通"最先一公里"。大力提升水产种业科技创新能力、企业综合竞争能力、供种保障能力和市场监管能力，加快水产种业"硅谷"等项目建设，增强"罗氏沼虾""太湖白鱼""青虾"等优势种业的竞争力，挖掘一批有发展潜力的种业，加快启动水产苗种产地检疫、水产官方兽医培训、渔业执业兽医队伍建设，构建以产业为主导、企业为主体、基地为依托、产学研相结合、"育繁推"一体化的新型现代种业体系。二是实施人才强渔，打通"关键一公里"。加快培育渔业乡创客和新型职业农民，培养一批新时期"菱湖养渔工匠"，依托湖州师范学院，开展定向培养水产养殖学专业基层农技人员试点，依托湖州职业技术学院和湖州现代农业技术学校，培养一批渔业职业技能人才，逐步解决"谁来养鱼"的问题，使渔业发展真正转到依靠劳动者素质提高的轨道上来。三是联动产学研推，打通"最后一公里"。构建湖州师范学院、省淡水所、基层渔技推广队伍"一院一所一队伍"的科技成果转化和服务体系，建议尽快在市农科院成立水产研究所，加快建设一批渔业科技创新服务平台，科技攻关、集成创新和示范推广一批资源节约型、种养循环型、绿色生态型等生产模式和实用技术，推动制定一批水产养殖清洁生产标准，推进渔业科技创新从服务产业向服务"产业+乡村"拓展。

4. 坚持融合发展，以提升现代化水平促进渔业绿色发展

高质量做强现代渔业，必须在延长产业链、提升价值链、优化

供应链上下功夫，打造新增长极，形成全环节提升、全链条增值、全产业融合的"六次产业"发展格局。一是延长产业链，打造百亿级渔业加工业。大力提升水产品精深加工业发展水平，引进一批大好高项目，建设一批淡水鱼加工研发中心，培育一批龙头型水产品加工企业，加大适销对路、需求潜力大的淡水鱼加工品的生产与供给。将做大做强水产饲料加工业作为发展重点，引进和培育一批在国内有影响力的大型水产饲料企业，支持水产饲料企业研发绿色、安全、环保的全价人工配合饲料和大宗苗种培育配合饲料，全面增强市场竞争力和占有率。二是提升价值链，打造百亿级渔业服务业。大力发展休闲渔业，培育一批文化娱乐型、都市观赏型、竞技体育型、观光体验型的休闲渔业基地，以美食餐饮为重点，打造一批特色水产美食城，推出一批名店名菜，重振湖州"百鱼宴"。大力发展渔业机械装备服务业，促进物联网、移动互联网等信息技术在渔业装备上的应用，支持"星光农机""庆渔堂"等优势企业对接养殖主体，打造渔业智能养殖大数据中心，实现渔业生产的智能化、绿色化、服务化转型。三是优化供应链，打造百亿级渔业流通业。大力发展水产品新型流通业态，加快浙北淡水渔交易市场等水产品批发市场建设，加强与顺丰、京东、菜鸟等冷链物流合作，建设一批渔业综合体，打造联动长三角的水产品集散中心。探索建立"河蟹""青虾"等水产品价格形成中心和价格指数发布平台。大力发展渔业电子商务，在产品开发、创意设计、用户体验、市场营销等方面加强创新，促进电子商务销售收入实现快速增长。

5. 树立生态品牌，以厚植生态产品优势引领渔业绿色发展

突出"绿色兴渔、质量兴渔、品牌强渔"，充分整合资源、文化和生态优势，树立湖州市淡水鱼"养得好、卖得好、吃得好、玩得好"的品牌口碑。一是聚全力塑造"两山"生态鱼产品品牌。扎实开展食用水产品合格证管理和"三品一标"产品认证，大力推进质量安全监管体系、追溯体系和信用体系建设，全面提升水产品质

量安全水平。积极将"湖州鳜鱼""湖州青虾""湖州青鱼"等优势产品注册为国家地理标志证明商标,探索"'两山'区域公用品牌+渔业国家地理标志证明商标集群"的品牌发展模式,形成小农户接轨现代渔业的有效载体,让品牌带来的优质优价效应惠及广大养殖主体。二是下大力推进"两山"生态渔文化品牌。大力传承和弘扬生态渔文化,充分挖掘渔文化资源,精心设计渔文化载体,建议尽快成立范蠡渔文化研究会,开展我国淡水养殖起源、《养鱼经》与湖州市历史渊源的考证研究,增强生态渔文化品牌的文化软实力。科学保护和挖掘利用"桑基鱼塘""珍珠文化"等重要农业文化遗产,建设一批渔文化展示馆,推出一批渔事文化节庆活动,打造一批生态渔文化产品。三是齐着力打响"两山"生态渔都游品牌。立足江南水乡资源、区位和生态优势,牢牢把握湖州市全域旅游的发展机遇,以行政村镇为核心,传统渔饮文化为亮点,培育一批天蓝、地绿、水净、安居、乐业的渔都风情小镇;以现代渔业园区和美丽渔场为基础,建设一批功能齐全、布局合理、增收机制完善、示范带动力强的风情休闲渔庄;以串点成线、连线扩面为思路,推出一批特色突出、主题鲜明的生态渔文化旅游线路,推动生态渔都游向景区化、生态化、乡土化、品质化和产业化方向发展,使之成为长三角地区乡村旅游知名品牌。

三 湖州市畜牧业绿色发展

近年来,湖州市紧紧围绕畜牧业供给侧结构性改革这一主线,以"畜牧业绿色发展"工作为重点,以绿色发展为主线,坚持"保生态、保安全、保供给、促增收"的理念,以科学化规划、标准化生产、资源化利用和常态化监管的工作要求,统筹做好畜牧业发展、畜禽养殖废弃物综合利用、畜产品安全管理、重大动物疫病防控等工作,全力打造"美丽型、健康型、精品型、智慧型"畜牧业。

（一）湖州市畜牧业发展现状

1. 畜牧业产业结构调整

2018年，湖州市制定市级地方标准《生猪规模化养殖生态治理工程》，推进生猪生态化养殖。根据环境承载能力和市场需求，科学布局，淘汰低、小、散生猪养殖。2014年，湖州市生猪年内出栏137.63万头，全年饲养量达到198.08万头，年末存栏60.45万头。随着禁养、限养的推行，部分猪场被关停，退出养殖，湖州市生猪养殖大幅减产。2015年湖州市生猪年内出栏97.25万头，相比2014年减少40.38万头，同比减少29.34%。2017年，随着生态环境保护的复生高涨，环保督察力度的加大，湖州市生猪出栏量再次大幅减少，从2016年的94.90万头直线下降到47.85万头，同比下降49.58%。2018年，非洲猪瘟开始肆虐，湖州市生猪出栏量进一步减少。2018年湖州市生猪出栏量减少到35.70万头，同比下降25.39%。2018年全年生猪饲养量为54.73万头，相比2014年下降了72.37%，如图3-6所示。

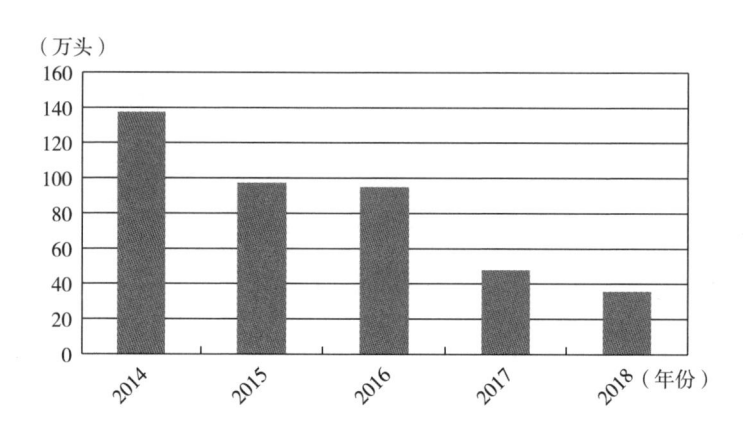

图3-6 2014—2018年湖州市生猪年内出栏情况

资料来源：2014—2018年度湖州市农业统计资料。

2017年，湖州市制定地方标准《湖州湖羊饲养技术规范》

（DB3305/T27—2017），推进湖羊生态化养殖。湖州市广泛开展湖羊标准化生产培训与指导，对场区布局、栏舍建设、设施配备、良种选择、卫生防疫、粪污处理等严格执行有关技术标准和法律法规要求。鼓励工商资本投资建设标准化湖羊养殖场，鼓励低小散养殖户扩建提升羊舍，适度规模养殖，支持兼并、合股、众筹等方式，进一步整合资源提升湖羊养殖规模层次。鼓励创建美丽牧场，积极推行"场区布局合理、设施制度完善、生产全程清洁、产出安全高效、资源循环利用、整体绿化美化"的美丽生态牧场建设。鼓励"机器换人"，推广应用现代化、自动化装备改造升级，提高生产效益。联合辖区内种植业专业合作社（联合社），实施秸秆统一回收、草料统一加工、粪污统一收集、有机肥统一施用、病虫害统一防治的区域生产大循环模式。推动存栏千头以上的规模湖羊场开展有机肥加工，优先在现代农业园区、农业可持续发展示范园、粮食生产功能区等园区中实现秸秆、粪污等种养废弃物的园区中循环。鼓励存栏500—1000只的小型规模养殖场按照耕地面积与湖羊只数1∶3的比例就地就近配套耕地，实现主体内部生产小循环，如图3-7所示。

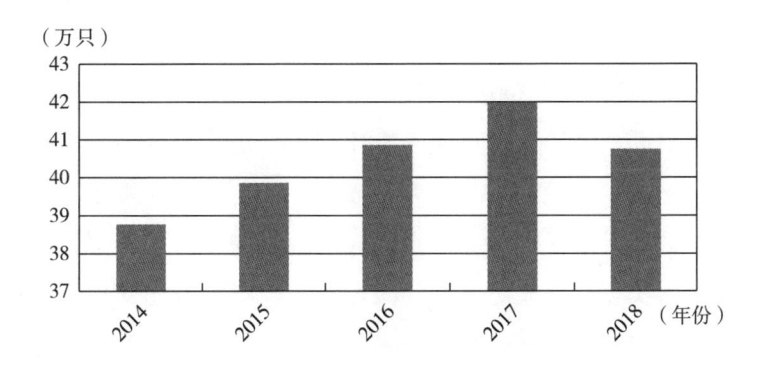

图3-7 2014—2018年湖州市湖羊年内出栏情况

资料来源：2014—2018年度湖州市农业统计资料。

家禽业是湖州市农业的优势产业之一，2014年湖州市家禽年内出栏量4169.95万只，其中鸡的出栏量为3689.51万只，鸭的出栏量为462.33万只，鹅的出栏量为18.11万只。受畜禽整改影响，家禽养殖规模在缩小。2015年，家禽年内出栏量为3649.99万只，同比下降12.47%。2017年，湖州市家禽年内出栏量再次大幅下降，从2016年的3679.10万只下降到2690.56万只，同比下降26.87%。到2018年，湖州市家禽年内出栏量下降到2510.26万只，如图3-8所示。

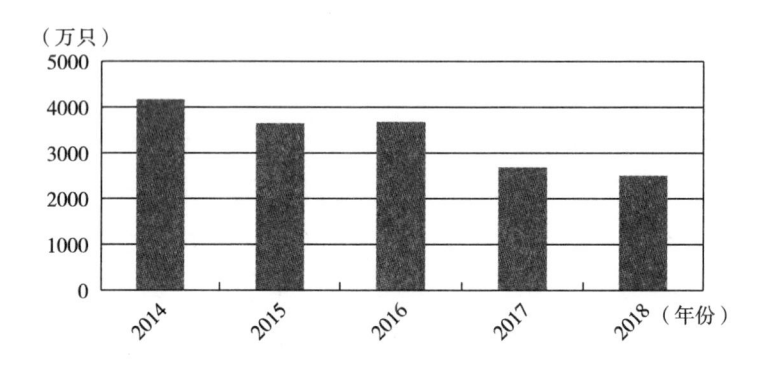

图3-8 2014—2018年湖州市家禽羊年内出栏情况

资料来源：2014—2018年度湖州市农业统计资料。

2. 畜牧业生态循环发展

着力推进畜禽养殖废弃物资源化利用。坚持种养结合，按照农牧对接"一县一方案"和"一场一策"的目标要求，以规模养殖场为重点，认真贯彻省政府关于畜禽养殖废弃物高水平资源化利用工作方案，落实省厅沼液综合利用技术导则，积极推进就地或异地消纳利用。大力扶持有机肥加工等企业，支持规模养殖场配套建设节水、清粪、存储和利用等设施设备，不断完善沼液粪污贮运及配套管网建设，探索有效的处理机制。

健全畜禽养殖污染长效管理机制。线上以环保平台和省智慧畜

第三章 湖州市农业绿色转化

牧业云平台为依托，主动配合市人大开发畜禽养殖污染监管信息化APP模块，加强与环保等部门协作，依法强化监管，落实专人定期查看，发现问题及时整改。市级不定期抽查，发现异常情况立即予以整改。线下指导督促畜禽养殖场落实主体责任，加强对网格化巡查机制执行情况的监督检查，并将线上运行和线下监督检查频次、巡查台账等列入2018年水污染治理工作考核指标中。

着力推进全产业链发展。积极培育新型经营主体，大力推进规模养殖场、合作社、饲料兽药和屠宰加工企业等主体抱团打造全产业链。以长兴湖羊龙头企业和湖羊特色小镇为基础，积极打造"湖州湖羊"公共区域品牌，推进畜产品精深加工，健全冷链物流体系，加快畜牧业与休闲旅游、文化体验等产业深度互融，推动第一、第二、第三产融合发展。

3. 畜牧业生态安全发展

提升重大动物疫病防控能力。大力推进动物防疫政府购买服务，细化考核目标，层层落实重大动物疫病防控工作责任。全面提升兽医实验室基础设施，加强规范化建设，推进计量认证。全面实施小反刍兽疫消灭计划、人畜共患病防控和H7N9剔除计划，加强免疫、检测、评估和流行病学调查、分析和应用。开展重大动物应急演练，提高重大动物疫情应急处置能力，确保规模畜禽免疫率达到100%，免疫合格率达到70%以上，防止发生区域性重大动物疫情。

（1）推进动物卫生监督体系规范化建设。

推进省、市级动物卫生监督示范窗口创建，深化基层监督机构"1234"行动，截至2018年年底，湖州市创建完成10个市级示范窗口，8个省级示范窗口。严格产地检疫、屠宰检疫制度，规范动物检疫行为，加强风险管控，把牢调运浙江北大门。着力加强动物卫生监督执法，组织开展动物防疫条件专项监管行动，强化动物诊疗场所规范化建设，严把饲料兽药生产经营、养殖、屠宰等各环节产品质量安全监管，加大抽检力度的同时，密切联系农业综合执法大队等相关部门，查获一批典型案例，开展一批典型教育，切实规范主体企业的生产行为，有效防范和化解畜牧兽医行业生产事故与安全隐患。

（2）推进屠宰行业规范发展。

继续深化屠宰场点清理整合工作，推进牛羊定点屠宰管理，有序开展湖州市牛羊屠宰场点认定和监管工作。坚持家禽定点杀白上市不动摇，加大行业管理指导。进一步完善屠宰废弃物无害化处理工作流程，切实把好屠宰环节废弃油脂"源头关"。继续保持对生猪屠宰违法行为严打高压态势，开展畜禽屠宰联合稽查活动，加强与农业、市场监管、公安、综合行政执法等部门沟通协作，共同维护屠宰市场秩序，保障肉品质量安全。

（3）完善无害化处理长效监管机制。

查找短板，机制再造，制定从养殖、收集、转运到处置全环节工作流程，完善和规范病死动物无害化处理长效机制。加大政策法规宣传，加强专项资金管理，强化人防技防管控监管，切实规避履职风险。严厉打击随意丢弃和不按规定处置病死动物违法行为。强化保险联动，切实做到应保尽保、应收尽收，确保不发生重大区域性漂浮、掩埋死猪事件。

（二）进一步促进畜牧业绿色发展的对策建议

1. 构建畜牧业绿色发展体系

优化畜牧产业结构。立足地方畜禽种质资源优势，稳定生猪供应，鼓励发展湖羊、家兔与蜜蜂等特色畜牧业，改造和新建一批生态牧场，提升畜产品自给能力。到2020年，建议湖州市生猪、家禽、湖羊年内出栏量分别稳定在40万头、2500万羽、40万只。按照"场区布局合理、设施制度完善、生产全程清洁、产出安全高效、资源循环利用、整体绿化美化"的要求开展美丽生态牧场示范创建，培育100家美丽生态牧场，畜禽养殖区域布局和产业结构得到优化，湖州市猪肉自给率稳定在45%左右，畜禽粪便综合利用率达到98%以上，病死畜禽无害化处理率达到100%，自产畜产品质量安全合格率达到100%。以地方种质资源保护品种"湖州湖羊"为重点，建设一批示范养殖基地，以点带面，促进畜牧业绿色、健康发展。全面完成规模畜禽养殖场提升改造，整建制推进畜牧业绿色发展示范县建设，建成3个省级畜牧业绿色发展示范县，打响湖州美丽畜牧品牌。

推进畜牧业全产业链发展。加大力度推动规模养殖场、合作社、饲料兽药和屠宰加工企业等主体抱团打造全产业链。推进适度规模养殖，科学把握饲养规模，鼓励和引导发展年出栏生猪1000头、出栏肉鸡50000羽以上、存栏蛋鸡5000羽、出栏湖羊500只以上的标准化适度规模养殖，生猪出栏500头以上的规模养殖场比重达到80%以上。鼓励引导企业兼并重组、加强合作，提高产业集中度，培育10家以上年产值超亿元的饲料兽药企业。综合农机购置补贴等政策，积极做好饲料散装配送，促进饲料企业与规模养殖场厂场对接。按照减量、提质、规范要求，继续深入推进屠宰场点布局优化调整，鼓励屠宰企业加大改造提升（含新建、迁建）力度，推动牛、羊、家禽等畜禽定点屠宰场（点）建设。积极引导大型屠宰企业向产业链两端延伸，配置冷链设施，做大做强自主品牌。以龙头企业和特色畜牧业为基础，积极打造知名品牌，推进畜产品精深加工，健全冷链物流体系，加快畜牧业与休闲旅游、文化体验等产业深度互融，推动第一产业与第二、第三产业融合发展。打造畜牧业特色强镇1个，建成一批美丽畜牧业休闲基地。鼓励企业通过电子商务平台、农产品大宗交易市场等拓展畜产品和饲料兽药交易。

2. 科技创新支持畜牧业绿色发展

（1）加强种质资源保护。

加快技术创新，着力加强湖羊和太湖鹅等地方品种的资源保护。充分发挥湖羊研究所和南浔博士后工作站的技术优势，优化保种方案，落实保种措施，确保保种效果，重点在国家级湖羊保护区吴兴区、主产区南浔区、长兴县的湖羊繁育基地以及太湖鹅原种场中，分别建立湖羊、太湖鹅基因库，严格按照保种方法要求，逐步扩大保种核心群体，开展湖羊、太湖鹅提纯复壮工作，不断提高畜禽遗传资源质量。

（2）加快推进畜牧业"机器换人"。

全面推广自动喂料、草食家畜全混合日粮、排泄物机械化清运与综合利用、养殖环境智能控制等先进设施，提高畜禽养殖机械化水平。加快普及畜牧业物联网技术，组合无线传感器监测、智能调控和远程监控系统、二维码标识等技术，加快畜牧业智慧云平台的推广应用和畜禽养殖污染在线监控系统的应用，推进"互联网＋"现代畜牧业发展。

（3）加强畜牧业科技集成示范推广。

加强科技联合攻关，推进畜禽良种选育开发、饲料资源开发与高效利用、养殖节水减排与粪便综合利用等重大科技项目研究，重点围绕提高养殖污染治理和畜禽生产性能，加强关键适用技术的集成示范，重点对存栏500头以上养殖场进行改造提升，使畜禽生产性能、畜产品质量水平和污染治理能力得到显著提高。

3. 建立健全畜牧业绿色发展机制

（1）健全农牧结合生态循环机制。

按照"农牧结合、种养平衡、生态循环"原则，通过构筑主体内部小循环、园区互通中循环和区域大循环的格局，全面落实畜禽排泄物与生态消纳地的对接，推进农牧深度融合。切实做到种植业消纳量与畜牧业废弃物点对点、量对量、时对时有效对接，实现养殖粪污资源化利用、无害化处理。大力扶持有机肥加工企业，不断完善沼液粪污贮运及配套管网建设。积极探索政府引导扶持、企业市场化运作的粪污资源化利用政府和社会资本合作（PPP）模式，支持工商资本、民间资本投资兴建服务机构，以点带面吸引社会资本投向畜牧业，提升生态循环水平和可持续发展能力。

(2) 健全畜禽养殖规范管理机制。

指导督促新建扩建规模畜禽养殖场依法落实环保、动物防疫、设施农用地、使用林地等有关审批备案手续，依法加强监管。加强畜禽养殖场污染治理长效监管工作，发现问题及时处置，依法妥善处理畜禽养殖污染环境事件，督促养殖场及时整改。加强对用于畜禽养殖场的设施农用地的动态管理，防止养殖用地挪作他用。同时根据畜禽养殖场的不同养殖模式、粪污处理能力等，科学调整限养量。

(3) 健全新型主体和农民利益共享机制。

依托龙头企业和专业合作组织，鼓励采用代养制、合作制和互助制等有效模式，促进散养户和新型规模主体之间形成利益共同体，带动农民增收。探索土地经营权入股畜禽规模化养殖。鼓励支持退养业主采取众筹、参股等形式合作创办规模畜禽养殖场。扶持培育动物防疫、兽医诊断与安全检测、畜产品购销与加工、沼液配送等社会化服务组织，为养殖业主提供多元化服务。探索种养业主农牧对接利益分配和合作方式。

4. 以创建畜牧业绿色发展示范县为抓手提升绿色发展能力

按照"一批美丽生态牧场、一批农牧结合示范区、一批农牧结合服务组织、一套新型产业体系和一套有效运行机制"的"五个一"建设要求，力争湖州市所有县区均创建成为畜牧业绿色发展示范县，同时打造1—2个浙江省畜牧业绿色发展示范样板，形成促进畜牧业绿色发展机制、规划、方式和政策体系，为畜牧业绿色发展示范省创建积累经验。

建立健全畜禽养殖污染线上线下协同防控机制和多部门联动执法机制，督促养殖业主主动落实污染治理主体责任。全面落实生猪保险与无害化处理联动机制，实现生猪保险全覆盖，并将保险范围逐步扩大到湖羊、家禽等畜种，充分保障养殖业主利益，增强抗风险能力。同时，加强对养殖主体的宣传引导，鼓励养殖场户主动报告病死动物，加强收集队伍管理和考核激励机制，缓解养殖户自行填埋处置带来的环境污染隐患，不断提高家禽等其他病死动物的收集率。进一步提升重大动物疫病预防控制体系，完善省外调入动物和动物产品流通防疫监管屏障体系，加强畜产品及投入品质量安全监测体系，保障畜牧业绿色健康发展。依托科研院所、农民学院和行业主体等，建立一批畜牧兽医系统继续教育基地，加强培训，提高畜牧兽医队伍在动物卫生、畜禽屠宰、兽药饲料等方面的监管能力。

第二节 湖州市农业新兴业态绿色发展

一 农村电子商务绿色发展

近年来，湖州大力扶持农村电子商务，并把电子商务作为提升农业、发展农村、富裕农民的新动能持续加以推进。农村电子商务有力促进了农产品现代流通体系建设，基本建立了集农产品供求信息发布、网上交易、产品展示、物流配送、售后服务等一体化的现代农产品物流产业，也引领带动了农村住户的网购及电商发展，有效加快了农业的线上交易水平。吴兴的童装、果蔬，南浔的地板、淡水鱼、湖笔，德清的珍珠、围巾、龟鳖，长兴的吊瓜子、苗木，安吉的椅业、白茶、竹制品等产品，纷纷涉足电子商务领域，在网上淘金冲浪。2017年，湖州市拥有各类农村电商经营主体6000余家，实现农产品电商销售超15亿元。2018年，农产品电商销售进一步扩大，农产品电商销售超22亿元。

第三次农业普查数据表明，2016年，湖州市普通农户与规模农户参与互联网购物户数占比分别达到67.40%和73.90%，两类普查住户的合计参与率高达67.60%，湖州的农村主要的电子商务配套设施的覆盖率均高于浙江省平均水平，如图3-9所示。

第三章 湖州市农业绿色转化

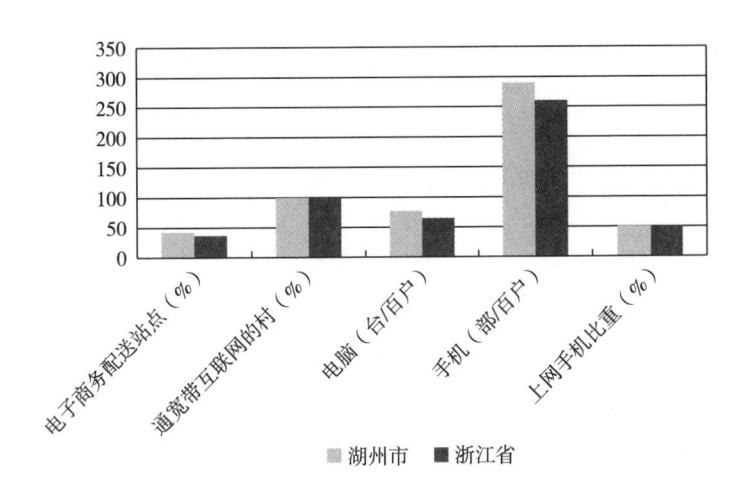

图 3-9 2016 年湖州市、浙江省电子商务配套设施情况

资料来源：根据《湖州市第三次农业普查主要数据公报》《浙江省第三次农业普查主要数据公报》整理。

(一) 农村电子商务发展现状①

1. 县区农村电子商务服务平台搭建

鼓励和引导具备条件的乡镇立足本地产业，大力发展"一乡一品"，使电子商务真正成为农村、农民致富增收的重要手段。县区结合各类已建县区级电商运营服务中心（阿里巴巴"农村淘宝"、邮政公司等）或地方特色农村电商服务平台（安吉县农产品电子商务服务中心），进一步强化县区级平台作用。通过自建、合建或委托代运营等形式，进一步拓展乡镇（街道）级服务平台覆盖面；推动各大电商运营单位或地方特色电商运营单位（安吉县"美丽E家"）等在行政村扩大布点或改造提升服务站点。各地立足产业，推动区县省级电商镇全覆盖。截至 2019 年年底，湖州市拥有 18 个省级电商镇，其中 2019 年新增 13 个，湖州市三县两区实现全覆盖。

---

① 《农村电商"三个全覆盖"助力乡村振兴》，湖州市人民政府网，http://www.huzhou.gov.cn/hzzx/hzjj/20200110/i2600879.html。

18个省级电商镇拥有网络经济主体1.2万家,去年实现电商交易额135亿元,占湖州市总量的1/5,带动就业近4万人次。

2. 示范村镇创建

梯度培育,推动乡镇省级电商专业村全覆盖。按照"示范带动、梯度培育、逐步推进"的原则,将电子商务专业村分为示范村、规模村、萌芽村三档进行培育,已培育储备了105个市级电子商务专业村。鼓励和支持专业村提档升级,2019年,开展电子商务"双百"攻坚行动,每个乡镇至少培育打造1个省级电商专业村。2019年湖州市新增省级电商专业村39个,累计达84个,实现了所辖乡镇省级电商专业村全覆盖,其中省级电子商务示范村25个。

3. 涉农企业电商化改造

精准服务,推动乡镇街道电商孵化服务平台全覆盖。大力推进乡镇街道电商公共孵化服务平台建设,健全完善"市、区县、镇、村"四级电子商务公共服务机制,搭建1(湖州市电子商务公共服务中心)+3(三县电子商务公共服务中心)+N(公共服务中心联络点)的公共服务网络体系,为湖州市电子商务创业主体提供"一站式"服务。加快实现乡镇街道电商园区全覆盖,湖州市已建成运营的电子商务产业基地32个、乡镇街道孵化园35个,共计67个,现入驻电子商务企业和创业团队2247家,成功孵化出园企业182家。培育打造了28个省级电子商务培训机构、45个省级电子商务实践基地,多渠道、多层次、多领域开展电子商务培训,年均培训电子商务人才两万人次。积极推进新型农业经营主体电商化建设,推进县区区域性生鲜农产品电商平台发展,引导省市级农家乐经营单位实现电商化营销。

(二)促进农村电子商务绿色发展的建议

1. 拉高标杆,大力支持农村电子商务发展

在市委市政府高度重视农村电商发展的背景下,要紧抓中央一号文件、乡村振兴战略、数字经济一号工程等重要战略机遇,充分

第三章 湖州市农业绿色转化

认识农村电商的重要性，抓好农村电商工作，实现湖州农业从传统农业向现代农业转变，向新业态、新模式转变。鼓励农业生产经营主体开展农产品电子商务，培育300家生产主体在淘宝、天猫、京东等国内知名网站开设网络旗舰店，支持发展生鲜农产品网上直销，探索"网订店取"新模式运用。到2020年，湖州市农产品年网上销售额达50亿元，力争农村电商发展水平与湖州农业现代化水平相匹配，把湖州打造成为农村电商样板市。

2. 打造农村电商线上线下平台

以打造"湖州优质农场联盟"平台、"湖州两山名特优农产品直销总汇"平台为抓手，推动农产品销售线上线下联动推进，两大平台间共享融合，不断扩大湖州农产品的品牌影响力和市场占有率。打造"湖州优质农场联盟"平台。将湖州市优质农产品生产主体（示范性家庭农场、专业合作社和农业龙头企业）联合起来，组建优质农场联盟。以优质农场联盟为载体，推进线上线下联动销售，线上以提升"e桌美味"平台为基础，联手相关优质农产品生产主体，设立"e桌美味—湖州优质农场联盟"电商销售平台，开展优质农产品网上订购；线下在居民小区设立"湖州优质农场联盟"体验店，同时组织农场基地体验活动，为社区居民提供现场体验、购买农场优质农产品和网订店取业务。在市级平台建立的基础上，鼓励县区以专业合作社、农业龙头企业、行业协会等为基础搭建专业化分平台，逐步接入"市级优质农场联盟平台"，努力形成总平台和分平台统分结合、资源共享的格局，共同扩大品牌影响力。打造"湖州两山名特优农产品直销总汇"平台。立足进一步拓展长三角地区市场的目标，建设一个汇聚湖州市名特优农产品的"实体+网购"的销售平台，赋予其零售、批发、互动等功能。利用线下农产品直销总汇实体门店的资源，搭建线上购销平台，开发两山名特优农产品APP，大力发展微商等电子商务销售载体，逐步实现线下与线上的融合发展。加快供销系统内电商平台功能整合，实现小平台对接大平台、小市场融于大市场。进一步优化平台销售目录，优选"湖州优质农场联盟"农产品进入直销总汇，推进湖州市名特优农产品"走出去"，不断拓展市场份额。

3. 创新发展"农产品+旅游+电商"融合模式

与湖州市的各大旅行社开展深入合作，在旅游的"吃住行游购娱"环节，充分融入农村电商元素。通过农村电商平台将旅游景点、农特产品、吃住行乐服务整合起来，大力推动电子商务平台在农家乐休闲旅游等乡村旅游业态中的运用，构建预订支付、线上销售和线下体验一体的运营模式，让客户享受到一条龙服务。同时，通过旅行社开发特色旅游线路，让游客深入体验湖州市特色农产品，解决特色农产品"养在深闺人未识"的困境，在旅游景点、介绍资料、宣传画册、旅游商品中加大电商宣传，推动游客回程后在电商平台回购，带动农产品在游客真实体验后的口碑营销等。

4. 推进农村物流冷链体系建设

大力推动农产品，特别是生鲜农产品上行，加强交通运输、商贸流通、农业、供销、邮政以及电商、快递企业等相关农村物流服务网络和设施的共建共享，整合商贸流通体系物流需求，加强县（区）、乡镇（街道）、村三级物流节点基础设施网络，鼓励多站合一、资源共享、服务同网，共同推动农村物流体系建设。整合物流资源，探索国有或民营物流企业与农产品电商企业合作，合理规划建设产地预冷、冷冻运输、冷库仓储、定制配送等全冷链物流基础设施，为农村鲜活农产品从田间到餐桌提供便捷高效的物流服务。协调交警部门对生鲜农产品配送车辆进入市中心城区和县区主城区给予通行便利，确保及时送达居民群众手中。

5. 开展农村电商创业创新工程

以返乡高校毕业生、回乡创业青年和农村青年、大学生村干部、巾帼致富带头人、退伍军人等为重点人群，在工商登记、资金支持、创业平台孵化等方面提供优质服务，积极培育一批农村电子商务创业创新带头人。加强对低收入农户的培训引导,鼓励通过电子商务实现创业就业。鼓励电子商务职业经理人到农村发展,为本地农村电子商务提供智力支持和人才保障。开展农村电子商务人才培育工程。以湖州农民学院为龙头,依托湖州职业技术学院电子商务专业优势,结合农村劳动力素质提升工程、新型职业农民培育工程,大力开展农村电子商务培训,着力培养一批电子商务运营、应用创新、项目策划等方面的农村中高级人才和实用人才。大力开展农村电子商务创业创新竞赛活动,发现一批农村创业人才,建立一批农村电子商务创业项目库。同时,通过创业导师团专项辅导,创业政策激励扶持和全过程创业跟踪服务,提高农村电子商务从业人员的创业成功率。

二 湖州市休闲农业与乡村旅游绿色发展

(一) 湖州市休闲农业与乡村旅游发展现状

湖州市始终坚持"两山"理念的指引,坚持将"绿水青山"的生态优势转化为发展乡村旅游的产业优势,紧紧围绕打造"乡村旅游第一市"旅游目的地品牌,大力发展农家乐休闲旅游业和休闲农业,探索形成"景区+农庄""生态+文化""西式+中式""农庄+游购"等多种乡村旅游模式,大力推动乡村民宿产业"绿色化""多样化""特色化""品质化"发展,走出了一条从"农家乐"到"乡村旅游"到"乡村度假"及正在向"乡村生活"四级联动发展的"湖州之路"。湖州的乡村旅游发展已经成为我国旅游业,特别是乡村旅游发展的成功范例。

2015 年全国乡村旅游推进大会,湖州市乡村旅游管理体制改革被评为中国旅游业改革发展创新奖,湖州 5 个村被评为中国乡村旅游模范村、4 户湖州人家被评为中国乡村旅游模范户、53 人被评为中国乡村旅游致富带头人、40 家农家乐被评为中国乡村旅游金牌农家乐。莫干山国际乡村旅游(洋家乐)集聚区、安吉"乐一村"乡村旅游创客基地于 2015 年、2016 年先后被国家旅游局评为中国乡村旅游创客基地。湖州下辖的三个县先后被评为全国休闲农业与乡村旅游示范县，5个园区荣膺全国休闲农业与乡村旅游示范点，10家企业被评为全国休闲农业与乡村旅游星级示范企业。8个园区（景区、度假区）成功创建省级生态旅游区（示范区），长兴县水口乡顾渚村、安吉县天荒坪余村等12个村被评为首批省级休闲旅游示范村，先后有20家基地被评为浙江省果蔬采摘旅游基地，长兴县水口乡村旅游集聚示范区被评为首批唯一"省级乡村旅游产业集聚区"。4家民宿被评为省级首批白金级、金宿级民宿（为浙江省前列），18家被评为银宿级民宿，15家湖州精品民宿编入了《浙江民宿导览》，在2017浙江（上海）旅交会上进行了宣传发布。

2015年、2017年和2018年，湖州先后成功举办了三届国际乡村旅游大会。大会邀请了联合国世界旅游组织（UNWTO）和亚太旅游协会（PATA）两大国际旅游组织共同作为支持单位，以及"一带一路"10个沿线国家和6个欧美国家等重要嘉宾代表。大会发布了《国际乡村旅游发展报告》《国际乡村度假目的地标准》，通过了《国际乡村旅游湖州宣言》，PATA学院落户湖州、德清被授予"世界十大乡村度假胜地"、安吉被授予"国际乡村生活示范地"、首发了《乡村旅游概论》《乡村旅游安吉模式》两书等，一系列丰硕成果进一步确立了湖州在中国和国际乡村旅游发展中的地位，也增进了海内外乡村旅游业界交流合作，打造了一批国际化水平的乡村度假产品，全面打响了湖州"乡村旅游第一市、滨湖度假首选地——清丽湖州"目的地品牌，极大地促进了湖州国际生态休闲度假城市建设，受到与会各级领导嘉宾的高度肯定和一致好评，先后被中央电视台、新华社、中国新闻社、《浙江日报》等70多家主流媒体宣传报道。2016年，国家旅游局正式批复在湖州设立国家乡村旅游扶贫工程观测中心。2017年底，国家旅游局又将湖州列为全国旅游扶贫培训基地。

第三章　湖州市农业绿色转化

（二）湖州市休闲农业与乡村旅游的成功经验

1. 推动乡村旅游规划体系打造，合理布局乡村旅游业态

通过编制乡村旅游规划引导科学布局，整合资源，集聚发展，统筹产业。先后编制完善了《湖州市乡村旅游发展规划》《湖州市旅游产业用地专项规划》等。以省级乡村旅游提升发展专项改革试点为契机，在用地许可、金融投资、业态引导、管理创新等方面先行先试。在用地改革上，坚持开展的低丘缓坡"坡地村镇"建设用地改革，坚持运用"点状供地"方式，实施旅游建设项目用地"点状布局，垂直开发"；在证照许可上，积极探索部门联合审批机制；在资金保障上，建立湖州市旅游专项发展资金，其中主要用于乡村旅游发展。[1] 2017年8月，根据《中共中央国务院关于加快推进生态文明建设的意见》和国家发改委、国家旅游局等十部委《关于促进绿色消费的指导意见》以及《中共湖州市委湖州市人民政府关于深入践行"两山"重要思想　加快推进湖州绿色发展的意见》等文件精神，制订出台了《关于践行"两山"重要思想　加快推进湖州旅游绿色发展工作的实施意见》，大力推动旅游绿色化产品开发，倡导鼓励旅游绿色化消费，提供优质的旅游绿色化服务，积极探索将"绿水青山"的生态优势转化为湖州旅游发展的产业优势，实现群众旅游绿色化发展获得感持续提升，努力打造天更蓝、水更清、空气更清新、交通更畅通、生活更舒适的"湖州样板"，提升旅游生态文明价值，推动湖州经济社会绿色发展和生态文明先行示范区建设。此外，还依据国家、省市涉旅规划的原则思路和村庄景区化建设目标要求，目前正在启动编制《景区村庄产业发展专项规划》和《湖州市民宿发展专项规划》，明确景区村庄和民宿发展的产业定位、空间布局、旅游业态、品牌特色、公共服务，注重"乡情、乡土、乡愁"的传承与发扬，形成差异化、多样化发展格局，使当

---

[1] 湖州市人民政府：《湖州市乡村旅游发展规划》，2015年9月28日。

地特色与旅游深度融合,提升乡村景区的吸引力和品牌号召力。

2. 推动乡村旅游产业体系打造,提高乡村旅游产品附加值

在政策引导和市场需求的推动下,湖州市致力于生态环境保护、护美青山绿水,充分发挥湖州地理位置优越、交通方便快捷、生态环境优美等优势,大力发展乡村旅游,各种新兴业态应运而生,尤其是以乡村旅游供给侧结构性改革为导向,为民宿经济发展创造了良好机遇,民宿经济实现了数量规模和经济效益的快速增长。截至2018年年底,湖州市有1700余家民宿,经营总收入13.30亿元,其中住宿收入6.40亿元,餐饮收入4.55亿元,农产品销售收入1.78亿元,其他收入0.57亿元。逐步形成了农民自主、集体经营、股份合作、工商资本和外资投入的多元化生产和经营方式,以及乡村民宿、古镇民宿、水乡民宿、渔家民宿、城市民宿等为主体的民宿产业发展体系,特别是乡村民宿已形成了以"十大乡村旅游集聚示范区"为主体的规模化、集聚化、产业化、市场化、品牌化、国际化的旅游大产业。通过推动民宿产业快速健康持续发展,不断拉长民宿产业链,培育了住宿、餐饮、购物、娱乐、文化、运动和健康养生等多元化产业体系,同时也加快了农村产业结构调整,带动了当地农副产品的销售,极大地促进了产业链延伸和服务业拓展,使乡村民宿产业成为乡村旅游业中的主体产业。2016年以来,中央二套《消费主张》《经济半小时》《生财有道》《走遍中国》等栏目多次专题宣传德清洋家乐,从民宿旅游、生态富民等角度讲述德清变"绿水青山"为"金山银山"的生动故事。

3. 推动乡村旅游标准体系打造,强化乡村旅游品质水平

近年来,湖州市编制了湖州乡村旅游的各项地方标准,用以规范乡村旅游经营,全面指导乡村旅游经济健康有序发展。2015年,湖州市制定并实施示范农庄、示范农家、集聚区、乡村旅游示范村和乡村民宿五项认定标准,出台了《湖州市乡村民宿管理办法(试行)》,并以"湖州人家"等各项乡村旅游创建为载体,全面贯彻实

施乡村民宿管理办法以及各项认定办法与标准，积极引导乡村旅游差异竞争、个性发展、特色生存。2017年5月，研究出台《全面推进民宿规范提升发展的实施意见》等文件，联动推进湖州市乡村民宿规范提升。同时根据《湖州市乡村旅游集聚示范区产业发展专项规划》的总体定位和发展战略，制订了《关于提升乡村旅游集聚示范区建设的意见》，以"十个一"工程为载体，持续推进旅游基础配套和公共服务设施建设，提升"乡村十景"的旅游品质和服务质量。① 早在2015年，湖州市先后编制了《湖州市乡村旅游发展规划》《湖州市乡村旅游集聚区产业发展专项规划》等规划。制订了《湖州市乡村民宿管理办法（试行）》，出台了乡村旅游集聚区、示范村、示范农庄、示范农家和示范洋家五项认定标准，全市形成乡村旅游规划、标准和管理办法三位一体标准化"大体系"。② 为进一步保护乡村旅游资源和生态环境，促进乡村旅游健康、可持续发展，研究起草了《湖州市乡村旅游条例》，并于2019年正式发布。③ 并根据景区村庄的自身基础和特点，制订《湖州市景区村庄建设服务与管理指南》地方标准，对景区村庄基本条件、旅游交通、环境卫生、基础设施与服务、特色项目与活动、综合管理等进行规范明确，按照标准加强日常指导和监督。

4. 推动乡村旅游营销体系打造，提升乡村旅游品牌价值

近年来，我们注重品牌的整体营销和多元化打造。建立了媒体营销、活动营销、广告营销和专业营销四大营销体系，持续推进140余项以"湖州人游湖州""旅游惠民进社区""万名游客乐湖州""万名职工本地行"活动为主体的湖州市"1+4""湖州旅游

---

① 湖州市人民政府：《关于提升乡村旅游集聚示范区建设的意见》，2017年5月17日。

② 《创新·特色——中国乡村旅游"湖州模式"》，新华网，http：//www.xinhuanet.com/travel/2015-09/28/c_128274665.htm。

③ 《〈湖州市乡村旅游促进条例〉正式发布》，浙江省文化和旅游厅网站，http：//ct.zj.gov.cn/art/2019/10/23/art_1652992_39291583.html。

月月红"系列活动,先后举办了中国菰城文化旅游节、南太湖梅花艺术节、城山沟桃花节、莫干赏花节、"中国旅游日"惠民活动暨南浔区桑果采摘旅游节、吴兴区"夏之梦"灵兰山谷采花节、湖州丝瓷茶文化之旅主题推介会等活动;以浙江省职工疗休养制度为契机,以湖州市 200 家职工疗休养基地为主体,以湖州市十大主题精品旅游线路为重点,创新推出"湖州 2000——菰城之旅"特色旅游产品,开展职工疗休养精准营销,赴金华、衢州、丽水举办了"湖州 2000——菰城之旅"湖州职工疗休养"走进金衢丽"专题营销推介会,邀请杭州、宁波、温州、台州四地市工会系统举办"湖州 2000——菰城之旅"湖州职工疗休养"品味清丽"专题营销推介会,全面打造"乡村旅游第一市、滨湖度假首选地"形象品牌。

5. 推动乡村旅游服务体系打造,鼓励乡村旅游可持续发展

湖州乡村旅游已成为地方经济发展的龙头战略。目前,湖州市所辖县区建立了 12 个农家乐乡村旅游服务中心,10 个乡村旅游协会和村级农家乐工作站,充分发挥了桥梁与纽带作用。2016 年,依托湖州师范学院的优秀师资力量,发起成立了浙江乡村旅游研究院,重点开展乡村旅游业发展的基础理论、政策和重点、难点问题的研究,参与乡村旅游发展规划研究和产业发展指导以及国际国内学术交流工作。2017 年,市旅委建立了湖州旅游大数据中心,构建智慧统计体系,并在浙江乡村旅游研究院组建了湖州旅游统计数据中心,旨在建立湖州市旅游统计工作平台、数据分析平台、决策支持平台和产业引导平台。

2018 年湖州市还出台了乡村旅游的有关政策,明确了发展乡村旅游相关的政策扶持,支持乡村旅游发展。出台的《湖州市全域旅游"个十百千万"工程实施意见》提出,各级政府要加大用地、资金等政策支持力度,全面构建全域旅游"个十百千万"工程政策支持体系:一是对通过考核的市本级市级生态度假庄园和市级全域旅游示范乡镇,分别给予 50 万元、20 万元的奖励,各县也应建立相

应奖励政策。二是要加大对旅游小镇、景区村庄、旅游厕所、公共服务（集散中心和观光大道）的奖励引导力度。三是完善土地要素市场保障，优先从供地方面对纳入到重点工程的项目进行保障，各县区在对重点的旅游项目开发建设用地进行保障的基础上，每一年新增50亩地用来支持全域旅游"个十百千万"工程项目发展，将发展的重点放在生态度假庄园和体现农场以及公共服务中心方面。四是对于低丘山林区旅游项目，结合低丘缓坡"坡地村镇"建设用地试点工作，将具备开发建设条件的山坡地块开发为旅游观光建设用地及绿色产业建设用地，实施建设项目用地"点状布局、垂直开发"政策，积极探索生态旅游"保护与保障并举"的土地利用管理新路子。五是乡村旅游企业在用水、用电、用气价格方面享受一般工业企业同等政策。六是落实税收政策，乡村旅游经营户可以按规定享受小微企业税收优惠政策，对月营业额不超过3万元的，免征增值税；对年应纳税所得额不超过50万元且符合条件的小微企业，其所得税按50%计入应纳税所得额，按20%的税率缴纳企业所得税。

2018年，湖州市出台了《湖州市本级旅游发展专项资金奖励补助实施细则》，明确了奖励补助标准：一是旅游重大项目补助。对经市、区级政府认定的实际总投资（不含土地价款、租赁价款）达到30亿元、50亿元、100亿元的国家、省、市重点旅游项目，在项目经竣工验收投入运营后，分别给予项目业主一次性奖励30万元、50万元、100万元，分别给予项目所在地政府一次性奖励10万元、20万元、30万元。二是旅游品牌创建奖励。对首次评为3A级旅游厕所的，给予一次性奖励3万元；对首次评为省级精品民宿、市级精品民宿（湖州人家）的，分别给予一次性奖励5万元、2万元；对在全国旅游商品博览会上获一等奖、二等奖的旅游商品企业的分别给予奖励2万元、1万元；对新获评为湖州市旅游商品示范企业（基地）的给予奖励1万元；经旅游行政主管部门认定，首次被授予国家级、省级、市级示范区（基地、点）等荣誉称号的，分别给予一次性奖励8万元、5万元、3万元；对首次新评定为五星级、四星级和三星级旅游商品购物景点，分别给予一次性奖励5万元、3万元、1万元。三是旅游产业平台建设奖励及补助。对首次被评为国家级、省级的生态旅游区，给予一次性奖励30万元、15万元；对首次被评为国家级、省级、市级的乡村旅游集聚示范区，分别给予一次性奖励50万元、20万元、10万元；对首次被评为国家级、省级旅游类特色小镇（旅游风情小镇）的，分别给予一次性奖励80万元、40万元；对首次被评为国家级、省级休闲旅游村（区）的，分别给予一次性奖励5万元、1万元。

（三）提升休闲农业与乡村旅游发展的对策建议

湖州市应更加主动适应新时代中国特色社会主义对"乡村振兴"战略的新要求，坚定不移地践行"绿水青山就是金山银山"重要思想和五大发展理念，依托湖州独有的自然资源、生态禀赋和区位优势，加快融入浙江省"大湾区""大花园"战略，以"中国南太湖巨龙腾飞计划"为引领，突出乡村旅游、滨湖度假融合发展，继续抢占全国乡村旅游制高点，擦亮中国"乡村旅游第一市"金字招牌。

1. 乡村旅游环境生态化

以"两山"理念为指引，结合国家生态文明先行示范区和美丽乡村建设要求，加快湖州市十大乡村旅游集聚示范区建设，积极倡导生态化消费观念、推进企业生态化管理、培养生态化农户、全面建设生态文化，大力推进乡村旅游生态化管理，建设生态化乡村旅游目的地、旅游景区和休闲农家乐，有效节约资源、保护环境。健全生态补偿机制和村庄长效管理机制，在充分权衡乡村资源赋存、生态容量、游客心理容量、当地居民心理容量基础上，合理进行功能分区和空间布局，努力实现生态环境保护、现代农村经济与乡村旅游提升协同发展。

2. 乡村旅游业态多元化

以建设"美丽乡村、绿色家园"为主题，制订出台乡村旅游新业态培育发展规划和行动路线图，加快乡村旅游新产品、新业态开发，加强与休闲度假旅游、康体养生旅游、休闲农业观光旅游、文化艺术旅游等专项旅游产品融合，大力推进乡土文化发掘与培育文化创意产业联动，着力提升一批符合国际化乡村旅游理念和形态的示范精品，引进国际新业态，挖掘打造一批不同内涵的旅游产品，引导既有模式向个性化方向发展，丰富乡村旅游业态类型，使之适应多层次的游客需求。推进经营模式创新。依托湖州市智慧旅游建设，推进乡村旅游电子商务发展，促进乡村旅游商业模式创新。

3. 乡村旅游布局景区化

深入探索乡村旅游集聚发展路径，编制区域控制性规划，雇用咨询机构设立项目准入标准，政府按标准实施，精心挑选开发商（投资商）；开发商直接向村民租修赁闲置房屋，无以保证土地的稳定性，要积极探索村集体流转土地或收购盘活闲置屋舍，推进有条件的旧房改建民宿，合理开发乡村旅游。全面实施《湖州乡村旅游集聚示范区认定标准（试行）》，加快推进湖州市十大乡村旅游集聚示范区建设，重点在配套服务、核心度假产品和产业融合上做足文章，鼓励有条件的集聚示范区创建国家A级旅游景区或休闲农业与乡村旅游示范区和旅游度假区，力争通过十年的努力将十大乡村旅游集聚区全部打造为国家AAAA旅游景区，使全产业链的"休闲度假型"盈利模式取代以门票收入为主的"观光型"盈利模式，真正打响湖州"四大模式、乡旅十景"乡村度假重大品牌，让乡村旅游集聚区成为游客的休闲度假胜地和百姓的幸福生活家园。

4. 乡村旅游经营专业化

深入推动乡村旅游行业内部专业化分工，构建"一县一品、一区一特、一村一业"的乡村旅游发展格局，优化乡村旅游区域生产力布局。鼓励乡村旅游经营企业加强产业化分工协作，强化专业经营职能，实行专业化生产经营，做好产业链拓展延伸，做大经营规模，打造特色品牌。注重吸引具有国际视野和国际水准的投资商及其职业经理人来开发营运乡村旅游项目，同时进一步加大乡村旅游人才培养、培训和引进力度，尤其是加强中高层次管理者、新兴业态经营者和职业经理人以及导游人员的培养，加强旅游一线从业者的岗位培训，培养和造就一支高素质的乡村旅游人才队伍。

5. 乡村旅游服务现代化

加快湖州市旅游集散中心、营销推广中心，特别是十大乡村旅游集聚示范区的信息服务平台建设，结合智慧旅游建设为游客提供更专业、更人文、更便捷、更高效的服务。顺应消费者日益多元化、个性化、体验化消费需求变化趋势，加强乡村旅游产品和游客细分市场研究，强化从业人员的针对性培训和乡村旅游社区居民的合理引导。同时，进一步学习和引进国际化的旅游服务标准，在旅游品质保障、旅游公共服务、旅游紧急救援等体制机制建设方面力争走在全国前列，推动形成客源市场国际化、旅游产品国际化、旅游服务国际化和公民观念国际化的乡村度假产业发展格局。

6. 乡村旅游发展民生化

以省级乡村旅游提升发展专项改革为动力，着力将党的十八届三中全会各项改革措施落实到乡村旅游发展当中，持续增强"三农"事业发展促进作用。深化产业融合，推进深度开发，不断将农村生态优势、乡土特色文化和新农村建设、美丽乡村建设、新型城镇化推进成果转化为乡村旅游产业发展优势，进一步促进农村经济发展、农业增产增效、农民就业增长，带动农民文化素质提升，促进新生活方式传播和乡风文明，打造引领城乡居民现代生活新引擎，让乡村旅游改革成果惠及广大人民。

第三节 湖州市农产品加工业绿色发展

中共中央、国务院印发的《乡村振兴战略规划（2018—2022年）》明确提出："实施农产品加工业提升行动，支持开展农产品生产加工、综合利用关键技术研究与示范，推动初加工、精深加工、综合利用加工和主食加工协调发展，实现农产品多层次、多环节转化增值。"[①]

一 湖州市农产品加工业发展概况

农产品加工业是指对农业部门提供的初级产品或中间产品，通过物理、化学和生物学的方法，对其生物属性及外观进行生产加工的工业部门。根据国家统计局的分类，农产品加工业是指建立在农、林、牧、渔产品及其加工品等原料的基础上进行的工业生产活动。在统计上，可以将与农产品加工有关行业分为食品工业、纺织工业、木材工业、纸品工业、橡胶工业 5 类，其中食品工业包括农副食品加工业、食品制造业、饮料制造业、烟草加工业 4 类子行业；纺织工业包括纺织业、服装及其他纤维制品制造业、皮革毛皮羽绒及其制品业 3 类子行业；木材工业包括木材加工及竹藤棕草制品业、家具制造业两类子行业；纸品工业包括造纸及纸制品业、印刷业记录媒介的复制两类子行业；橡胶工业包括橡胶制品业 1 类子行业。从湖州市的农产品加工业结构来看，湖州市没有烟草加工业。本节重点对农产品加工业中的食品工业进行分析。

（一）湖州市农产品加工业概况

湖州市历来重视农产品加工业的发展，并把农产品加工业作为

---

① 中共中央、国务院印发《乡村振兴战略规划（2018—2022 年）》，新华网，http://www.xinhuanet.com/2018-09/26/c_1123487123.htm。

农村经济的支柱产业和农业现代化建设的重要支撑力量。2018年，湖州市规模以上农产品加工业总产值为1296.91亿元，其中食品工业总产值为151.17亿元，纺织工业总产值为504.02亿元，木材工业总产值为463.06亿元，纸品工业总产值为73.22亿元，橡胶工业总产值为105.43亿元，如图3-10所示。在农产品加工业的细分行业中，纺织业位居第一，其总产值达到423.94亿元，占湖州市全部农产品加工业总产值的比例达到32.69%；家具制造业位居第二，其总产值达到276.12亿元，占湖州市全部农产品加工业总产值的比例为21.29%；木材加工和木、竹、藤、棕、草制品业位居第三，其总产值达到186.9亿元，湖州市全部农产品加工业总产值的比例为14.41%。位居后三位的分别是酒、饮料和精制茶制造业，印刷和记录媒介复制业，以及皮革、毛皮、羽毛及其制品和制鞋业，它们的总产值分别为42.16亿元、13.76亿元和12.59亿元，这三个子行业的产值占湖州市全部农产品加工业总产值的比例仅有5.28%。

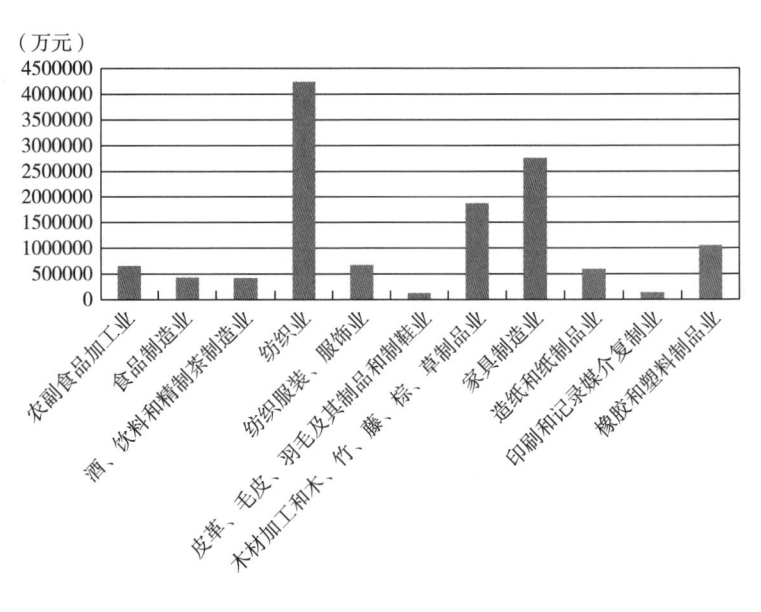

图3-10 2018年湖州市农产品加工业总产值情况

资料来源：根据2019年《湖州统计年鉴》整理。

(二) 湖州市农产品加工业分行业发展现状

1. 食品工业发展现状

食品工业是湖州市的传统产业,近年来,湖州市食品工业存在波动。2014年,湖州市食品工业产值142.49亿元,占农产品加工业总产值的比例为10.43%。2016年,食品工业产值达到峰值,为185.39亿元,此后逐年下降。2018年,食品工业产值为151.17亿元,占农产品加工业总产值的比例为11.66%,如图3-11所示。

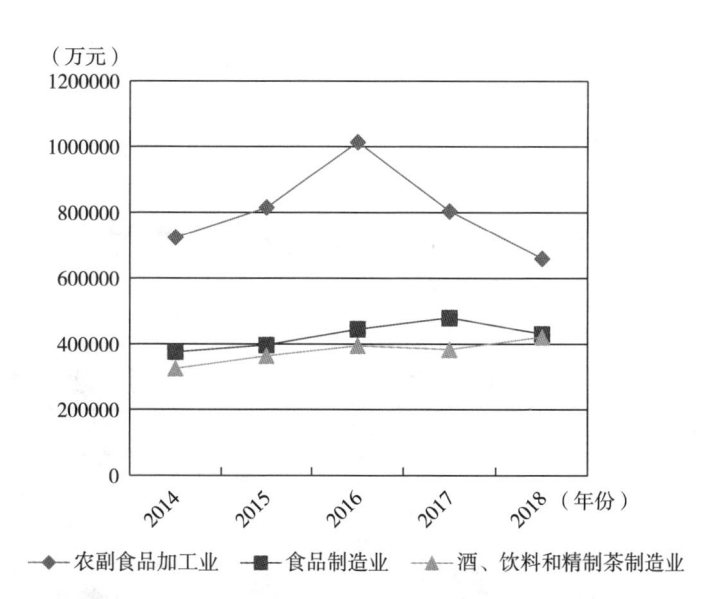

图3-11 2014—2018年湖州市规模以上食品工业产值情况

资料来源:根据2015—2019年《湖州统计年鉴》整理。

2. 纺织工业发展现状

纺织工业是湖州市传统优势产业和重要民生产业,在经济发展中发挥了重要作用。织里童装产业已经成为全国知名、浙江省最具特色和活力的产业集群之一,织里镇也已成为全国最大的童装生产和销售地。近年来,湖州市重视供给侧结构性改革,传统纺织行业向现代纺织制造业转型。2014年,湖州市纺织工业产值676.81亿元，占农产品加工业总产值的比例为49.54%。2016年，纺织工业产值达到峰值，为717.78亿元，此后逐年下降。到2018年，纺织工业产值下降到504.02亿元，占农产品加工业总产值的比例为38.86%，如图3-12所示。

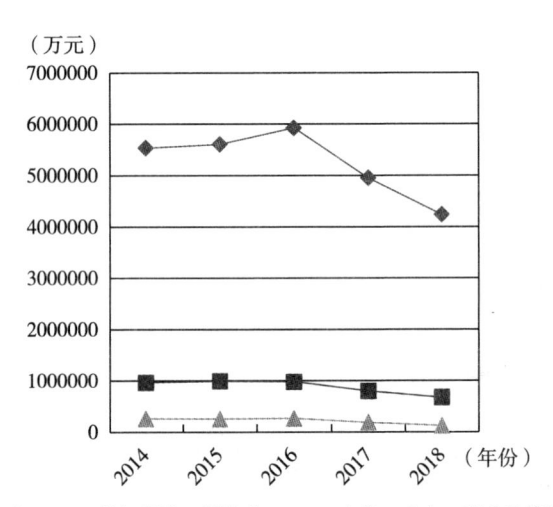

图3-12 2014—2018年湖州市规模以上纺织工业产值情况

资料来源：根据2015—2019年《湖州统计年鉴》整理。

3. 木材工业发展现状

木材工业是湖州市的传统优势产业，南浔木业、安吉椅业等都成为湖州市重要的产业集聚地，在浙江省乃至全国都有一定影响力。近年来，湖州市木材工业加速转型升级，开始向绿色家居制造业转型升级。2014年，湖州市木材工业产值409.12亿元，占农产品加工业总产值的比例为29.94%。此后湖州市木材工业产值逐年增长，到2018年已经增长到463.06亿元，占农产品加工业总产值的比例为35.70%，如图3-13所示。

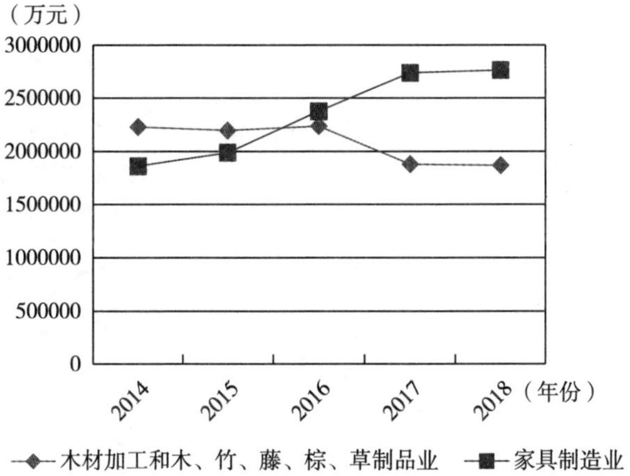

第三章　湖州市农业绿色转化

(万元)

图 3-13　2014—2018 年湖州市规模以上木材工业产值情况

资料来源：根据 2015—2019 年《湖州统计年鉴》整理。

4. 纸品工业发展现状

随着"两山"理念的深入践行，湖州市对环境保护越来越重视，对于造纸行业等行业中存在的环境问题开展整治，"关停淘汰一批、整合入园一批、规范提升一批。"努力做好产业转型升级、打响生态名片。湖州市制品行业通过近几年的整治，开始步入健康、规范和可持续发展的轨道。2014 年，湖州市纸品工业产值 59.57 亿元，占农产品加工业总产值的比例为 4.36%。此后逐年增长，2018 年纺织工业产值增长到 73.22 亿元，占农产品加工业总产值的比例为 5.65%，如图 3-14 所示。

5. 橡胶工业发展现状

湖州市橡胶工业在农产品加工业中所占份额不多，相对而言不是湖州市的主导产业。近年来，湖州市橡胶工业发展相对稳定。2014 年，湖州市橡胶工业产值 78.30 亿元，占农产品加工业总产值的比例为 5.73%。2018 年，纺织工业产值增长到 105.43 亿元，占农产品加工业总产值的比例为 8.13%，如图 3-15 所示。

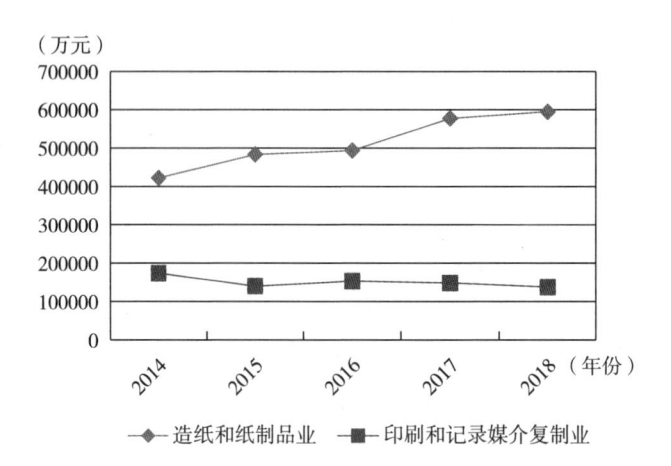

图 3-14　2014—2018 年湖州市规模以上纸品工业产值情况

资料来源：根据 2015—2019 年《湖州统计年鉴》整理。

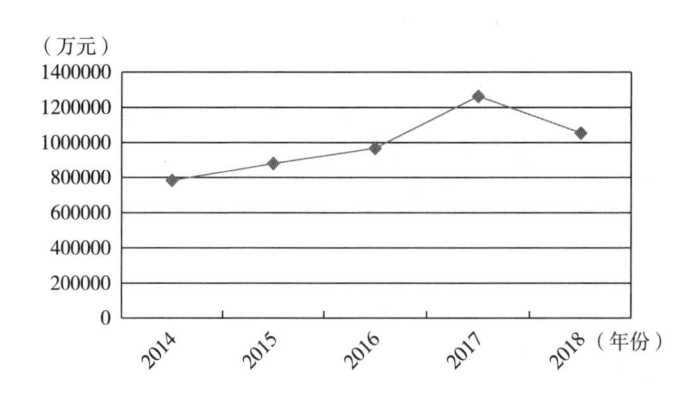

图 3-15　2014—2018 年湖州市规模以上橡胶和塑料制品业产值情况

资料来源：根据 2015—2019 年《湖州统计年鉴》整理。

二　湖州市食品工业绿色发展

（一）湖州市食品工业发展现状

目前湖州市食品加工业包括三类子行业：农副食品加工业，主要涉及竹笋、水果蔬菜等农副产品加工；食品制造业，主要涉及休闲食品、速冻食品、营养食品、调味品等食品制造；酒、饮料和精

第三章 湖州市农业绿色转化

制茶制造业，主要涉及酒水、饮料食品制造，茶叶加工制造等。2018年，湖州规模以上食品企业共122家，完成营业收入162.11亿元，利润总额达11.32亿元，与2013年第三次全国经济普查相比较，企业家数增长25.80%，企业营业收入增长18.30%，利润总额增长11.90%，产业规模不断壮大。食品加工业已经成为社会财富的重要创造者、税收的重要来源、品牌打造的有效载体和社会责任的重要承担者，为湖州市经济社会发展做出了重大贡献。食品加工业的发展，对当地区域经济的发展和农民脱贫致富发挥了重要作用，并已成为吸纳农村剩余劳动力就业的主体之一。

1. 农副食品加工业发展现状

2014年，农副食品加工业的产值为72.36亿元。到2016年达到峰值，为101.37亿元，然后开始逐年下降。到2018年，产值已经下降到65.98亿元，相比2014年下降幅度为8.83%。2014年，规模以上农副食品加工业企业单位数为53家，全年实现利润15242万元，全部从业人员年平均人数4439人。到2018年，规模以上的农副食品加工业企业单位数为62家，全年实现利润27508万元，全部从业人员年平均人数为5351人（见图3-16）。相对而言，从2014—2018年，农副食品加工业产值在减少，但利润却未下降，反而在增长；同时，从业人员也在增长。

2. 食品制造业发展现状

2014年，食品制造业的产值为37.59亿元。到2018年，产值已经上升到43.04亿元。但食品制造业的利润和从业人员却在波动中增长。2014年，规模以上食品制造业企业单位数为32家，全年实现利润40742万元，全部从业人员年平均人数3935人。到2018年，规模以上的农副食品加工业企业单位数为37家，全年实现利润27759万元，全部从业人员年平均人数为4524人，如图3-17所示。相对而言，从2014—2018年，食品制造业产值在增加，从业人员也在增长，但利润却在下降。

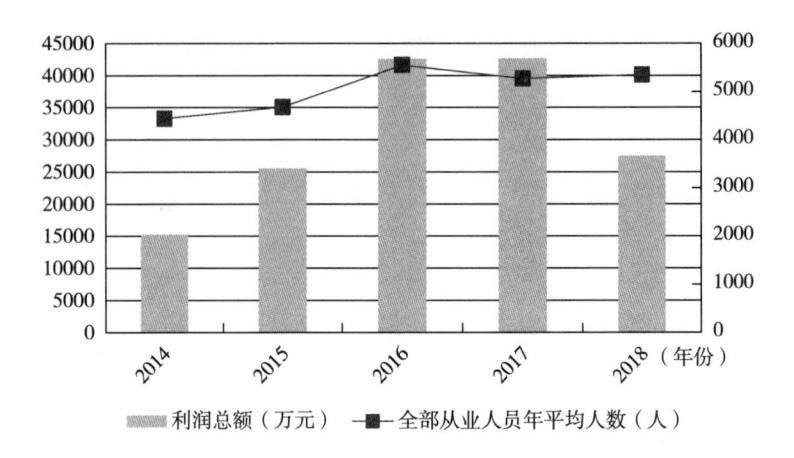

图 3-16 2014—2018 年湖州市规模以上农副食品加工业情况

资料来源：根据 2015—2019 年《湖州统计年鉴》整理。

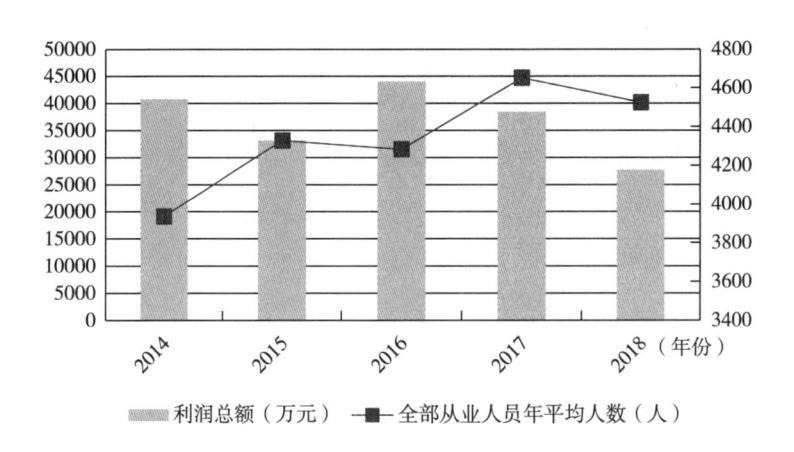

图 3-17 2014—2018 年湖州市规模以上食品制造业情况

资料来源：根据 2015—2019 年《湖州统计年鉴》整理。

值得一提的是，在调味品行业中，老恒和这个有着百年历史的老字号，在以令人惊叹的速度发展着。2014 年，湖州老恒和酿造有限公司在香港交易所成功上市，老恒和的料酒成为中国料酒产业领导品牌，湖州老恒和酿造有限公司也成为国内调味品行业的龙头企业。同时，在调味品的路上，湖州老恒和酿造有限公司未曾停下过脚步，在保持原有高质量产品的基础上，根据市场需求不断推陈出新，看准黄酒有助健身强体、延年益寿的好处以及黄酒在浙江省乃至全国的地位，推出厨用花雕黄酒，取得不错效果。

3. 酒、饮料和精制茶制造业发展现状

2014年，湖州市酒、饮料和精制茶制造业的产值为32.53亿元。到2018年，产值已经上升到42.16亿元。但酒、饮料和精制茶制造业的利润出现波动。2014年，规模以上酒、饮料和精制茶制造业企业单位数为19家，全年实现利润22078万元，全部从业人员年平均人数4122人。2017年，本行业出现利润大幅下降，全年利润为21949万元，相比2016年的利润38228万元，下降幅度达到42.58%。到2018年，规模以上的农副食品加工业企业单位数为23家，全年实现利润57903万元，相比2017年的利润总额，大幅增长63.8%，全部从业人员年平均人数为4034人，如图3-18所示。

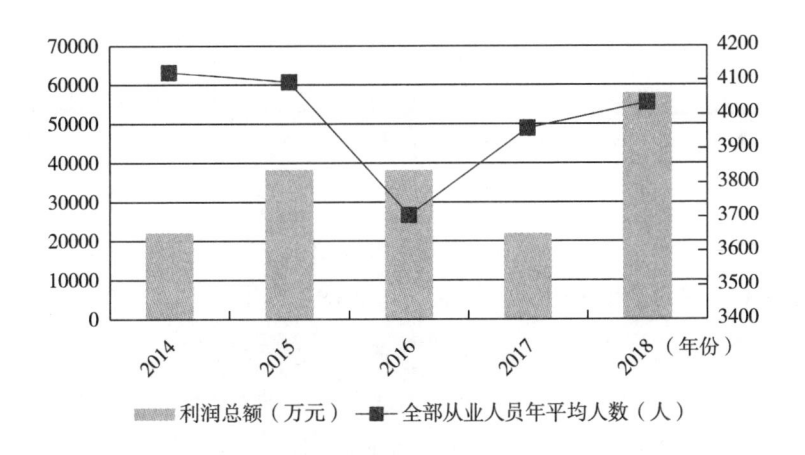

图3-18 2014—2018年湖州市规模以上酒、饮料和精制茶制造业情况

资料来源：根据2015—2019年《湖州统计年鉴》整理。

近年来，湖州市本土企业通过不断努力，涌现了一批消费者信赖的骨干企业，为湖州食品加工业的壮大打下基础。例如，香飘飘食品股份有限公司异军突起，连续多年销售领先，成为中国奶茶业发展最快的企业之一。同时，香飘飘食品股份有限公司注重品牌经营，在营销同质化的今天，产品创新成为食品行业一道亮丽的风景线。为应对品牌老化、线下奶茶店的冲击、产品淡旺季明显等困难，香飘飘近年来寻找转型突破，加快产品推陈出新的步伐，推动品牌年轻化。目前主打包括果汁茶，经典系列，好料系列和液体奶茶等四款产品，其中近年来新推出的即饮饮品果汁茶占总营收已超过40%，成为香飘飘第一大主营产品。除了本土企业以外，养生堂、麦吉士、波路梦、华味亨、兰芳园、祖名、思念等一些国内知名的食品企业纷纷涌入湖州，在湖州开办工厂，设置生产基地，给湖州食品行业的发展增添了新的发展动力，引领湖州市同类企业的发展，激发本土企业的创新创造活力，也给产业集聚打下了良好的基础。

（二）当前湖州食品加工业存在的问题[①]

1. 意义认识程度不足，缺乏明确的绿色发展思路

当前湖州市对食品加工业发展的意义认识不足，对发展食品加工业一直未能形成明确的思路，食品加工业发展的方向定位、行业选择、空间布局较为模糊，缺乏科学引导，单打独斗、散兵游勇式发展较为明显。通过与食品企业的深度交流，不难发现企业想发展想进步，却对企业未来发展缺乏进一步的思考和规划。

2. 行业集约化程度低，产业链配套不完善

湖州食品行业企业多数生产企业一方面规模小、层次低、分布散，大中型企业数量偏少，市场竞争结构离散，集约化进程缓慢，集约化程度不高，"小、弱、散"格局没有得到根本改变，抵御市场风险能力较差，竞争力不强；另一方面，缺乏贯通原料控制、产

---

① 国家统计局湖州调查队企业处：《湖州大力发展食品加工业的对策建议》，国家统计局湖州调查队网站，http://www.zjso.gov.cn/huz/zwgk_441/xxgkml/xxfx/dcfx/sdfx/201911/t20191104_94559.shtml。

品加工制造、产品包装、装备制造、安全控制、物流配送和终端销售等环节的完整食品加工产业链，没有形成"产—购—储—加—销"一体化全产业链经营的业态模式，产业链配套有待完善。

3. 科技创新意识薄弱，相关技术人才短缺

现有食品企业大都研发能力薄弱，配套装备相对落后。深加工产品意识差，新产品推出慢，档次低，对食品企业的废物综合利用研究创新较少，造成产品的科技含量、产品附加值低。如本次座谈会中的丁莲芳企业反映开发新产品成本高且失败率高，因此近几年都只生产固有品种，企业几乎没有推陈出新的新动作。随着食品企业的发展，高端人才缺乏以及技术进步不快等问题日益突出。食品加工业向高端化、健康化发展，高端技术人才的缺乏将阻滞企业发展的脚步。湖州奥奇公司反映企业近两年存在的主要问题就是招工难尤其是相关技术人才，企业今年计划招聘技术人员20人，实际入职仅4人。

4. 企业营销管理不强，要素资源集聚不够

湖州食品企业小而散，品牌杂乱，类型多样，但缺乏整体的包装策划和战略定位，打造当地特色食品的力度不够，绝大多数企业营销观念落后，品牌推介渠道和手段还比较单一，没有形成全方位、深层次和多样化的策划宣传模式。人才、资金、土地等发展要素资源集聚力不强，其中资金短缺尤为困扰。融资难、融资贵，食品加工业企业多为中小企业，因此融资难渠道窄问题愈发突出。大部分企业流动资金短缺，缺乏资金支持，靠小本经营，难以发展壮大，资金短缺严重制约了食品加工业发展进程，急需政府出台政策和金融部门的大力帮扶。

（三）加快湖州食品加工业绿色发展的对策建议[①]

目前，湖州市正处在重大战略机遇期、经济走势上扬期、高端

[①] 国家统计局湖州调查队企业处：《湖州大力发展食品加工业的对策建议》，国家统计局湖州调查队网站，http://www.zjso.gov.cn/huz/zwgk_441/xxgkml/xxfx/dcfx/sdfx/201911/t20191104_94559.shtml。

要素加速集聚期，经济发展的总体趋势已转向高质量发展的关键时期。为加快推进湖州市食品加工业发展，建议湖州市对食品加工业加大政策扶持力度，以龙头企业为引领加强集约发展，努力把湖州市传统老字号食品打造成为历史经典产业转型升级的示范和标杆，同时做好与绿色生态、全域旅游、"互联网+"等融合发展的文章，提高总体经济效益。

1. 加强宏观管理，完善规划体系

要重新审视湖州食品加工业的地位，明确发展定位，一是要制订食品加工业的发展战略和产业政策。统筹推进湖州市食品加工业发展，制订具体发展的规划，作为战略性指导，并严格按照规划执行。政府应重点制订食品加工业发展方向、搞好市场定位、决策重大项目、提供优势产业发展所需的公共资源。在重点园区建设、产业项目引进、生产要素供给、品牌培育保护、食品加工业循环发展等方面研究出台新的政策措施，推动湖州市食品加工业加快发展。二是要加大专项政策扶持。建议市委、市政府出台专项技改扶持奖励政策，进一步支持、鼓励企业在智能化生产制造装备、先进生产工艺应用、产品升级换代等方面的投入，并按照实际投资额度大小给予一定比例的奖励，为加快技术改造步伐、提高产品品质档次、提升运营管理质态、实现企业可持续发展推波助澜。三是要进一步加大用地、融资等要素扶持。近年来原材料、人工成本等不断上涨，这就造成了企业运营资金需求量成倍增加，使生产企业本来就不宽裕的流动资金变得更加紧张，因此很难有资金去发展壮大企业。建议市委、市政府能够出台切实可行的措施办法，帮助企业解决在企业规模扩大、新产品开发、项目改造、智能化生产投入方面出现的用地难、融资难的问题，对经过专业部门认证，具有发展潜力的好项目，在用地、融资方面给予大力支持。

2. 推进集约发展，培育行业龙头

优化空间布局，依托现有资源优势和初具规模的产业优势，借鉴外地成功经验，走园区带动的路子，从湖州食品加工业的发展基础和优势资源实际出发，统筹食品加工业园区（基地）布局。一是要立足优势、集群发展。有产业优势区域要充分发挥"香飘飘""老恒和"等龙头企业的带动作用，完善产业链；有自然资源特色优势的菱湖、安吉、长兴等地要依托特色资源，充分挖掘以鲜鱼、竹笋、水果等为原料的休闲食品开发；有生态优势的德清、安吉等地要依托山区县特点，扩大绿色蔬果种植基地，提升产品附加值。积极发展中小企业，培育做大做强龙头企业，在湖州市形成一批结构优化、布局合理、特色明显、优势突出的现代食品加工业园区或基地；有交通优势区域还可以发展食品物流为主，为制品企业运输做好配套。二是要提质增效、培大育强。按照扶优扶强、整合优势资源的原则，加大对重点企业，特别是产品附加值高、市场前景好、竞争力强的企业扶持力度。鼓励优势企业强强联合和有实力的龙头企业并购中小企业，积极培育和组建一批具有较强竞争力的，能够带领食品行业提质增效的企业。三是要整合资源、招引品牌。利用湖州市良好的营商环境优势、便捷的交通区位优势、良好的生态环境优势，加大招商引资力度，精准招商、以商引商，积极承接和引进一些国内外食品行业龙头企业来湖发展，壮大湖州市食品企业队伍，提高总体经济效益。

3. 加强人才建设，提供发展保障

企业的发展需要人才，企业的美好未来更需要每一位人才用心去创造，没有"人"才，"企"业就会停"止"。企业不仅需要敢闯市场、精通管理、高素质的经营管理人才，还需要业务精湛、技术熟练、素质优良、储备充足的专业技术人才和技能人才。为企业发展提供人才资源保障，是各级管理部门一项重要而艰巨的任务。一是要与高校合作，借智借力。深入落实人才强市政策，加强与高校和各大研究院合作，引进和培育一批引领湖州食品加工业发展的高层次人才，尤其是目前市场最热门的有机食品、绿色食品、健康食品等的种植、研发人才。二是要以人才市场为依托，缓解用工矛盾。当前人难招、人难用的问题已成为制约企业发展的顽症，众多生产企业由于受一线工人短缺的制约生产规模无法扩张，建议相关部门以人才市场为依托，对湖州市企业需求进行调研，全面了解湖州市工业企业人员需求情况，第一时间发布企业用工信息，全方位搭建人才信息系统，促使人岗相适、人尽其才。三是要优化软环境，吸引和留住人才。人才兴、则企业兴，人才是推动企业持续发展和管理创新的力量源泉。从企业层面，企业要充分发挥优势，不仅可以通过提高福利待遇、营造良好的工作环境、建立良好的企业文化氛围来留住员工，还可以向员工提供有价值的培训机会，给予良好的提升空间。从政府层面，湖州虽然拥有良好的生态环境和舒适的生活环境，但在住房问题、医疗保障、子女入学等方面还需提供更为完善的政策。

4. 优化发展环境，加强监督监管

良好的发展环境是企业茁壮成长的深厚沃土，是放飞创业创新梦想的载体平台，是社会主体自由驰骋的用武之地。良好的营商环境，不仅是吸引力、集聚力，也是创造力、驱动力，更是竞争力、生产力。一是要以"最多跑一次"改革为牵引，营造国内一流的营商环境。充分利用舆论宣传引导和监督作用，政府部门要及时转变角色，做到由"管理者"向"服务者"的转变，在依法办事的过程中，简化审批程序，提倡文明执法、公正执法，进一步优化环境、提供优质服务，包括物流、办事办证、信息、科技、培训、中介机构等方面，做到热情周到，最大限度地为企业提供服务和支持。进一步完善食品工业统计和信息服务制度，及时分析和发布产业发展信息，引导食品工业持续健康发展。二是要实施"互联网+"行动，建设湖州优势产品市场营销网络。利用互联网、云计算、大数据、物联网等手段，建立起湖州优势产品的市场营销网络，并逐步辐射到长三角地区乃至全国各地各类相关专业市场。湖州市应充分利用得天独厚的自然资源，地理环境优势，打响品牌，并在此基础上扩大经营业态，积极创建电子商务平台，通过电子商务这一"无形"市场，扩大湖州特色食品的影响力和竞争力。同时，行业协会或各级政府应多组织企业走出去，到各大展会上去宣传湖州的食品企业，让更多外地客商了解湖州的产品，赢得更大的市场。三是要重视食品安全，健全和完善食品安全监管机制。相关部门要根据《中华人民共和国商标法》《中华人民共和国产品质量法》等相关法律法规，加强对食品生产企业的原材料、生产工艺、加工过程和产品质量监督，加大对生产企业的检查及产品的抽检、公告、处理力度。依法打击不正规和不符合要求的食品企业，对存在质量问题的产品和不按管理规范去要求的企业，要坚决及时地加以处理，确保品牌企业的市场形象，切实保护消费者和企业的合法权益。

第四章 湖州市美丽乡村生态化转化

第一节 湖州市美丽乡村向美丽景区转化

一 美丽乡村向美丽景区转化的缘起与动力机制

（一）村庄景区化的缘起

浙江省第十四次党代会强调，"按照把省域建成大景区的理念与目标"，"大力建设具有诗画江南韵味的美丽城乡"，并提出"谋划实施'大花园'行动建设纲要"，"使山水与城乡融为一体、自然与文化相得益彰"。为深入贯彻落实省第十四次党代会精神，全面谋划全域旅游发展，加快打造"诗画浙江"中国最佳旅游目的地，浙江省召开了全域旅游发展暨万村景区化工作推进会。会议提出浙江省要大力发展全域旅游，实施万村景区化，到2020年要建成10000个A级景区村庄，其中，3A级景区村庄1000个。它的具体含义是10000个村达到"宜居、宜业、宜游"的美丽乡村的高标准，其中1000个村建设成为"美丽乡村"农文旅综合体，成为万村景区化建设的示范。①

为指导村庄景区化建设工作，浙江省颁布了《浙江省A级景区

---

① 顾益康、胡豹：《推进"万村景区化"实施"新千万工程"的建议》，《决策咨询》2017年第6期。

第四章 湖州市美丽乡村生态化转化

村庄服务与管理指南》及评定细则、管理办法等文件。① 文件明确指出 A 级景区村庄是以村庄、社区及其村民或居民生产、生活范围为核心，以自然景观、田园风光、建筑风貌、历史遗存、民俗文化、体验活动、特色产品为主要吸引物，具有一定公共服务设施及旅游配套服务的区域。对于其评价主要从旅游交通、环境卫生、基础设施与服务、特色活动与项目、综合管理和游客满意度调查评价6 个方面进行。推进万村景区化建设这一项"千村 3A 景区、万村 A 级景区"新千万工程是省委、省政府对习近平总书记当年提出和实施的"千村示范、万村整治"工程和"美丽乡村"建设的进一步深化，契合党的十九大建设美丽中国、实施"乡村振兴战略"的生动实践。

（二）美丽乡村景区化转化的动力机制

1. 政府是美丽乡村向美丽景区转化首要推动力

乡村景区化建设任务比自然景区、城市公园建设更艰巨，农村在资金、技术、人才等方面都不占优势，仅凭农民、乡村自身难以解决。在乡村景区化建设中，政府应该是动力源和关键性的外部推动力。要强调政府在乡村景区化建设中的责任，并准确定位角色，特别是在乡村景区化建设的起始阶段，政府起到至关重要的作用。湖州市在美丽乡村创建阶段，对于评选出的美丽乡村由市、县（区）两级财政各支出 300 万元，这笔资金成为改造提升美丽乡村建设的政府引导性资金，既支持了美丽乡村的建设又起到带动示范效果。政府需要完善美丽乡村的水、电、公路、网络等基础设施，从而提升美丽乡村的硬件条件；美丽乡村建设要具有持续生命力，需要累积生产要素，发展生产，政府可以通过减税、免税、给予用地指标、优惠的水电价格等形式，鼓励社会资本投资农村，促进乡

---

① 参见浙江省旅游局、浙江省农业和农村工作办公室《浙江省 A 级景区村庄服务与管理指南》及评定细则、管理办法和申请评定表（浙旅规划〔2017〕104 号）。

村旅游业态发展。乡村景区化建设不仅需要资金、人才和技术，还需要规划与相关制度，这就要求政府积极参与乡村景区化建设，出台相应的制度为乡村景区化建设保驾护航，制订乡村发展规划，完善村庄规划、业态规划、环境规划、景区规划、旅游规划。简言之，政府是推动村庄景区化建设的最重要的外部推动力，在当前阶段，没有政府参与的乡村景区化建设是不现实的。

2. 经济利益是村庄景区化的市场原动力

在社会主义市场经济条件下，经济利益是市场主体追求的目标，乡村景区化建设要具有吸引力，也需有利可图。乡村景区化建设要求农村生产方式、生活方式尤其是人的生态意识转变，形成农村经济社会发展与农村生态环境协调发展的可持续发展模式。乡村景区化建设将有助于缓解农业、农民和农村面临的压力，带动农村经济发展，促进农民增收，而农民因受益将支持乡村景区化建设，这是一个良性、动态的循环。因此，乡村景区化建设不仅要保障农民有关利益，而且更要确保包括农民在内的相关利益持续增长。经济利益是乡村景区化的市场原动力，受损或者无利可获必将导致乡村景区化建设难以持续。重视乡村景区化建设，不断优化了乡村的生态环境，促进农家乐、民宿、乡村休闲旅游等生态产业快速发展，也吸引了区域外的社会资本和外资，从而进一步促进了乡村景区化建设。

由于浙江省、湖州市较早进行美丽乡村创建，"三农"问题并没有像大多数省份那样成为社会难题，而是形成城乡统筹、和谐发展的良好局面。美丽乡村建设向美丽景区转化必将促进村级集体经济收入增长、村民可支配收入增加、生态经济部门就业增加、村民多方面受益，美丽乡村建设与美丽景区建设、美丽经济建设良性循环发展。

3. 生态自觉是村庄景区化建设的可持续向心力

生态自觉是村庄景区化建设最理想的动力。但当下和较长时期

第四章 湖州市美丽乡村生态化转化

内,我国农村生态自觉意识仍较低,生态自觉在村庄景区化建设中所起作用有限。因此,在村庄景区化建设的初期阶段注定需要政府的积极推动,然后不断促进生态意识的提升,最终形成生态自觉力,这才是村庄景区化建设最终取得成功的关键。增强生态意识应该通过利益机制引导和宣传教育方式相结合,不能唯利是图,更不能只讲精神而忽略物质利益,如此,生态意识的提高才有基础。要对农民进行必要的生态文明知识教育,使生态文明理念默化于心、潜化于行;同时,完善村庄景区化建设的规章制度,使之成为生态文明建设的制度保障。村庄景区化是实实在在的经济利益,要让农民意识到村庄景区化建设不仅可以改善生态环境,而且还能增加农民收入,完善农村基础设施,降低城乡差距,实现城乡统筹发展。当前,"绿水青山就是金山银山"理念已经深入人心,经济生态化、生态经济化已经成为实实在在的致富实践。农民生态意识的提高直接源于良好的"绿水青山"带来的"金山银山",这进一步强化了农民对村庄景区化建设的认可,于是生态自觉意识在不知不觉中增强。

二 湖州市美丽乡村向美丽景区转化的基础

湖州市经过十多年的"千村示范、万村整治",为村庄景区化建设打下了比较扎实的基础。从湖州实践看,实现了农村保洁和生活垃圾收集处理全覆盖、农村生活污水收集处理全覆盖,可谓是进行了一次农村环境卫生革命。近年来,湖州市"三改一拆""四边三化""五水共治"等组合拳的有力出击,使农村面貌发生了巨大变化。

1. 农村人居环境整治

2019年,湖州市为全面提升城乡人居环境质量,进一步优化城市市容市貌和维护美丽乡村品牌形象,全力打造新时代农村人居环境样板地,从6月21日到9月底,大力开展城乡人居环境大提升"百日攻坚行动",重点做好"十个再",即垃圾再清理、堆物再清理、乱建再清理、河塘再清理、农村生活垃圾分类处理水平再提高、生活污水治理能力再提高、基础设施完好状态再提高、住宅小区居住环境再提高、工地扬尘治理水平再提高、户外广告设施标准再提高。

2019年"百日攻坚行动"分三阶段。第一阶段是6月21日至8月底的大排查阶段。湖州市按照不留死角、不留盲区的要求，通过网格化巡查和遥感影像排查相结合的办法，对湖州市域范围的环境问题进行全面排查。第二阶段是7月开始至9月上旬的整治提升阶段。重点对照问题清单，以行政村（社区）和相关责任部门、单位为主体进行全面整治、全力提升，集中整治垃圾乱倒乱扔、杂物乱堆乱放、空间乱搭乱建、河道水体乱排乱污等问题，全面提升各类环保设施、基础设施、服务设施完好率和运行维护管理水平。第三阶段是9月中旬到9月底的巩固完善阶段。围绕有制度、有标准、有队伍、有经费、有督查，建立健全卫生保洁、绿化养护、设施运维、拆违控违、水体治理等长效管理机制，明确维护环境的责任和义务，实行"门前三包"制度，确保湖州市常年保持干净、整洁、有序。经过"百日攻坚"，湖州市共遥感排查1022个村社，清理垃圾20.45万吨，清理杂物17.79万吨，拆违拆旧116.3万平方米，实现了"一个月有改观、两个月见成效、三个月大提升"的目标。

为巩固人居环境大提升"百日攻坚行动"成果，确保美丽乡村建设持续走在前列，湖州市于2019年1月出台《湖州市关于建立健全全新时代农村人居环境长效管理机制的指导意见》，提出了"干部包片、党员联户"制，"门前三包"责任制，"每周一小时"劳动制，市县乡逐级督促检查制，"红黑榜"亮晒比拼制，民主监督制，"绿色积分"兑换制，美丽乡村摘牌制，评先推优挂钩制和绩效奖金等挂钩制10个方面制度建设的指导意见。

第四章　湖州市美丽乡村生态化转化

2. 美丽乡村建设不断升级

湖州市主导制定了全国首个美丽乡村建设国家标准，颁布实施全国首部地方性美丽乡村建设法规——《湖州市美丽乡村建设条例》[①]，将美丽乡村建设纳入法制化轨道。以美丽乡村一般村、扩面村、精品村创建为抓手，实现市级美丽乡村建设全覆盖。2018年，湖州市建成市级美丽乡村31个、覆盖率达94%，市级美丽乡村精品村完成验收49个，美丽乡村示范乡镇完成验收9个，长兴县获评第三批省美丽乡村示范县。

美丽乡村建设进程大幅加快，人居环境改善力度加大。2014年，湖州市在浙江省率先启动了农村生活垃圾减量化资源化分类处理试点工作，通过城市处理中心覆盖一批、小城镇整治带掉一批、村级建站完成一批的方式，湖州市农村生活垃圾分类宜建村已全面推进。到2016年，所有行政村生活垃圾得到无害化处理，生活污水处理农户覆盖率达到57.90%，农村无害化卫生厕所普及率达到92.70%，92.30%的行政村建有水冲式公共厕所；村庄绿化优美，村庄绿化覆盖率达到47.40%；农村生态环境良好，农业生产废弃物综合利用水平高，畜禽粪污综合利用率和主要农作物秸秆综合利用率达到93.90%以上。这些指标都要大幅好于全国平均水平，如表4-1所示。湖州市乡村人居和农村生态环境好于全国平均水平，已经达到一些发达国家的水平，这是湖州持之以恒实施美丽乡村建设所取得的重要成果。2017年，湖州市入选首批国家生态文明建设示范市。进入2018年，湖州市继续大力推进农村生活垃圾分类处理工作，农村生活垃圾减量化资源化无害化分类处理覆盖率达到78%，垃圾集中收集实现全覆盖；深化农村"厕所革命"，全年完成农村公厕改造2151个，无害化卫生厕所普及率达

[①] 《湖州市美丽乡村建设条例》，2018年12月29日湖州市第八届人民代表大会常务委员会第十六次会议通过，2019年3月28日浙江省第十三届人民代表大会常务委员会第十一次会议批准。

到98%。

表4-1　　　　　　　　　2016年湖州市农村环境情况

指标	湖州市	全国水平
生活垃圾无害化处理的行政村比例（%）	100	65.00
生活污水处理农户覆盖率（%）	57.90	20.00
农村无害化卫生厕所普及率（%）	92.70	60.50
有水冲式公共厕所的行政村比例（%）	92.30	20.00
村庄绿化覆盖率（%）	47.40	20.00

资料来源：根据第三次全国农业普查数据公报、湖州市第三次农业普查主要数据公报等整理。

围绕"清丽苕溪、醉美湖漾、活力溇港、诗画水乡"的格局，湖州全力实施重点水利工程、中小流域整治和农村河道治理，在确保河湖安全的前提下，坚持公路与堤防结合、水利与旅游融合，重点强化地域文化的挖掘、绿化景观的提升，把河湖两岸建成绿色生态、舒适便捷、共建共享的滨水开放空间。近年来，湖州累计完成河道综合治理1000余千米，完成河湖库塘清淤5000万方，完成创建美丽生态河道1000条（个），市级美丽河湖7条，省级美丽河湖两条，在浙江省率先消除市控劣Ⅴ类和Ⅴ类水质断面，成功跻身首批全国水生态文明城市。

近年来，湖州全面开展"打造整洁田园、建设美丽农业"行动，全力推动农业要素与旅游、文化、教育深度融合。以湖州市446个现代农业园区为基础，重点提升和休闲农业紧密相关的特种水产、蔬菜、水果、茶叶、花卉苗木五大优势产业园区，建成一批农旅、渔旅、花旅、果旅结合的休闲农场，培育时尚消费、高端消费新业态，吸引更多城乡居民欣赏美丽田园风光、体验农耕乐趣。目前，湖州创建全国休闲农业与乡村旅游示范县3个，中国美丽休

第四章 湖州市美丽乡村生态化转化

闲乡村6个，中国美丽田园两个，打造田园景观点300多个。发掘和保护了一批具有生态特色的文化自然村落，既初步恢复了原有的自然生态，接续了传统文化，又展现了许多现代文明，不少村庄有了小景区的样子。2019年上半年，湖州市休闲农业接待游客1594万人次，同比增长20.62%；实现营业收入28.55亿元，同比增长32.35%。

近年来，湖州以户为最小单元，以庭院为工作面，以家庭（庭院）美化、绿化、洁化为目标，全面开展"五美"庭院（庭院设计布局美、杂物摆放整齐美、清洁卫生环境美、种树栽花绿化美、户户创建和谐美）、美丽乡村样本户和示范户的创评。湖州市累计建成各级美丽庭院23万户，在此基础上，致力于串珠成链，着力打造26条美丽庭院示范带，呈现多点突破、全面开花的美丽庭院发展格局。同时，推进美丽庭院内涵式发展，形成了安吉县"院有花香、室有书香、人有酿香、户有溢香"的美丽庭院、德清县"清洁美、整齐美、布局美、绿化美、家风美"等一批美丽庭院特色品牌。

三 湖州市美丽乡村县美丽景区转化的实践探索

（一）湖州市美丽乡村景区化转化现状

湖州市按照统筹规划、体现特质、全域推进、提升质量要求，大力实施新时代美丽乡村建设行动，全面提升生态宜居的农村环境，全力打造浙江省"大花园"中的湖州"大景区"。以全域美、处处美为要求，深入开展美丽乡村"四级联创"，全力打造浙江省"大花园"中的全域美丽标杆。截至2019年1月，湖州市三县二区共创建332个A级景区村庄，其中1A级191个，占比57.53%；2A级77个，占比23.19%；3A级64个，占比19.28%，如图4-1所示。其中吴兴区最少，只有53个，南浔区最多，达78个；德清县3A级景区村庄最多，为16个，并且主要集中在莫干山与下渚湖附近，其他县区的3A级景区村庄比较分散。景区村庄的建设使乡村主要街巷、街头广场、公园绿地等村容村貌得到了有效的改善与提升。长兴县虹星桥镇郑家村通过在村舍上绘制3D彩绘,成为远近闻名的3D彩绘村。有的村庄通过土地流转开发了基于乡村旅游、农业休闲的体验项目与活动。安吉县鲁家村经过景区村庄的建设改变了以前脏乱差的形象,2019年获得了联合国最高环境荣誉——地球卫士奖,美丽的鲁家村吸引众多投资者参与到其乡村旅游的开发与经营中。① 景区村庄的创建极大地改善了乡村环境,激活了乡村旅游文化,延伸了乡村旅游产业链,推进了全域旅游的发展。

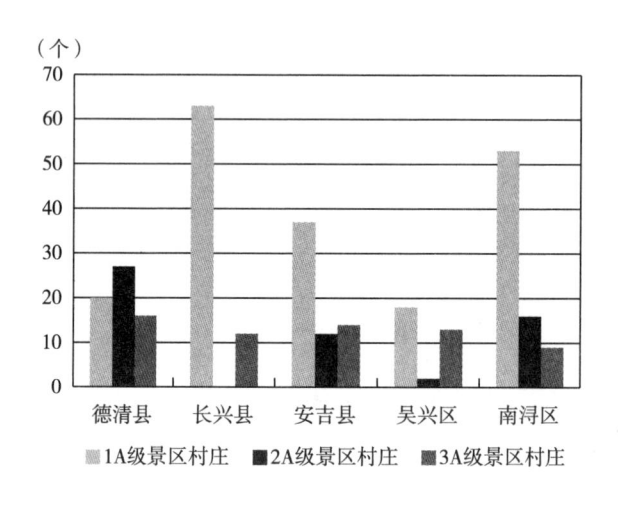

图 4-1 湖州市 A 级村庄情况

（二）湖州市美丽乡村景区化转化的实践

实施村庄景区化工程是全面践行"绿水青山就是金山银山"的绿色发展之路,牢固树立和贯彻落实"创新、协调、绿色、开放、共享"发展理念的重要举措,湖州市紧紧围绕"乡村旅游第一市,滨湖度假首选地"的发展目标,结合美丽乡村建设,整合区域资源,挖掘文化资源,创建发展机制,全面推进村庄景区化建设。

---

① 朱智:《景区村庄特色体验项目开发研究——以湖州市为例》,《湖北农业科学》2019 年第 19 期。

第四章　湖州市美丽乡村生态化转化

1. 制订创建方案

围绕全域旅游发展目标，按照《浙江省 A 级景区村庄服务与管理指南》和《湖州市关于加快 3A 级旅游景区建设与管理的实施意见》的总体要求，列入创建计划的村庄均要按照在创建前一年的 6 月前制订创建专项方案，明确村庄景区名称、范围、主体、政策、产品、特色、管理、安全、培训和创建进度等，通过创建方案指导创建工作。

2. 编制专项规划

根据村庄自身实际情况，均要在创建前一年的 8 月前按照创建标准编制景区村庄产业发展专项规划，明确村庄景区产业定位、空间布局、旅游业态，注重"乡情、乡土、乡愁"的传承与发扬，使当地特色与旅游深度融合，形成差异化、多样化发展格局，提升景区吸引力和品牌号召力。

3. 制订一套标准

根据景区村庄的自身基础和特点，由市旅游标准化技术委员会按照省级标准制定《湖州市景区村庄建设服务与管理指南》地方标准，对景区村庄基本条件、旅游交通、环境卫生、基础设施与服务、特色项目与活动、综合管理等进行规范。按照标准加强日常指导和监督，并实行复核制度，达不到标准的予以通报批评、降低或取消等级处理。

4. 丰富旅游元素

在村庄景区化建设过程中，贯穿旅游景区建设理念，注重统筹融合"吃、住、行、游、购、娱"等特色旅游产品和旅游元素，满足游客需求。逐步推动乡村景区串点连线成为精品旅游线路，全面打造乡村旅游村域集聚区。真正实现景区化、特色化、产品化、市场化、品牌化和产业化。加快乡村旅游业态培育，充分依托山水生态资源，加快引建优质文旅项目，加大财政奖补支持力度，以项目带动乡村旅游经济发展。对首次被评为国家级、省级、市级的乡村旅游集聚示范区，市财政最高给予一次性奖励50万元，对次被评为国家级、省级休闲旅游村的，最高给予一次性奖励5万元。截至2018年年底，已累计创建省、市级乡村旅游精品村56个，历史文化保护村落32个，建成美丽乡村景观线21条。充分挖掘A级景区村庄"一村一品""一村一韵"特色亮点，定期举办菰城文化旅游节、湖羊文化节、鱼文化节、樱桃采摘节、覆盆子采摘节等乡村节庆活动。

5. 推进项目建设

结合市场需求变化，在变资源为产品上下功夫，不断打造新产品，推进景区旅游产品的多元化、品牌化、体系化发展，逐步增加并提升景区食、住、行、游、购、娱各个环节的产品，延长产业链，培育景区新的经济增长点，延长游客逗留时间。3A级以上乡村旅游景区，要结合实际，每年确保1—2个改造提升项目，增加1—2个新产品。重点要加快十大乡村旅游集聚区向景区化方向发展，原则上集聚区中心区域都要打造为4A级以上旅游景区。充分考虑湖州桑基鱼塘、湖笔湖丝等特色文化资源，加速推进"十线十景十驿站"工程建设。把握乡村旅游地域特性，深挖A级景区村庄文化内涵，以特色文化打造主题文化场馆。围绕世界文化遗产——溇港文化，投入250万元资金完成崇义馆、古书老报陈列馆布展陈列；立足历史人文印迹挖掘，投入1.2亿资金启动潞村古村落"风貌整体改造工程"，挖掘慎氏家族及名人文化，修复慎氏祠堂、慎微之故居，打造文化旅游新名片。

6. 落实创建政策

依据《湖州市本级旅游发展专项资金管理暂行办法》出台促进村庄景区化政策，对于创建村庄在新农村建设方面给予政策支持，对村庄景区基础设施改造、景区管理方面有显著成效的，市县区要给予一定的资金支持和奖励以及用地的倾斜。原则上市农办、市旅委分别给予300万元和20万元的奖励补助。市、县区、乡镇、村要整合资源，出台促进村庄景区化的专项政策，全面构建四级村庄景区化建设政策体系，加快推进村庄景区化建设。

7. 提升景区管理

按照旅游企业"环境、文化、服务、品牌"四化建设的总体要求，健全景区质量安全、环境卫生、导游讲解、咨询投诉、统计分析、流量监测等规章制度，同时确保各项制度贯彻得力。4A级以上旅游景区设置旅游警务室、消费者维权中心，确保游客人身财产安全。强化景区管理人员及服务人员在安全、导游、卫生和服务等方面业务的全面培训；规范员工服务，要求举止文明，热情大方，服务态度优，效果质量好，并能针对不同客源群，提供个性化订制服务。

四 加快推进美丽乡村向美丽景区转化的对策建议

围绕打造"美丽湖州新高地"，聚焦农村美化，深入开展美丽乡村四级联创，着力健全城乡一体的规划体系、建设机制和环境提升机制，进一步丰富"美"的内涵、拓展"美"的范围、提升"美"的层级，大力建设具有诗画江南韵味的美丽城乡，打造浙江省"大花园"中的湖州"大景区"。

（一）多规合一，强化全域绿色美丽乡村规划引领

环境就是生产力、吸引力、竞争力和创造力，深入推进全域美丽建设。大力推进全域土地整治，突出规划引领，优化人居环境，强化美丽创建，走绿色发展之路。以第三次全国国土调查为契机，摸清家底，为编制规划提供重要基础。按照全面打造"大花园""大景区"要求，巩固提升"千万工程"和美丽乡村建设成果，高质量开展一体化规划，确保规划设计有品位、有深度，可实施、可落地。

强化全域绿色发展理念，加强各类规划的统筹管理和系统衔接，实现美丽乡村建设规划与土地利用总体规划、城乡空间布局规划、生态体系建设规划、基础设施建设规划、产业发展规划、社会事业

及公共服务发展规划的多规合一。加强全域村庄规划与土地利用、城镇体系、基础设施、产业发展等规划有机衔接，促进城乡空间布局合理、功能配套完善、产业集聚发展，完成三县两区全域乡村建设规划编制。完善市域总体规划，完善市—县区—中心镇—中心村规划体系，实现城乡空间布局、土地利用、生态建设、社会事业及公共服务发展等规划的统一，完成湖州市域乡镇总体规划编制。认真执行城乡规划编制审批、实施和监督检查等管理制度。

根据发展现状和需要分类有序推进美丽乡村绿色发展，重点对生态薄弱、相对贫困的村庄实施大推进战略，助其起飞；对具备条件的村庄，加快城镇基础设施和公共服务向农村延伸，实施就地城镇化战略；有序推进公共设施资源配置难度大、成本高的小型、分散自然村落向城镇或其他保留村归并。推进"美丽湖州"建设，形成以美丽公路、生态廊道为骨架，以山水资源、人文环境为底色的"美丽城市＋美丽园区＋美丽乡村＋美丽田园"空间形态，打造浙江省大花园战略样板区。

（二）扎实推进农村环境长效管理，持续改善农村人居环境

加快完善乡村现代化的基础设施和公共设施资源，改善乡村人居环境，使乡村拥有和城镇一样便捷完善的现代化生活条件。着力修复乡村自然肌理，再现田园风貌。扎实有效推进垃圾分类工作，杜绝"形象工程"，要确保从源头分类开始，到收集、运送，再到处理全过程的分类执行。不断完善农村生活污水处理工程，转变政府包办模式，让农村居民成为真正主体，让质量成为衡量标准，让农民对美好生活的需求内化为自觉行动。严控乡村"低、小、散"工业对村庄的污染，严禁城市工业污染向农村转移。加强农村环境监管能力建设，落实县乡两级农村环境保护主体责任。

推进生活垃圾分类处理，垃圾源头分类的村实现全覆盖。完善推广"一把扫帚扫到底""一家企业管到底"环卫管理模式，健全城乡生活污水治理长效机制。巩固河长制，基本形成水清岸绿、生

态良好、文景共融的河湖生态系统。统筹抓好治土、治固废等。巩固提升卫生县城和卫生村镇创建成果，深入推进"厕所革命"，推进农贸市场改造升级、背街小巷及乡村结合部环境卫生治理。

把山水林田湖草作为一个生命共同体，全面落实"大气十条""水十条""土十条"等措施。强化三条控制线的划定与执行，强化湿地保护与修复。深入推进生态创建，开展"811"美丽湖州建设行动，健全生态保护补偿机制，建成一批国家生态文明建设示范村镇，确保生态环境质量公众满意度继续走在浙江省前列。以实施"林长制"为抓手，深入推进绿化造林，持续提高森林覆盖率，在全国率先实现县级国家森林城市全覆盖。落实最严格的水资源管理制度，大力实施水利基础设施建设，全面推行水利标准化管理，深入挖掘湖州特色的治太、溇港、防风等水文化，基本形成洪涝可控、灌排高效、标化管理、良性经营的现代化水利设施体系。

（三）持续改善乡村人居环境，打造诗画江南样板

以"两山"理念为指引，根据每个乡村的自然禀赋、比较优势、区位条件和人文基础等，打造各具特色的美丽乡村。在大力弘扬传统文化的今天，要在建设乡村人居环境、创建A级景区村庄、规划建设美丽乡村示范带、历史文化村落保护利用的过程中，突出历史、人文等要素，打造"一村一景、一村一韵"，让深厚的历史文化底蕴重新焕发出诗画江南的风采。按照"产庄融合"、生态宜居的要求，从村庄建设向村域发展递进，变设施、环境、生态以及文化资源等为经营资本，大力发展适宜产业，集聚人气。

以小城镇环境综合整治和特色小镇打造为抓手，着力推进小城市培育和中心镇发展，打造一批绿色、智慧、人文的美丽城镇。持续推进美丽乡村建设"四级联创"，全域建设美丽乡村，建成精品村、3A级景区村庄120个左右，提升建设22条示范带。推进"浙北民居"示范建设，每个县区每年至少启动1个项目。

第二节　田园城市及实践探索

一　田园城市概述

（一）田园城市理论概述

1. 田园城市理论的产生

19世纪末，工业化革命极大地促进了城市化进程，农村大量的剩余劳动力涌入城市中心，使城市人口与用地规模急剧膨胀，导致市政基础设施不堪重负，住宅需求日益高涨，而城市居住生活环境却由于高速的城市化持续恶化，随之而来的贫富差距，环境异质，交通拥堵等城市问题随处可见，进而加剧社会矛盾。于是各种与城市问题相关的研究与实践得到政府及专业领域的关注与重视，正是在此背景下，英国社会活动家埃比尼泽·霍华德提出了关于城市规划的设想。霍华德在他的《明日的田园城市》（*Garden Cities of Tomorrow*）一书中认为，应该建设一种兼有城市和乡村优点的理想城市，他称之为"田园城市"。

霍华德不仅提出了田园城市理论，还倾尽毕生精力致力于田园城市实际建设，先后于1903年和1919年在英国建设世界上第一座和第二座真正意义上的田园城市——莱奇沃思（Letchworth）田园城和韦林田园城（Welwyn），开创了现代田园城市建设的先河。

2. 田园城市的含义与本质

霍华德明确提出田园城市的含义，田园城市是为健康、生活以及产业而设计的城市，它的规模能足以提供丰富的社会生活，但不应超过这一程度，四周要有永久性农业地带围绕，城市的土地归公众所有，由一委员会受托掌管。田园城市理论可以理解为是一个城市发展与乡村保护这两个问题的折中解决策略。它是寻求一种城乡间平衡，在追求效率的城市与追求生活的乡村间寻求一个平衡点。

它将"自然之美、社会公正、城乡一体"作为城市发展的核心，将社会、城市空间、城市组织管理作为城市发展的目标，倡导一种社会改革思想：用城乡一体的新社会结构形态来取代城乡分离的旧的社会结构形态。

霍华德设想的田园城市包括城市和乡村两个部分。城市四周为农业用地所围绕；城市居民经常就近得到新鲜农产品的供应；农产品有最近的市场，但市场不只限于当地。田园城市的居民生活于此，工作于此。所有的土地归全体居民集体所有，使用土地必须缴付租金。城市的收入全部来自租金；在土地上进行建设、聚居而获得的增值仍归集体所有。城市的规模必须加以限制，使每户居民都能极为方便地接近乡村自然空间。霍华德认为不论过去和现在使人口向城市集中的原因是什么，一切原因都可以归结为"引力"，他认为单纯城市化形成的"旧引力"对人口吸引导致的不健康不自然的人口分布及城市集聚，并认为必须建立"新引力"以克服这种"旧引力"，进而提出了"磁石理论"，认为田园城市是具有乡村、城市各自的优点的城市形态，其本质则是城和乡的结合体。田园城市是霍华德所设想并最终实现的"社会城市"的局部，也是第一步。他为田园城市设想的是一个可持续的未来，而不是单纯孤立的世外桃源。他相信城市气氛应该有密切联系的城市网络，但不是由城镇绵延区所构成。因此他描绘出一种不同于通常膨胀增长式的城市发展景象——有序而渐进地进行城市建设，随着时间的延续，结果是，不是一座单一的田园城市，而是这种城市的一个完整族群，每座田园城市提供各自的就业和服务，通过各种系统的联系，创造巨大城市里所有的经济机会和社会机遇，最终形成自由而合作的网络化"社会城市"。他的"社会城市"强调多个田园城市的平衡，突出一个中心就会失去其合理性，这就是他对田园城市的理想愿景与思想真谛。①

（二）田园城市理论在国内的研究与实践

1. 国内对田园城市理论的研究回顾

20世纪初，田园城市理论就已经被介绍到中国。1914年，陈玉润在《东方杂志》第10卷第7号的《内外时报》栏目发表《欧美改良都市农村说》一文，首次将田园城市理论介绍到国内。张维翰在译著中指出，"田园市之要素有四点：第一，田园市系按照一定计划建设而成；第二，田园市之大小有一定之限制；第三，周围须有农业地带环绕，借以永久保持田园风景；第四，土地须完全作为公有，或作为共有。"在他们看来，"田园新市之制度，实亦我国当今之急务"。2000年，金经元先生的译著《明日的田园城市》首次刊发，在译序中，对田园城市理论的基本概念作了详尽的解释，并指出我国田园城市理论重点应在于如何创建良好城乡关系以及城市协作，而非建设花园般的城市设计手法。我国学者在田园城市初步认识的基础上，开始研究讨论国外田园城市实践中的城市形态，包括功能布局、绿化系统、城市密度等。我国的田园城市从2010年开始进入了一个全新的时期，这个阶段我国的田园城市在结合国情的前提下融合了我国的传统文化，开始思考研究中国版本的田园城市。田园城市的实践也抛弃了简单的城市美化，转向了城市发展中各类空间协作、平衡。田园城市的实践推进为我国学者提供了探讨研究田园城市理念在我国现阶段进行应用的基础。学者们的观点涉及建设目标与原则、具体流程、评价指标与标准等各个方面，但总体来说还处于就案例论案例的阶段，并未形成理论性成果。目前，中国田园城市理论发展形成了以霍华德田园城市理论为基础，结合我国的现实状况融入了健康城市、生态城市、和谐城市等概念的

---

① 张彦芝：《德清县域建设现代田园城市的规划方法研究》，硕士学位论文，浙江大学，2012年。

"现代田园城市"的规划理念。①

2. 田园城市在国内的实践

近年来,随着快速城市化造成的"摊大饼"现象越来越明显,石家庄、郑州、太仓、嘉兴、衢州、琼海、喀什和成都等20多个城市提出要建设"田园城市"以实现城市高质量、可持续的发展。其中,成都市的"世界现代田园城市"建设具有起步较早、起点较高、推进较为有力、与经典田园城市理论契合度较高等显著特点。

成都市于2009年12月提出了"建设世界现代田园城市"的目标,并于2010年8月出台了《成都建设世界现代田园城市概念总体规划》,旨在形成多中心、组团式、网络化的城乡空间布局和人性化、生活化的城市空间结构,既有优美的田园风光,又具有强大的现代化功能,形成"青山绿水抱林盘,大城小镇嵌田园"的新型城乡形态。以该规划为引领,成都市开始着手田园城市建设。成都市的田园城市实践,形成诸多值得借鉴的经验。一是重规划,构建田园城市规划体系。二是分步走,将田园城市建设分解为三个阶段。第一步为近期目标,用5—8年时间建设成为"新三最"城市;第二步为中期目标,用20年左右的时间初步建成"世界现代田园城市",争取进入世界三级城市行列;第三步为长期目标,用30—50年时间基本建成世界城市,争取进入世界二级城市行列。三是城为核,确立交通先行、产业倍增、立城优城、三圈一体、全域开放的"五大兴市战略"。四是产城融合推进田园城市建设。将产业园区作为城市的特色功能区来统筹布局,同期规划产业新城和城市新区,同步推进产业项目建设和生活设施配套,同时形成产业聚集效应和人口承载能力。五是城乡统筹,使城市和乡村保持同步发展

---

① 张泽宇:《田园城市理论在亚洲的传播与实践》,硕士学位论文,北京建筑大学,2019年。

态势。①

二 德清县"国际山水田园城市"的实践

（一）规划先行，定位高远

德清县拥有农耕文明源头之一的良渚文明、瓷器鼻祖的青瓷文化，拥有耕读传家的古代儒家士大夫传统、幽静恬淡的隐逸文化，有以民间节会为代表的农村民间文化、采摘节和户外运动为代表的现代生态休闲生活方式，具备"田园"所需要的文化元素。茶文化、桥文化、宗教文化、游子文化等也都与"田园"有着不可分割的联系。从人文来看，"田园"能够有效概括德清县的"游子故里""休闲""名山湿地古镇""中国和美家园""丝绸之府、鱼米之乡、竹茶之地、名山之胜""江南水乡"等人文元素。

2011年，德清县人民政府发布《德清县国民经济和社会发展第十二个五年规划纲要》，提出了"打造现代田园城市"的奋斗目标，并提出推进"一城三基地"建设："一城"，即具备科技之美、人文之美、山水之美，产业高端化、生态高质量、生活高品质的"三美三高"的现代田园城市。"三基地"，一是以创新孵化为核心，产学研紧密结合的创新创业基地；二是以高新技术产业和都市型工业为支柱，高端化、都市化发展的先进制造基地；三是以休闲人居为内涵，体现生态、人文魅力的品质生活基地。"现代田园城市"不同于传统农村，也不同于传统工业城市，只有进入工业化中后期、服务加速发展的区域才能建设。作为杭州都市经济圈紧密层的首位县和杭州都市区的重要组成部分，"现代田园城市"的定位，体现德清县强劲的综合实力。

德清县按照"一镇一品牌、一村一特色、一路一景观"要求，高起点编制《现代田园城市全域规划》《"中国和美家园"建设总

---

① 张宁：《田园城市理论的内涵演变与实践经验》，《现代城市研究》2019年第9期。

第四章 湖州市美丽乡村生态化转化

体规划》和西部环莫干山异国风情休闲景观带、中东部历史人文景观带以及各创建村规划。同时，德清县农村通过"两规合一"的实施和"中国和美家园"推进后，农村城镇化、农民居民化的水平进一步提升，使整个县域作为城市经营成为可能，具备"现代田园城市"的现实基础。德清县通过打造"现代田园城市"，呼应杭州主城区"东方休闲之都，生活品质之城"的发展定位，进一步发挥地缘优势、加快实现融合发展。

2016年，德清县人民政府发布《德清县国民经济和社会发展第十三个五年规划纲要》[①]，明确提出"着力建设国际化山水田园城市"，强调"以新型城市化为抓手，突出底线思维，深入实施主体功能区战略，推进'多规合一'，实现人口经济和资源环境空间均衡"。建立"中心城市、特色小镇、美丽乡村"的城乡协调发展格局，统筹推进交通、信息等基础设施建设，提升城市治理能力，推动"智慧德清"建设，打造城乡一体、三生融合的美丽德清。2016年德清县委第十四次党代会将"国际化山水田园城市"上升为县域发展定位。

近年来，德清县在美丽城镇、美丽田园、美丽乡村建设和实施乡村振兴战略过程中，既注重城市繁华、现代气质，又不忘田园村落、渔歌唱晚。看得见山，望得见水，记得住乡愁的美景四处可见。通过理念引领、蓝图坚守、改革撬动、全民参与，已经树立了基准地、样本地、首创地、示范地等形象地位。2019年，中国"十大田园"城市出炉，德清县位居首位，彰显了城乡一体、自然生态、历史文化和现代城市魅力交相辉映的国际化山水田园城市面貌。

---

① 参见《德清县国民经济和社会发展第十三个五年规划纲要》，德清县人民政府网，http：//www.deqing.gov.cn/。

案例：

"田园德清·博览中国"
庆祝农民丰收节活动暨首届美丽中国田园博览会

2019年9月23日，秋分节气，正是稻谷飘香、分享丰收喜悦的好时节。以"田园德清 博览中国"为主题的农民丰收节活动暨首届美丽中国田园博览会，在德清县下渚湖街道田博园成功举办。

首届美丽中国田园博览会是全国首个以全县域、实景化集中展示田园城市、休闲农业、乡村旅游、地域文化、农业科技、美学景观等精华元素的新型多功能专题博览会。活动期间，1个主会场、6个主题园、66个精品园区组成的"1+6+66"全域办节体系，多角度、零距离展示德清全域美丽。首届田博会成为一场展示乡村振兴战略实施成果的盛会，成为一场德清展示"美态、绿态、业态、活态"为特色的农业会展盛宴，是展示德清"国际化山水田园城市"新魅力的一张"新名片"。

首届田博会上，德清获得"十佳田园城市"称号。这得益于近年来德清积极建设"县域大景区"，得益于走城乡融合发展的特色之路，推动"农业+旅游"深度融合。北京大学中国农业政策研究中心主任黄季焜认为"德清乡村振兴之所以独树一帜，是因为德清承担了30多项省级以上'农字号'改革。这些改革，盘活农村沉睡资源，为'乡村振兴'注入活力。"德清是浙江"美丽乡村"的先行区和示范区。多年来，德清坚定不移走"绿水青山就是金山银山"之路，打造美丽乡村升级版，城乡收入比降至1.67∶1，走出一条特色"乡村振兴"之路。①

---

① 参见《首届美丽中国田园博览会昨在德清启幕》，浙江在线网站，http://gotrip.zjol.com.cn/201909/t20190924_11072711.shtml。

第四章　湖州市美丽乡村生态化转化

（二）城乡融合发展

德清县坚持协调发展，以国家新型城镇化综合试点为契机，深入开展城乡体制改革，全力做好中心城市品质化提升、小城镇特色化建设、美丽乡村升级版深化等三篇文章，统筹推进交通等基础设施互联互通，全面提升城乡建设品位，统筹城乡发展水平综合评价位列浙江省第8位，城乡融合走在浙江省前列，居湖州三县首位。新型城镇化有序推进，常住人口城市化率达到70.70%，户籍人口城市化率进一步提升。2018年，全县全体常住居民人均可支配收入44729元，比上年增长9.20%，城乡居民人均可支配收入之比为1.68∶1，低于浙江省平均城乡居民人均可支配收入之比（2.04∶1），更低于全国平均城乡居民人均可支配收入之比（2.69∶1）。

1. 美丽城镇

德清县在"十二五"期间，完成了县域总体规划完成修编，通过加强城市和村庄设计，建成了覆盖全域的四级城乡规划体系，组建了武康、舞阳、阜溪、下渚湖街道，"一主一副三组团"县域空间发展架构形成。"十三五"期间，德清中心城市将由原来的单中心城市形态，向"三区一湖"的组团式城市形态转型，重点加快推进城东新区、战场新区、临杭工业区和下渚湖的高水平开发。形成了以武康、乾元为中心城市，新市为副中心城市，中心镇和中心村四级的县域总体规划体系，整个中心城市形成了"三区一湖"（武康城区、站场新区、临杭工业区、下渚湖）总体结构的发展格局。中心城区有机更新，城东新区基本建成，城西旧城改造顺利推进，科技新城产城融合加快发展，塔山森林公园、体育中心、人防中心、青少年活动中心、德清展示馆等建成启用，县文化馆、老年和妇女儿童活动中心完成主体工程，顺利通过国家卫生县城复评，开展打造"全国最干净县"活动，城市管理精细化水平进一步提升，成功创建省文明县。

进入"十三五"期间，德清县进一步提升"三区一湖"中心城区品质。加快"三区一湖""南北双片"之间的互联互通和联动发展，加强下渚湖湿地、塔山森林公园"城市绿心"以及生态廊道建设，构筑形成绿色、协调的"山水田园城市"形态。主城区理顺镇改街道体制机制，加快推进城市有机更新，推进社区"幸福邻里"工程建设，大力实施旧城区和城中村改造，强化城市地下空间利用，加快完善和提升城市综合服务功能。重点是实施永安新区改造更新，强化武康中心区城市功能，进一步完善城东新区基础设施和配套服务，高水平推进高新区（科技新城）建设，加快高新区块"退二进三"、产城融合，并逐步与洛舍—方山特色片实现连片发展。乾元城区注重康乾新区与乾元老城区融合发展，全面提升服务功能和城市品位，加快推动乾元老城的复兴。重点是高水平推进浙江工业大学德清校区和康乾新区商贸商务服务建设，加快乾元老城区改造提升，完善和提升科技教育、旅游集散等高端服务功能。临杭新区要注重高新区（临杭工业区）与雷甸镇区融合发展，打造产城融合发展的产业新城。重点是加快完善高新区（临杭工业区）的路网等基础设施配套，强化雷甸镇区服务功能。下渚湖湿地风景名胜区突出生态保护、城市休闲和山水景观功能，有序实施保护性开发，推进下渚湖湿地公园的开发，加快塔山森林公园建设，加快推进开元森泊等重大旅游项目建设，逐步实现与湘溪—大竹山特色片一体化发展，"依山环湖、城在景中"的中心城市特色逐步显现。

着力"建设大交通、发展大物流、振兴大港航"。德清县是紧连杭州经济圈、交通核心圈的桥头堡，分享湖州市优越交通区位禀赋可谓首当其冲。铁路建设、路网结构、内河水运等方面都呈现了日新月异的变化。宁杭高铁德清站通车，走进"高铁时代"。一张以高铁和高速为引领，以国道和省道为框架，以村村通公路为补充的路网，让其区位优势得到前所未有的凸显。

城市服务功能不断强化，县图书馆、展示馆、生态文化馆、体育中心相继建成，县域公交、供水、污水、供气、垃圾处理等城乡一体的基础设施网络、"智慧德清"取得明显进展，基本公共服务均等化水平进一步提升，生产、生活、生态"三生融合"的城乡发展格局不断优化。城乡体制改革不断深化，农村产权制度、资源要素差别化配置、农村集体经营性建设用地入市等重点领域和关键环节取得有效突破，县域"多规合一"空间管控体系基本建成。

2. 特色小镇

按照省市特色小镇建设的导向要求，德清县全面推进小城镇特色化建设，努力将各镇建设成为产业特色鲜明、人文气息浓厚、生态环境优美的特色小镇。

新市小城市建设水平进一步提升。新市镇以省级小城市建设为重点，加快低效土地利用，优化城市空间环境，打造为带动县域东部及周边地区发展的综合性小城市，获评省首批千年古镇。莫干山镇入选首批中国特色小镇。莫干山镇强化莫干山片区与筏头片区联动发展，突出生态保护优先，不断完善旅游服务功能，打造德清民宿度假小镇。钟管镇以加快产业发展和提升城镇功能为核心，强调对基本农业的保护和水乡特色的营造，打造为东部水乡重要的现代化小城市。新安、禹越两镇进一步发挥申嘉湖杭高速和京杭运河等交通区位优势，强化两镇组团发展，打造为杭州都市经济圈北部各具特色的工业型城镇。全面推进省市特色小镇创建工作，高水平建设德清地理信息小镇、德清民宿度假小镇、德清通航小镇、德清钢琴小镇等特色小镇。

案例：

德清地理信息小镇

湖州市德清县地理信息小镇是全国首家以"地理信息"为概念的特色小镇。凭借良好的区位和优美的环境，重点引进卫星导航与位置服务、地理信息软件研发、装备制造等领域的大项目和高层次人才，优化对企业的各项服务，吸引了地理信息相关企业240多家，共同打造地理信息"达沃斯"小镇。

小镇规划用地面积5500亩。已经累计投资50多亿元进行基础设施建设，投入使用了52幢产业大楼，用作生产空间。建设了德清国际会议中心、展览馆、凤栖湖，以及树阵、花海等旅游景点，成功创建了国家AAA级旅游景区。配套建设了人才公寓，引进酒店、餐厅、电影院、酒吧、咖啡吧等商业项目，打造生活空间。小镇正在加快实现由政府主导向企业主导、市场化运作的转变。

小镇举办联合国地理信息大会，成为联合国主办的规模最大、级别最高、内容最丰富的地理信息大会，小镇也成为大会的永久会址。以地理信息产业集聚发展为核心，围绕打造国家级地理信息产业园以及国际地理信息交流合作中心、全国地理信息科技创新中心、全国地理信息大数据产业中心"一园三中心"，丰富文化、旅游元素，努力建成浙江省一流的特色小镇。

3. 美丽乡村

（1）美丽农业优势凸显。

德清县以《德清县现代农业"十三五"发展规划》《德清县人民政府关于加快发展休闲农业与乡村旅游的实施意见》为指导，坚持一张蓝图绘到底，坚持不懈把增加绿色优质农产品、增加美丽优质乡村休闲旅游康养产品供给放在突出位置，着力构建现代农业产业体系、生产体系、经营体系，抓好农业科技创新、农产品质量安全、农业旅游文明安全、农业产业平台建设、农业与山水田园城市品牌打造等工作。结合"五水共治"，德清县在全国率先全域治理渔业养殖尾水，养殖尾水层层净化后变清澈。德清农业坚持绿色发展统筹一盘棋思维，在绿色生产方面，大力推进生猪养殖污染整治、农业生产管理用房整治等工作，关停整治生猪养殖场 3700 多家，累计投入资金 5 亿元，完成农业生产管理用房整治 8000 多幢，累计投入资金 2 亿多元。创新实施"一根管子接到底"农村生活污水治理模式和"一把扫帚扫到底"城乡环卫管理模式，连续四年夺得浙江省"五水共治"优秀县"大禹鼎"和"大禹银鼎"，城乡垃圾收集覆盖率和生活垃圾无害处理率均达到100%。在乡村治理上，完善了法治、德治、自治"三治一体"基层社会治理模式，"乡贤参事会"荣获中国社区治理十大创新成果提名奖。绿色产业和主体方面，德清县建成了新港省级现代农业综合区等 36 家省级园区，培育了欧诗漫等 120 多家县级以上农业龙头企业和晓芳家庭农场等 370 多家家庭农场。绿色品牌方面，德清县大力开展"讲道德·更健康"诚信农产品工程，打响了"德清嫂"区域公用品牌，诚信联盟现有会员 140 家、诚信农产品示范基地 77 个。国家数字农业试点县通过部级评审，新市镇获评国家级粮油特色农业强镇，省淡水渔业智能农业科技园区成功创建，省农业现代化发展水平综合评价实现"四连冠"。在浙江省率先开展美丽田园建设，获评浙江省首批美丽乡村示范县。

（2）全面打造美丽乡村升级版。

早在 2015 年年底，德清县精益求精、精致为要、细节入手，实现了和美家园精品村创建全覆盖。在此基础上继续打造"美丽乡村升级版"，成功创建 14 个省级美丽宜居示范村、107 个市级美丽乡村，成为德清县的一张"金名片"。2017 年德清县全力实施美丽乡村升级工程，着力推进 10 条美丽乡村景观线、10 个精致小村、21 个精品示范村和 30 个提升村建设，并深化打造一批"美丽家园""美丽农户"，提出通过 3 年时间努力，全县 50% 以上村成为 A 级景区，其中 20% 村成为 3A 级村庄景区。建设精致小村和精品示范村，是德清县持续唱好美丽乡村建设中的主旋律。如钟管镇蠡山村作为精致小村创建村，今年成功创建 3A 级村庄景区，其中境内古桥纵横，让游客记起乡愁，比较有名的就是蠡山八景之一西施画桥，德清县境内单孔跨度最大的石孔桥茅山高桥，其他还有镇山桥、邵隆桥、安济桥、安福桥、天顺桥等；嵌在花草之间的游步道，古色古香的古婚俗文化街等精品设计，都成为了村庄景区化建设的亮点。如莫干山镇仙潭村，这个小村庄过去以发展毛竹、生猪、水果等传统农业为主，一半村民都在外务工，2013年起村里开展了环境专项整治，关停生猪养殖，在依山傍水的环境里发展起了乡村休闲旅游，经过几年的发展，村里的民宿生意非常红火。该村原来在家养殖300多头生猪的村民费建斌，拆除了猪棚，平整了土地后又在周边承包30余亩农田发展家庭农场，种植蔬菜和水果，并利用自有农房开办"竹中滋味"山庄，推出采摘、住宿、餐饮一体化服务，现在每到旺季一晚价格千元以上还一房难求。据统计，目前该村民宿经济经营户已经增加到125家，2016年接待游客12.4万人，营业收入1347万元，该村农民人均收入达到31000元。再如禹越镇以"水乡、蚕业、休闲农业"为特色的三林村，200亩大小的庙前漾，每到黄昏时分成群鹭鸟归林，一派田园好风光，形成了集旅游、采摘、垂钓等为一体的休闲观光农业，外来投资方慕名前来，已有不少项目落户，甚至吸引了总投资2840万元的大项目落户，目前万鸟园、尚书广场、游客中心等12大工程、29项建设内容已经全面推开。这样的例证在德清县比比皆是。包括蠡山村、东衡村、联合村、宋市村等10个精致小村，不仅生态环境要优美，还要求全面发展有个性和文化内涵、产业高度融合、乡风文明和谐、辐射带动能力强，并争取创建3A级及以上的村庄景区。打造"点上出彩、线上成景、面上提升"点线面结合的新型美丽乡村格局。筛选一批自然生态好、村庄风貌佳、文化底蕴深、具有发展乡村休闲旅游业潜力的行政村，对村庄进行景区化改造、对产业进行景观化提升、对设施进行旅游化设置、对人文进行体验式发掘，努力打造各具特色、具有示范引领作用的魅力乡村精品示范村，力争到2020年建成率达25%。

（3）美丽乡村向美丽经济转化。

德清县在美丽乡村建设中是最早提出和实践"美学农业""美学田园"理念的县域，是全国休闲农业与乡村旅游示范县，成功举办2015国际乡村旅游大会，出台《德清县人民政府关于加快发展休闲农业与乡村旅游的实施意见》，并专门制订《德清县休闲旅游发展"十三五"规划》，鲜明提出了"美丽田园""美丽农业""美丽乡村"三位一体新概念和打造"中国国际乡村度假旅游目的地"和"洋家乐"诞生地品牌的高端定位，2016年开始的美丽田园建设，已完成美丽农业蚕乡古镇、精品渔业、防风湿地、异国风情等4条示范带和多个重点现代农业园区建设。德清县中东部历史人文、蚕乡古镇、防风湿地、水梦莕溪等也都各具特色，把一个个美丽乡村串成了一道道美丽风景。今日德清，一个个美丽乡村串点成链，散发着独特的魅力。德清县精品民宿群发展在全国有口皆碑，在约600多家乡村民宿中，实现标准民宿全覆盖，经认定挂牌的精品民宿占比30%以上，优品民宿占比65%以上，一批集乡村高端民宿、农业园区观光、农业遗产展示、创意农作示范、乡土美食品鉴、农村生活研修、农业节庆体验、农业科普教育和户外山地运动等为一体的休闲农业与乡村旅游示范项目正在陆续建成。目前年接待游客正在攀越1000万人次，年休闲农业与乡村旅游收入正在攀越100亿元大关。从整体发展水平看，德清县以绿动人，以美感人，是全国休闲农业与乡村旅游的领头羊之一。德清县农业与乡村旅游资源多、景点多，经典也不少，但也存在点比较分散、缺乏关联度等问题。2019年，德清县举办首届田园博览会，按照全域旅游和"大田园综合体"理念集中打造，既有利于聚沙成塔、十指握拳，将分散资源、景点聚为一塔，捏成拳头，产生更强的集聚效应、拳头效应，又有利于德清县面向浙江省、全国乃至世界，引入农业旅游休闲新资源、新亮点，演绎中国田园城市、美丽田园、农业公园和田园综合体发展大脉络，形成美丽农业旅游会展制高点，助推德清国际化山水田园城市品牌建设与广泛传播。

（4）城乡一体化发展。

"富不富，看农户；强不强，看村庄"。近年来，德清县以推进浙江省唯一的城乡体制改革试点为抓手，不遗余力地做好农民富、村庄美的大文章。许多村庄的基本风貌是，新式独幢别墅鳞次栉比，庭院干净整洁，村边是果园、菜园、茶园、花园，门前就是小公园、微田园，花草芬芳，村村健身器材齐备，农村教育、医疗保障健全。德清县在浙江省率先实施户籍管理制度改革，从2013年起，德清县公安系统的户籍登记信息库里，43万人的身份标识统一转成了"浙江居民"，附着在户籍背后的33项城乡差异政策全面并轨，再也看不出"城"和"乡"的差别。2014年，德清就建立了农村综合产权流转交易平台，按照统一平台建设、统一信息发布、统一交易规则、统一交易鉴证、统一监督管理模式运行，让农村土地（林地）承包经营权等十类权种都"动"了起来。2017年年底，全县累计完成农村产权交易1179笔，交易额3.94亿元。农村产权顺利流转，促进了村级集体经济发展壮大。近年来，作为全国首批农村土地制度改革试点县（市、区）之一，德清县大胆探索创新，全力推进农村集体经营性建设用地入市改革试点，全县农地入市已达151宗、1035亩，成交总额2.21亿元。德清县通过推进"多规合一"、"农地入市"、农村产权制度改革等重点改革，成功将农村的"死产变活权、活权生活钱"，让农民的钱袋子鼓起来。

案例：

德清县劳岭村在呵护"绿水青山"中收获"金山银山"

劳岭村位于德清县莫干山镇，紧靠国家级风景名胜区莫干山，

第四章 湖州市美丽乡村生态化转化

整个村庄镶嵌在群山翠绿之中,村域面积6.6平方千米,共1435人。近年来,劳岭村凭借独特的生态优势,大力发展民宿经济和乡村旅游,加快实现"生态富民、绿色崛起",创造了"绿水青山就是金山银山"的德清实践。

在美丽乡村建设中,劳岭村不断加大村庄规划建设和村容村貌整治力度,进一步完善了绿化长廊、慢行车道、生态河道、农房改造、农村生活污水治理、农村垃圾分类处理、农村饮用水工程等项目,对村庄道路、沿路景观、标识、供水、垃圾等基础设施进行了有效的改造提升,不断抓好软、硬环境的建设,取得了良好的社会效益、经济效益和生态效益。先后获得了中国最美休闲乡村、国家AAA级景区村、省级全面小康建设示范村、省级文明村、省级特色旅游村等荣誉称号。

劳岭村大力推进美丽乡村建设向村庄经营转化,吸引南非人高天成来此开办"洋家乐",在高天成的影响下,先后有南非、瑞典、韩国、荷兰、西班牙、英国、法国等多个国家友人来此租房开办民宿,形成了洋家乐集聚区。这些客户在不改变原有房屋结构、不破坏整体风格的基础上,融合中、西元素,融入低碳、环保理念进行装修,而这种回归自然、享受自由的低碳生活方式也备受上海等大城市白领、外籍人士的青睐,吸引了许多都市人前来休闲度假,美国"时代周刊"曾两次图文报道三九坞涉外旅游。"洋家乐"作为一种全新的国际化高端低碳旅游新业态,已成为了德清的一张"金名片"。

目前,劳岭村共有民宿69家,其中以枫华、小木森森和西坡29等为代表的高端洋家乐有28家,每天吸引大批中外游客,同时带动了地方餐饮服务业和茶叶、笋干、竹制品等土特产销售,成为农户就业增收的新渠道。2017年共接待游客量50万余人次,其中境外游客超过10万人次,解决村民就业岗位500个,

> 增加工资性收入约 1500 多万元，每年带来房屋及土地租金收益约 1000 万元，游客带走的茶叶、笋干等土特产品约 1200 多万元，全村洋家乐全产业链收入超 1 亿元。"猪棚变金棚、叶子变票子""山下一张床，赛过城里一套房"，在劳岭村真正变成了现实。

第三节　湖州市美丽乡村向美丽经济转化

党的十九大报告强调要"提供更多优质生态产品，以满足人民日益增长的优美生态环境需要"。湖州市依托美丽乡村和村庄景区化建设成果，开发美丽资源，发展美丽产品，提升美丽经济，探索"绿水青山"向"金山银山"转化，具有重要的时代意义。

一　美丽乡村向美丽经济转化的机理

美丽乡村建设不仅改善了农村自然生态环境，而且能够将美丽乡村的资源要素和相关产业作为经济发展的基础，形成"美丽经济"。同时，美丽乡村建设还容易产生正的外部性，从而"引导"资源要素向乡村转移，促进农村产业融合发展。美丽经济将为农民增收和农村富裕拓展持续稳定的渠道，增强美丽乡村的"造血功能"，为美丽乡村建设和乡村振兴提供动力，其本身也是美丽乡村外在形象的组成部分。美丽乡村建设改善自然生态环境，实现对传统农村文化的有效保护和利用，构建宜居、和谐、文明的乡村社会，满足不同层次的文化需求。美丽乡村建设不仅为产业融合发展提供便利条件和吸引、留住人才，而且美丽乡村自身发展的生态化、经济化，又是乡村产业的重要组成部分。在城郊的乡村和地理位置优越、生态环境良好的乡村由美丽乡村建设而内生出的"美丽经济"蓬勃发展，进而推动"美丽经济"产业链的延伸，如图 4-2 所示。

第四章 湖州市美丽乡村生态化转化

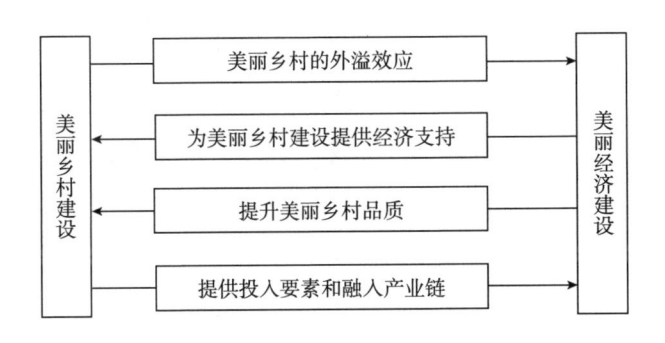

图 4-2 美丽乡村建设与美丽经济建设的转化关系

美丽经济建设借助了现代农业科学技术、互联网等先进科技，将美丽乡村中的各种资源要素充分利用，形成以农业农村为核心的"六次产业化"，即农村第一、第二产业和第三产业融合发展。农村第一、第二产业和第三产业融合发展是我国现代乡村产业发展的路径，是实现农业农村现代化的主要方式。农村第一、第二产业和第三产业融合发展根据市场需求，挖掘自身潜力，强调生态环保，发展多功能农业，培养出农村新产业、新业态，从而促进了乡村资源要素的利用，提升了生产效率，形成具有比较优势的乡村特色产业，壮大了乡村集体经济实力，为美丽乡村建设提供资金支持，还在发展理念上深刻影响美丽乡村建设。农村第一、第二产业和第三产业融合发展增强了人们对乡村价值的理解，提高了社会对乡村的关注，从而有助于促进美丽乡村建设的不断发展。

二 湖州美丽乡村向美丽经济转化的现实基础

湖州市委市政府抓住机遇，大胆实践，在浙江省率先开展美丽乡村建设活动。在湖州市历届党和政府的持续努力下，湖州逐渐形成了安吉的"中国美丽乡村"、德清的"中国和美家园"、长兴的"中国魅力乡村、吴兴的"南太湖幸福社区"和南浔的"中国魅力水乡"等新农村建设特色品牌。安吉中国美丽乡村建设品牌更在党的十七大上被推至全国成为中国美丽乡村建设开源地。十多年来，形成了现代农业快速发展、农村经济全面繁荣的态势，实现了农民收入持续稳定增加、城乡居民收入差距逐年缩小的目标，走出了一条以"与时俱进、持续发展"为理念指引、以美丽乡村和谐民生为品牌特色的新农村建设湖州之路。

（一）资源禀赋、区位优势

湖州美丽乡村建设以"创新、协调、绿色、开放、共享"发展理念为引领，依托优美的生态环境、便利的区位优势、深厚的文化底蕴，大力推进美丽乡村美丽经济的有机结合。

独特的区位优势。湖州地处长三角经济圈几何中心，紧邻杭州，是环杭州湾产业带的重要组成部分。交通十分便利，杭宁高速、申嘉湖高速、杭长高速构建起了与杭沪宁等周边主要城市1—2小时的交通圈。

好的生态优势。湖州地处北亚热带季风气候区，气候温和湿润。得益于优越的地理环境和气候条件，湖州四季分明，降水丰沛，自古以来素有鱼米之乡、文化之邦的美誉。绿水青山是大自然对湖州的珍贵赐予，也是湖州得天独厚的资源禀赋。

（二）先发优势

湖州乡村美丽经济立足湖州区位优势、生态条件和产业特色，强化需求导向，围绕乡村休闲旅游重点，突出供给侧结构性改革，实现了从萌芽到大发展、大提高的跃进。

1. 依附景区景点的餐饮型农家乐诞生

20世纪90年代，依托安吉天荒坪抽水蓄能电站和南太湖"治太"工程景观集聚的巨大人流，在安吉大溪和吴兴太湖沿岸萌发了以餐饮为主的农家乐。形成了大山深处饭店高密度集聚区和太湖边颇为壮观的湖鲜一条街。其中大溪村有90%的农户从事农家乐经营。在追求二产的块状经济发展的年代，湖州率先萌芽了乡村三产发展的块状经济。

2. 依托生态环境的度假型农家乐发展

湖州作为沿海率先开放城市，到1995年人均GDP超过1000美元，"三农"问题开始凸显，21世纪初，湖州率先启动了农村环境建设，2003年浙江省推进村庄环境整治"千万工程"，乡村环境开始改变。同时，我国GDP比改革开放初增长了近68倍，进出口贸易总额增长了128倍，财富的增长，生活水平的提高，城市的度假需求开始转向环境改善了的乡村，带动了乡村避暑、度假型农家乐的兴旺，催生了安吉的深溪、石岭、董岭，长兴的顾渚、金山、水口等在长三角颇有名气的农家乐集聚村。浙江省第一届农家乐现场会在安吉召开。而今的水口被誉为"上海村"，每天都有数千名来自上海等周边大城市的顾客在此休闲度假。长兴的顾渚村、安吉的景坞村、南浔的荻港村被列入省级老年养老旅游示范基地。

3. 拉长农业产业链的多功能型休闲农庄崛起

伴随粮食市场化改革、效益农业的发展，以及土地流转带动的规模化经营，一些农技人员、工商资本开始投资农业，并利用农业园区发展美食、会务、住宿以及农事体验、农产品购物、农事节庆活动等综合性服务项目，休闲农业开始兴起，涌现了杨墩休闲农庄、城山沟桃源山庄、移沿山生态农庄、荻港渔庄等一批知名农庄，诞生了浙江省首批五星级农家乐特色点。长兴县围绕农业主导产业形成月月有农事节庆活动的品牌效应，德清县、长兴县和安吉县成功创建全国休闲农业和乡村旅游示范县。2017年，全国休闲农业和乡村旅游大会在湖州举行。

4. 融入自然的修身养性型民宿的成长

2004年、2006年、2008年，杭宁、申苏浙皖、申嘉湖三条高速通车，湖州进入高速时代，拉近了湖州与长三角各大都市的距离，湖州的生态、人文优势进一步凸显，面向高端消费人群的"洋家乐"悄然兴起，带动了户外运动的时尚化，"裸心"成为休闲的时尚品牌。都市文创人才乡村创业，高端服务品牌入驻乡村。"莫干山·洋家乐"开始走向国际,成为国际著名休闲目的地。

5. 突出村强民富的村庄经营型乡村旅游业兴起

2005年中央提出社会主义新农村建设,各县区把新农村建设的总体要求与当地实际相结合,拉高标杆,打造特色,建设美丽乡村、和美家园,开始探索村强民富的可持续发展路径。安吉深溪村委会牵头组建农家乐合作社,规范服务标准,统一价格指导、票据管理和市场营销。2012年,高家堂村以集体资产入股方式开展股份合作,引进社会资本,共同组建安吉蝶兰风情旅游开发有限公司来经营村庄,率先建设村域景区,2014年旅游收入达到680万元,集体经济增收200多万元。南浔荻港以渔庄和古村落为一体两翼,共同组建旅游发展公司,形成互为补充共同发展格局。2015年1月,鲁家村股份经济合作社建立了安吉乡土农业发展有限公司,注册资本3000万元,村里将上级部门项目投资和美丽乡村建设补助资金全部转化为资本,与旅游经营公司合作组建股份公司,形成"公司+村+农场"带农户的"农业+旅游"发展机制,全域统一规划,首批十八家家庭农场落户,形成全国首个家庭农场集聚区,村集体资产从不足30万元增加到1亿元,农民人均可支配收入从19500元增加到32500元,成为全国首批田园综合体示范项目。

(三) 制度优势

1. 规划引领"两山"转化

2012年,湖州市第七次党代会提出建设现代化生态型滨湖大城市的战略目标。湖州市"十二五"规划明确,要把湖州市建设成为长三角重要的休闲旅游中心和旅游目的地。市第八次党代会强调要发挥旅游业支柱产业地位作用,力争服务业增加值在国民经济中的比重达到50%以上。乡村休闲旅游被纳入市委市政府"六重"工作,城乡一体化布局,市县乡镇村联动推进,乡村休闲业迎来大发展。

在美丽乡村建设规划中,湖州将建设美丽与经营美丽相结合,立足湖州现有的生态条件、资源禀赋及村域特色,在注重原生态保

第四章　湖州市美丽乡村生态化转化

护的基础上,将美丽乡村建设与乡村休闲旅游相结合,形成了以美丽乡村带动的"生态+文化"模式、以洋家乐带动的"洋式+中式"模式、以旅游景区带动的"景区+农家"、以休闲农庄带动的"+游购"模式和以"乡村十景"为主体的乡村旅游大产业格局。投资200亿的"龙之梦"落户太湖边,拉风影视城、大年初一、绿野仙踪、安吉凯蒂猫主题乐园等一大批投资大、带动力强的休闲项目建成并发挥良好效益。南太湖旅游公共服务(集散)中心、红木房精品主题酒店、德清Discovery(探索)极限基地、郡安里·君澜度假区、长兴开元芳草地乡村酒店、上泗安隐居乡宿酒店、安吉县阿丽拉度假酒店、原乡小镇,以及海王集团湖州大健康产业等一批医养结合的养老项目、健康养生项目,湖州江南影视城等一批文旅综合型项目签约并启动建设。真正让人民群众在践行"两山"理念中实现了"两山"转化。湖州市打响了"乡村旅游第一市、滨湖度假首选地"品牌,也为全国美丽乡村建设树立了样板。

2. 乡村民主法治建设助推"两山"转化

2017年,湖州市以安吉县为试点,制定全国首个民主法治村创建县级地方标准《美丽乡村民主法治建设规范》,"美丽乡村、无法不美"创建模式初步成型。近年来,湖州市以践行"两山"理念为引领,将打造民主法治村作为开展党的农村工作与推进法治建设的结合点,创新实施"1+1+6"工作模式,全力打造"美丽乡村、无法不美"民主法治村创建"升级版",不仅要给村庄穿上美丽的外衣,打造宜居村庄,提升村民居住环境,更要丰富美丽乡村建设内涵。截至2019年3月,湖州市已建成全国民主法治示范村(社区)12个、省级民主法治村(社区)156个、市级民主法治村(社区)858个,创建工作走在浙江省前列。① 民主法治村的创建及其

---

① 邵丹红:《湖州民主法治村创建走在浙江省前列》,湖州在线,http://www.hz66.com/2019/0315/297411.shtml。

经验的推广,规范了乡村治理工作,推动了乡风文明建设,为湖州市生态文明和美丽乡村建设提供了坚强有力的民主法治保障。

(四)生态文明建设与美丽乡村建设互促共进

2014年,湖州市成为全国首个地市级生态文明建设先行示范区。2016年湖州市成为全国首个实现国家生态县区全覆盖的国家生态市和浙江省首批国家生态市,积极实现经济生态化、生态经济化的融合发展。

1. 生态治理与乡村环境改善

近年来,湖州坚持一张蓝图绘到底,持续推进水、大气、土壤污染防治,五年累计整治关停"低小散"企业4520家,淘汰1182家企业的落后产能,印染、造纸、制革、化工、电镀、铅蓄电池等六大重污染高耗能行业得到大力度的整治和提升。截至2019年,湖州市在"五水共治"工作中五夺大禹鼎①,极大地改善了乡村人居环境。"环境优美、生活甜美、社会和美"的现代化新农村基本形成,有效探索了生态文明建设和美丽乡村建设的同步推进。湖州安吉县更荣膺联合国人居奖。②

生态治理促进了绿色生活方式形成,乡村居民生态意识不断增强。从美丽乡村到美丽经济,生态环境的价值体现让乡村居民鼓了钱包、得了实惠,树立起了生态优先的意识,增强了保护环境的行动自觉。

2. 生态经济与乡村绿色协同发展

在"经济生态化、生态经济化"理念下,湖州市注重美丽乡村由"绿水青山"向"金山银山"转化,以生态优势带动产业优势,打造品牌效应。湖州市各处农家乐、洋家乐、休闲农庄等旅游经济

---

① 《湖州五夺浙江"五水共治"最高奖"大禹鼎"》,人民网,http://zj.people.com.cn/n2/2019/0514/c186938-32935505.html。

② 滕琳:《从美丽乡村到美丽经济的路径转换研究》,《湖州师范学院学报》2018年第11期。

第四章 湖州市美丽乡村生态化转化

蓬勃发展，拓宽了乡村经济发展渠道。乡村休闲产业的巨大市场吸引了社会资本的大量进入，促进了休闲商品、休闲时尚产业、休闲装备制造业的发展，促进了传统产业的转型和第一、第二产业和第三产业融合发展。通过腾笼换鸟和资源共享使乡村低效资源利用率提高，农户闲置房屋得到利用，农村富余劳动力就业渠道拓宽。乡村休闲业的发展，促进了城乡之间人、财、物等要素加快流动，工商资本、青年创客、返乡大学生、返乡创业的退伍军人、外出务工人员集聚乡村，传统乡村地缘相近、血缘相亲的社会结构被逐渐打破，村民自治开始向以村民自治组织为基础的社区民主自治转型。城乡之间的人流、物流和信息流的形成，促进了城乡之间资源要素的优化配置。坚持生态优先、绿色发展为核心的美丽经济—乡村休闲，不仅具有多产业的辐射和带动力，成为一种崭新的乡村经济发展模式，而且具有引领性、渗透性、包容性、多样性、价值性的特征，影响和带动乡村"产业兴旺、生态宜居、乡风文明、治理有效、生活富裕"，实现乡村振兴。

生态经济促进了农业绿色发展，传统农业更好地向现代农业跨越。适应休闲业发展趋势，需求导向的农业供给侧结构性改革不断推进，绿色、生态、高效成为广大农业经营主体和各级党委政府的自觉追求。湖州成为全国第二个基本实现农业现代化的设区市，在浙江省农业现代化实现度测评中连续六年名列第一。2018年，湖州市供接待国内外旅游人数达到11840.53万人次，同比增长11.00%；旅游总收入达到1357.09亿元，同比增长22.8%；全年接待过夜游客人数4448.60万人次，同比增长5.10%；全年旅游景区门票收入12.00亿元，同比增长15.30%；农村常住居民人均可支配收入31767元，城乡居民收入比为1.71∶1，远低于浙江省全国水平，真正让人民群众在践行"两山"理念中获得生态红利。

3. 生态文化与乡村文化传承创新

湖州市依托深厚的文化底蕴，深入挖掘保护古村落、古建筑和民俗文化等历史文化遗迹遗存，弘扬丝文化、茶文化、竹文化等村域特色文化，促进了文化传承创新，推动了乡村文化发展和价值提升。桑基鱼塘系统、淡水珍珠传统养殖与转化系统成功入选全国重点农业文化遗产名录，蚕桑文化、湖笔文化、茶文化、竹文化、渔文化等地方特色文化嫁接现代文创在参与体验中传播光大。传承创新荻港的笔道馆、莫干山的VR体验馆、安吉尚书垓的孝源文化、新市的蚕花节、长兴的大唐贡茶院等各具特色的文化场馆和活动，培育形成善琏湖笔、丝绸小镇、长兴百叶龙等特色生态文化创意品牌，依照各村特点，打造"一村一品、一村一韵、一村一景"。利用宣传工具和文化阵地，开展形式多样的生态文明、生态文化等知识宣传，引导乡村绿色生活，实践培育绿色生活习惯，促进绿色消费行为，构建和谐的农村生态文化体系。

三　湖州市美丽乡村向美丽经济转化的实践探索

（一）依托美丽乡村创建提升乡村品质

在社会主义新农村建设成果的基础上，湖州市率先进行美丽乡村建设，安吉县成为《美丽乡村建设指南》国家标准的样本。在美丽乡村建设中重视乡村发展规划，坚持自然生态环境治理、保护和利用，通过一系列政府主导的环境治理行动，交通得到改善，小河变清澈、生活垃圾集中处理、村庄和农家通过花草树打扮点缀得更美，乡村建筑布局更趋美观和科学，乡村自然生态环境和人居环境得到提升，并致力于实现美丽乡村建设的"全域美"。同时，重视道路、桥、水、网络等基础设施建设，挖掘和提升乡村历史文化，融入特色文化元素，建设与乡土文化相符的农村景观，形成以美丽乡村建设带动生态资源与其他资源、要素融合发展模式，尤其促进历史文化名村保护与开发。在此基础上，坚持将发展壮大乡村产业放在美丽乡村建设的首要位置，依托美丽乡村建设，打造美丽乡村精品，促进"美丽乡村"向"美丽经济"的转变。

第四章 湖州市美丽乡村生态化转化

（二）依托自然生态资源发展新型业态

自然生态资源不仅具有生态涵养功能，还可以提供生态产品，由此而衍生出的生态文化深受市场欢迎。湖州自然生态资源比较丰富，尤其是西南部的山区丘陵地带，在生态资源成为稀缺商品的当下，一些乡村开始陆续地走"生态立村"的发展道路。通过对自然生态资源治理、保护和利用，拓展自然生态资源的多功能性，发展乡村生态度假旅游产业。安吉高家堂村和长兴顾渚村等以优美的自然生态环境为优势，发展乡村特色生态产业，建设生态型、观光型高效竹林基地，逐渐形成特色鲜明的自然生态休闲旅游产业。除山区自然生态资源产业化外，在平原水乡和水资源丰富的区域，在严格执行水资源保护红线的基础上，建设众多"湿地公园"，并进行科学的综合开发利用。如德清下渚湖国家湿地公园以生态保护为宗旨，使其充分体现自然、野趣、特色；而吴兴区西山漾湿地公园，则融合成为湖州丝绸小镇的核心部分，游客既能体验大自然原始的野趣、返璞归真的意境，又能感受传统丝绸产业与现代技术的融合发展。自然生态资源带动的生态产业成为湖州乡村生态产业化发展的特色、亮点，提升了湖州生态产业竞争力与知名度。

（三）依托现代农业壮大农业产业链

现代农业集循环农业、创意农业、农事体验于一体，现代农业提供的具有生态功能的产品成为市场供给的生态产品之一。湖州现代农业的生态功能成为农家乐、生态农庄、农业园区，甚至度假区等乡村休闲产业的核心产品或者重要景观，如长兴县农园新景观光带。湖州农业注重和开发现代农业多功能性，将农业与文化创意相结合，从农业产业链的各链节入手，将文化、创意融入农产品，提升了农产品的新价值。农业与传统生态文化相结合，如湖州的桑基鱼塘和太湖溇港成为世界农业文化遗产，提升农业附加值。新安镇新桥村大力发展旅游观光、生态种养殖，以荷叶蒲漾生态资源为依托打造第一、第三产业融合发展的农业综合园区。钟管镇沈家墩村作为中国"股票田"的发源地,结合种养殖业、休闲观光、农事体验等项目打造农业园区。淡水养殖是湖州农业一大特色,将养殖业与休闲旅游结合,形成特色鲜明的移沿山村经营特色。为继承丰富的农业文化,以生态元素为底色,各县区举办各类农事节庆活动,使"农业+文化+商贸"的农事节庆活动常态化、品牌化。因现代农业与乡村休闲旅游融合发展,成效显著,有效地促进乡村经济社会发展,德清县、长兴县和安吉县被农业农村部授予全国休闲农业和乡村旅游示范县。

（四）依托田园综合体模式带动乡村转型升级

2017年中央一号文件首次提出发展"田园综合体"概念,它是集现代农业、休闲旅游、田园社区为一体的特色小镇和乡村综合发展模式,突出产业和项目支撑,是现有乡村产业经营模式的综合和升级。田园综合体是实现乡村振兴的创新模式。湖州市鲁家村成为国家首批15个田园综合体项目之一,成为当前具有一定代表性和社会影响的"田园综合体",实现了小农户与现代农业发展的紧密融合发展,真正实现了乡村振兴,且具有一定的可复制性。鲁家村通过科学规划,整合资源,对各自然村进行不同定位,发展不同的项目,同时,成立专门的经营管理公司,市场化机制建设和开发不同类型、不同层次、不同规模的生态产品和服务,用小火车串连起自然村的18个不同特征的农场,各个农场内休闲项目通过有机组合而形成若干条观光休闲线。这些项目兼具有乡村观光、游乐、休闲、运动、体验、度假、会议、养老、居住等多种功能。在政策鼓励和鲁家村田园综合体示范下,湖州市各级政府大力支持田园综合体建设,湖州市各具特色的田园综合体相继开工建设,如下渚湖田园综合体、西塞茶元田园综合体,建设田园综合体将成为湖州乡村生态产业发展新趋势。

四 湖州乡村美丽经济发展面临的主要问题

(一) 乡村经济业态发展模式比较单一，同质化问题较为突出

部分村庄本身不具备良好的旅游资源，在开发过程中，也没有很好地结合当地环境、产业、人文等地方特色，没有充分挖掘展现平原水乡的农耕文化、民俗文化特色。主要以茶馆、农事类展览馆、采摘园为主，业态主要集中于短期度假、农事体验型，乡村文创、乡村养老、乡村康体健身等新兴业态比重不大，有的还处于起步阶段，导致产品的同质化。

(二) 缺乏具有吸引力和特色的乡村经济品牌

部分村庄缺少具有吸引力的精品旅游景区，现已开发的民宿、农家乐、田园观光、果蔬采摘等旅游项目，地域集中，季节性强，与周边区域生态经济、休闲旅游项目相比，没有明显的特色优势。大部分村庄旅游经济规模体量不大，整体素质不够强。游客来村游览休闲停留时间短，主要是"吃一餐""住一晚"的消费模式，大大制约了休闲经济发展。部分村庄缺乏停车场地、公共空间，乡村旅游业、休闲观光农业还没有完全融入美丽乡村的发展，经营美丽乡村的理念还没有引起足够重视，绿色可持续发展之路仍旧面临挑战。产业发展不充分，品牌效应不明显，追求顾客数量与提升消费质量两种动能未能联动发展，对买方需求的有效供给不足，发展提升的空间很大。

(三) 依托生态转化的乡村服务业发展不充分

随着"银发经济"的到来，乡村健康养老产业蕴藏大市场。从湖州市看，养老业经过审批的医养结合机构仅8家，4家是医院医疗机构建护理院，4家是城镇养老机构自行投资医院，其中4家还在建设过程中未投入营运，适应城市需求的乡村养老还在萌芽过程中，一些养老项目仅能提供度假服务。

（四）村庄经营要素供给存在短板

1. 村庄经营人才短板

一是突出表现在创意性人才不足。农户在涉及休闲领域创业时，缺乏产品创意、个性化设计、赢利模式规划等方面的有效指导，主要通过模仿或通过自我摸索积累经验，导致业态相对单一、雷同，难以满足个性化、多样化、多层次化的休闲消费需求，延续传统的规模化追求、陷入低层次的价格竞争。二是专业技术型人才缺乏。从休闲产业体系的构建来看，专业技术型人才的缺乏十分突出，如乡村休闲养老、老人度假，仅能提供住宿、餐饮的服务，活动场地的提供，缺乏专业的医护人员，缺乏相应的健康档案，没能提供专业的养生健生指导，包括内部设施、外部环境建设等方面，缺乏为老人提供方便、提供应急服务的设计和设备投入。三是经营性人才流动和缺口大。大部分乡村休闲旅游集聚地的专业合作社和协会，其主要负责人大多是乡镇、村干部或从领导岗位退下来的老领导担任，由于缺乏相关的知识积累，影响了发展的转型升级。农村休闲业服务的综合素质与乡村休闲业发展的需求还有一定距离，亟待提升。

2. 土地短板

适应乡村休闲产业发展的供地改革创新需要立法部门的授权，行之有效的"坡地政策"还需要逐步扩大试点范围，共享经济的模式需要理念更新、保障机制的完善来推进，农户住宅大量空置与休闲业发展缺少建设用地并存的矛盾普遍存在。

五 加快湖州美丽乡村向美丽经济转化的对策建议

（一）深化美丽创建，夯实发展基础

1. 以习近平生态文明思想为指引，强化乡村人居环境改善

根据每个乡村的自然禀赋、比较优势、区位条件和人文基础等，打造各具特色的美丽乡村。在大力弘扬传统文化的今天，要在建设乡村人居环境、创建 A 级景区村庄、规划建设美丽乡村示范带、历

史文化村落保护利用的过程中，突出历史、人文等要素，打造"一村一景、一村一韵"，让湖州深厚的历史文化底蕴重新焕发出诗画江南的风采。扎实有效推进垃圾分类工作，确保从源头分类开始，到收集、运送，再到处理全过程的分类执行。不断完善农村生活污水处理工程，让质量成为衡量标准，让农民对美好生活的需求内化为自觉行动。加快完善乡村现代化的基础设施和公共设施资源，改善乡村人居环境，使乡村拥有和城镇一样便捷完善的现代化生活条件。

2. 以"大花园""大景区"建设为契机，强化全域绿色美丽乡村建设

按照全面打造"大花园""大景区"要求，巩固提升"千万工程"和美丽乡村建设成果，强化全域绿色发展理念，根据发展现状和需要分类有序推进美丽乡村绿色发展，重点对生态薄弱、相对贫困的村庄实施大推进战略，助其起飞；对具备条件的村庄，加快城镇基础设施和公共服务向农村延伸，实施就地城镇化战略；有序推进公共设施资源配置难度大、成本高的小型、分散自然村落向城镇或其他保留村归并。

（二）完善政策供给，培育美丽乡村特色产业与品牌

目前，湖州已探索出一条美丽乡村建设与乡村休闲旅游相结合的发展之路，将生态文明建设与经济发展紧密地结合在一起。接下来，湖州市要进一步深入践行"绿水青山就是金山银山"理念，以实施乡村振兴战略、发展全域旅游为主线，在美丽乡村建设的基础上，推进景区村庄业态升级、设施升级、服务升级、管理升级，培育旅游产业新的增长极，形成龙头景区引领、"旅游+"产业融合和乡村旅游发展协同推进的全域旅游发展大格局。

1. 构建美丽乡村休闲业发展的政策体系

要立足城乡融合发展、实现乡村振兴，着眼要素资源的优化、高效配置，突出激发乡村发展内生动力，打破部门、条块利益固化

的障碍，聚焦乡村休闲业发展面临的土地、人才、融资等瓶颈制约，同心破障碍、齐心补短板、合力填空白，构建体系完备、科学规范、运行有效的制度体系。建立乡村休闲业发展数据调查监测体系，建立部门和条块数据平台的链接，改变数据细碎化、部门化倾向，完善数据信息共享机制，精准反映发展动态、发展成效、市场需求变化，及时发布相关政策信息、市场预警信息。构建乡村休闲业发展规划体系。坚持生态优先，生态保护规划、产业空间布局规划、土地利用规划、村庄建设规划、基础设施建设和公共服务体系建设规划有机衔接，编制乡村休闲业发展规划，发挥规划引领作用，促进乡村休闲多业态发展，加快发展休闲服务性产业、休闲商品和休闲装备制造业、休闲文化产业，加快休闲业专业技能和经营型人才培育等，着力补齐休闲运动、康体健身、乡村养老等短板，丰富产业业态，形成产业集群，增强可持续发展能力，不断推动乡村休闲业从供应链低端向中高端发展。

2. 构建适宜乡村休闲业发展的基础设施和公共服务体系

规划发展区加快农村道路联网工程建设进度，提升城乡公交通达率、准时率，加强乡村道路标识标牌建设和道路辅助设施建设，提供优质高效的交通服务。加快推进乡村信息化改造提升工程，提高带宽和网速，提高网络普及率，适应"互联网+"发展，提高农村电子商务建制和人群覆盖率。推进城市优质医疗、卫生、康复、教育、文化等资源向乡村配置，不断满足乡村休闲业发展的需要。

3. 打造乡村休闲品牌体系

积极探索，大胆创新，在深入挖掘本地历史文化基础上，充分利用本地的产业特色与比较优势，因地制宜培育特色产业，实现"一村一品""一村一韵"，达到差异化发展目的。要尊重全域一体的理念，将本地的美丽乡村建设和谐地融入周边大环境当中，以市场需求为导向，推动产业聚集、设施配套，完善区域功能，打造文化品牌。形成以区域公共品牌统领的乡村休闲品牌体系，加大品牌宣传力度，注重品牌经营，扩大品牌的影响力，使湖州成为长三角休闲度假的首选目的地，中国休闲第一市。

（三）加强引导，集聚要素资源

1. 吸引工商资本参与美丽经济经营

首先，拓宽工商资本参与领域。工商资本参与"美丽乡村"创建不是单一的公益性帮扶，而是通过产业带动、融合式发展，真正成为农村改革的参与者、增收致富的引导者、工商资本发展转型的先行者；其次，探索工商资本参与新途径。鼓励工商资本与村级组织合作，以项目带动、产业拉动、捐资促动、援建推动等形式开展村企合作，共同开发，共同发展；最后，推进工商资本参与热情。为工商资本参与美丽乡村建设搭建平台，如召开经验交流会，建立工商资本创业发展基地、理想信念教育实践基地等，多途径进行宣传，推广工商资本参与美丽乡村建设的成就和经验，实现村企共同发展、共同富裕的双赢目标。

2. 深化用地制度改革

在严守生态、耕地和土地管理、水资源三条红线的基础上，推进集体建设用地入市、集体建设用地通过入股等形式参与开发、村镇坡地政策等改革试点，创新供地方式，用途监管方式，形成供得出、管得住、收得回的制度保障，以及土地增值共享的机制。加大农村改革力度，鼓励试点先行，制定出台土地、房屋使用权流转方面的政策，让闲置土地流转起来，让闲置房屋使用起来，盘活乡村存量资源。优先保障乡村振兴用地政策，在年度计划指标中安排不少于5%新增用地指标用于农业农村发展项目，在拆旧建新指标中，提留不超过20%用于动态调补村级规划预留新增建设用地指标，强化用地点供，着力保障乡村美丽经济转化用地需求。

3. 集聚人才

村党组织书记、村委会主任是发展美丽经济的重要力量，要提升基层干部的美丽经济发展意识，通过开展村干部擂台比武等形式,增强其美丽经济发展能力。要培育一批产业带头人,充分挖掘本地特色手工技艺人员,在传承发展传统特色手工艺的同时,成为美丽经济发展带头人。要通过美丽庭院大比武等竞赛,把群众动员起来,形成"大家一起干、大家一起上"的良好氛围。尤其是要充分运用好乡贤资源,把在外闯荡成功的乡贤请回来,通过出谋划策、引进项目、投资开发,助推农村美丽经济发展。[①]

加大招引力度,引人才与招商引资联动,一方面通过南太湖精英计划等有针对性地招引乡村创新创业型人才;另一方面培育壮大深加工企业,延伸农产品研发、生产、加工、营销链条,通过搭建平台,吸引研发、生产、加工、经营、电商等人才,进一步推动湖州市休闲农业和乡村旅游上新台阶,打造新高地,汇聚高端人才。

4. 鼓励创新创业

进一步鼓励和引导创新创业。推进各种形式的联合、合作,发展各种形式的"众创空间""星创空间",促进创业孵化器建设,引导和扶持发展乡村特色产业。让村民唱"主角",以维护农民权益与增进农民福祉为工作的出发点和落脚点,拓宽农民参与美丽乡村建设的渠道,建立健全长效管护机制,做到还权于民,还利于民。

[①] 葛永元、张剑锋、徐亦成:《美丽乡村转化为美丽经济的实践与思考》,《新农村》2019年第7期。

第五章　湖州市乡村振兴内生动力转化

第一节　湖州市乡村振兴科技动力转化

一　湖州市农业现代化发展水平

(一) 农业现代化综合评价总体情况

自2013年浙江省开展农业现代化评价工作以来,湖州市农业现代化发展水平综合得分已连续六年位列浙江省第一。从2013年至2018年的得分情况来看,湖州市农业现代化发展水平综合得分保持稳定上升态势,由2013年的82.83分,增加到2018年的91.79分,年均增速2.08%,如图5-1所示。农业强、百姓富,湖州市已成为浙江农业农村发展的"模范生"和"样板地",为践行"两山"理念提供了生动的湖州实践。

根据浙江省农业现代化综合评价情况,湖州市农业现代化建设增速趋缓。2013年,湖州市农业现代化发展水平综合得分为82.83分,高出浙江省平均水平9.61分;2018年,湖州市农业现代化发展水平综合得分为91.79分,高出浙江省平均分4.99分。湖州市农业现代化水平增速从2014年的3.14%下降至2018年的0.96%。与浙江省相比,2014年浙江省农业现代化发展水平增速为5.98%,2018年浙江省增速为2.01%,从整体趋势看,湖州市的农业现代化增速小于浙江省。这意味着湖州市尽管一直在领跑浙江省,但也说

(分)

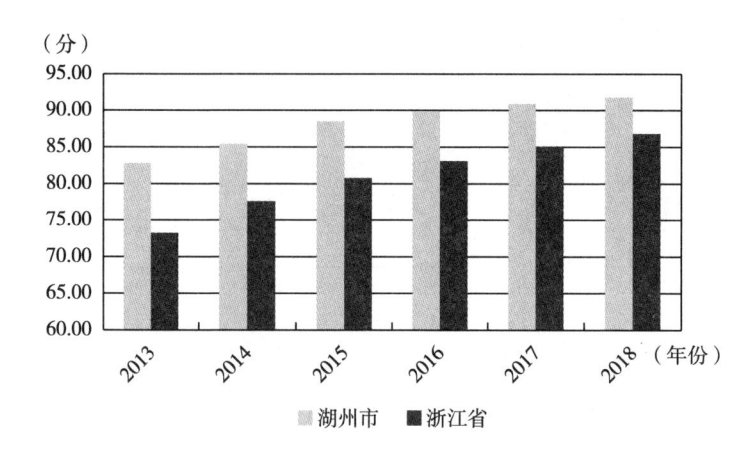

图 5-1 2013—2018 年湖州市与浙江省农业现代化
发展水平综合评价得分情况

资料来源：根据 2013—2018 年度浙江省农业现代化发展水平综合评价报告整理。

明其他设区市与湖州市的差距在缩小，其他设区市的进步更快。综合得分增量和增速呈稳中趋缓态势，如图 5-2 所示。

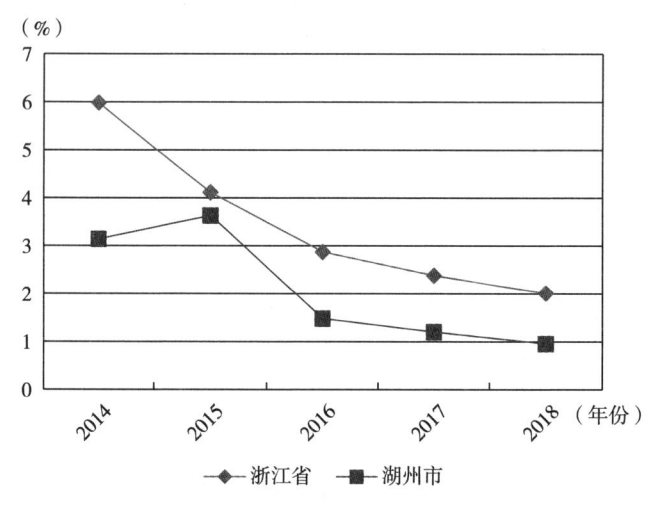

图 5-2 湖州市与浙江省农业现代化发展水平
综合评价得分年度增长率

资料来源：根据 2013—2018 年度《浙江省农业现代化发展水平综合评价报告》计算。

第五章　湖州市乡村振兴内生动力转化

2018年，德清县农业现代化发展水平综合评价以93.42分的高分再次位居浙江省82个县（市、区）榜首，实现了"五连冠"。长兴县、安吉县、吴兴区、南浔区分别位列浙江省第五名、第八名、第十一名、第十二名，如图5-3所示。

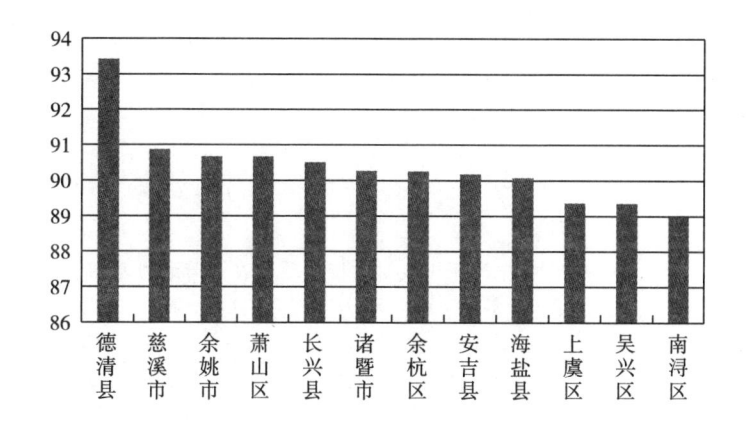

图5-3　2018年度浙江省排名前十二县（市、区）农业现代化发展水平综合评价得分情况

资料来源：根据《2018年度浙江省农业现代化发展水平综合评价报告》整理。

（二）农业生产率指标提高

1. 农业劳动生产率逐步提升

劳动生产率作为衡量农业现代化的一个重要指标，同时也是制约农业现代化的一个重要短板。近年来，湖州市加快健全土地经营权流转市场，大力发展家庭农场，以及推进农业"机器换人"和"互联网+农业"等方式，努力补齐效率短板，提高了农业产出水平。2014年，湖州市农林牧渔业单位农业劳动力增加值为51559元/人。此后逐年增长，到2017年湖州市农业劳动生产率达到峰值，为61369元/人。2018年，湖州市农林牧渔业单位农业劳动力增加值为60919元/人，略低于2017年，同比下降0.74%，如图5-4所示。

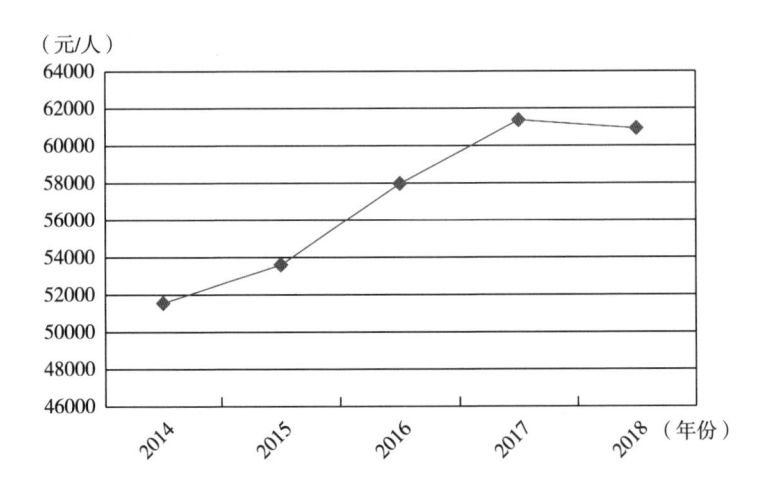

图 5-4 2014—2018 年湖州市农林牧渔业单位农业劳动力增加值情况

资料来源：根据 2015—2019 年《湖州统计年鉴》数据计算。

2. 农业土地产出率不断提高

近年来，湖州市农业种植面积逐年下降，但每年的农业增加值基本保持稳定，相应地，农业土地产出率也就逐年提高。2014 年，湖州市农作物播种面积为 280.7 万亩，农业增加值为 627355 万元，单位耕地面积种植业增加值为 2235.0 元/亩。随后农业土地产出率组建提高，到 2018 年，湖州市农作物播种面积为 239.4 万亩，农业增加值为 645106 万元，单位耕地面积种植业增加值达到 2694.5 元/亩，如图 5-5 所示。

（三）农业科技指数

近年来，湖州市农业科技指数有所改善。根据浙江省农业现代化综合评价报告，2016 年，湖州市农业科技指数在浙江省 11 个设区市中排名第 5 位。到 2017 年，湖州市农业科技指数在浙江省 11 个市中的排名上升到第 2 位。

湖州市三县两区的农业科技指数不容乐观。尽管农业现代化综合评价得分比较靠前，但三县两区发展不平衡，它们的农业科技指

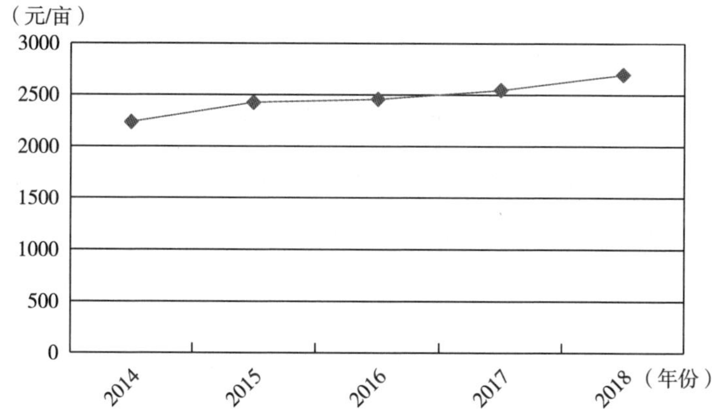

图 5-5　2014—2018 年湖州市单位耕地面积种植业增加值情况

数据来源：根据 2015—2019 年《湖州统计年鉴》数据计算。

数得分在浙江省 82 个县（市、区）中的排名相对落后于综合排名位次。2016 年，湖州市三县两区中，南浔区的农业科技指数在浙江省 82 个县（市、区）中排名为第 17 位，是湖州市三县两区最好的县（市、区）；而安吉县的农业科技指数在浙江省 82 个县（市、区）中排名为第 80 位，成为湖州市三县两区垫底的县（市、区）。

2018 年，德清县农业现代化综合评价得分在浙江省 82 个县（市、区）中的排名第一，但其农业科技指数得分并不高，其中农业科技投入贡献率在浙江省 82 个县（市、区）中排名第 45 位，中级以上农业技术推广队伍占比排名第 53 位，相应地，德清县的农业科技指数得分并未与其综合得分同步。安吉县经过两年的努力，综合排名从 2016 年的第 11 位上升到 2018 年的第 8 位，其农业科技指数排名也有所进步，其中农业科技投入贡献率在浙江省 82 个县（市、区）中排名第 70 位，中级以上农业技术推广队伍占比排名第 73 位。

（四）种业发展

湖州市围绕渔业绿色发展，大力引进推进一批高质量种业项目，持续做大育强水产种业。2019年上半年,水产种业产值达3.11亿元,科技化、智慧化、多元化水平进一步提升。

渔业发展,种业为先。湖州市是全国淡水种业大市,持有生产许可证的苗种企业60余家,淡水苗种远销全国20余个省份,外销率近90%,淡水苗种年产量236亿尾,年产值4.2亿元,尤其是罗氏沼虾和鲌鱼苗种产量占全国的60%以上。拥有国家罗氏沼虾遗传育种中心1个、国家级水产良种场2个、省级水产良种场3个。拥有农业部良种审定委员会审定、具有知识产权的水产新品种4个。今年以来,湖州市加大对水产种业的支持扶持力度、引领推广,还培育创建省级水产良种示范场3个,并将加快启动水产苗种产地检疫试点工作。

2019年上半年,一批高质量的水产种业项目在湖州市落地生根,瞄准国内外市场空白领域,是湖州市绿色渔业发展的后劲所在。德清县阜溪街道隆升全封闭循环水工厂化育苗项目、长兴县虹星桥镇渔歌淡水石斑鱼繁育养殖项目、长兴县洪桥镇澳凌河蟹种苗繁育项目等竣工投运。其中德清县阜溪街道隆升全封闭循环水工厂化育苗项目,被誉为湖州市诞生的第一家"活鱼工厂",可年产优质加州鲈鱼苗种5000万尾,培育亲鱼及商品鱼两万千克,年利润可达1000万元以上,同时还能为养殖户提供已经驯化好的优质苗种,预计每年带动养殖户增收1.2亿元左右。长兴县虹星桥镇渔歌淡水石斑鱼(光唇鱼)繁育养殖项目,填补湖州市淡水石斑鱼繁育养殖"空白"。长兴县洪桥镇澳凌河蟹种苗繁育项目,将成为全球第一家BAP认证的大闸蟹基地。

一批代表种业高精尖水平的项目开工建设,计划总投资突破两亿元。其中,吴兴区八里店镇弘鑫现代立体高效水产养殖项目在国内率先应用工厂化双层立体养殖模式;长兴县和平镇省淡水水产研究所罗氏沼虾国家级保种基地项目、长兴县林城镇毅达罗氏沼虾种质基因库项目,将着力打造全国一流的罗氏沼虾种质基因库。

第五章　湖州市乡村振兴内生动力转化

（五）农业设施装备

近年来，湖州市加速推进农业机械化发展，持续加快"机器换人"步伐，大幅度提高劳动生产率，逐步形成多元化、立体化、全程化的农机发展格局，农机服务水平全面提升。2014年湖州市农业机械总动力达到168.47万千瓦，2015—2016年相对稳定。2017年湖州市农业机械总动力大幅下降，主要是由于湖州市农作物播种总面积已经开始下降。从亩均农业机械动力来看，2017年亩均农业机械动力为0.61千瓦/亩，高于2014年的0.60千瓦/亩，2018年亩均农业机械动力进一步提升，达到0.63千瓦/亩，如图5-6所示。

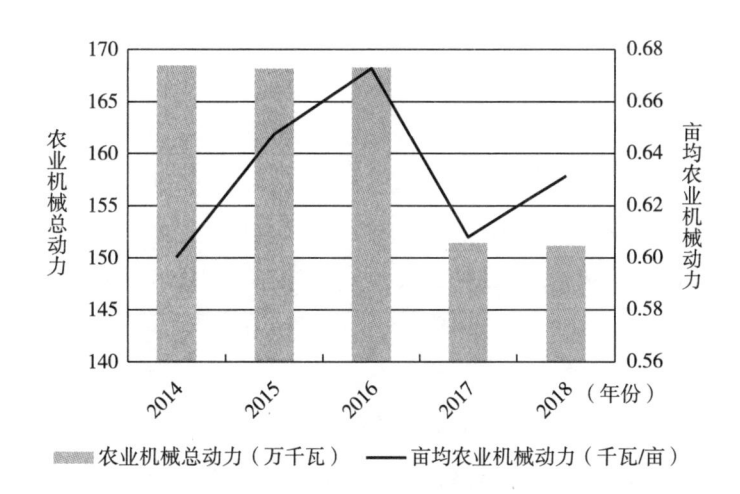

图5-6　2014—2018年湖州市农业机械动力情况

资料来源：2014—2018年度湖州市农业统计资料。

另外，湖州市主要农作物耕种收综合机械化水平在2015年已经高于80%，此后一直保持在80%以上。截至2018年年底，湖州市共有耕作机械20068台，其中大中型拖拉机853台，农用小型拖拉机16978台；收获机械2289台，其中联合收割机1956台；种植机械1177台；植保机械10578台；谷物烘干机574台；冷藏保鲜设备

350套，如图5-7所示。

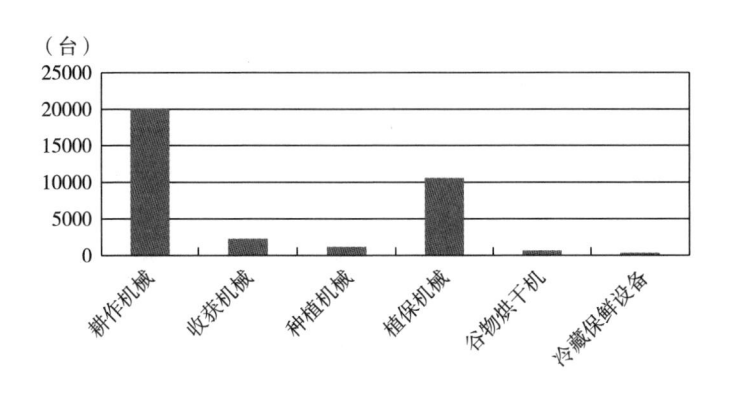

图5-7　2014—2018年湖州市主要农机具拥有量

资料来源：2014—2018年度湖州市农业统计资料。

二　农业技术推广

（一）农技推广机构

湖州市三县两区均建立县（市）农技推广中心，推广中心人数逐年上升，从2014年的190人上升到2018年的307人，增长61.6%。每个乡镇均设有农技服务站，乡（镇）农技服务站人数在2014年拥有659人，到2016年增长到731人，此后基本保持稳定。每个行政村均设有村农科组，配有不脱产农技员，2014年，村农科组不脱产农技员拥有5166人，但在2015年大幅下降，此后人数尽管有所回升，但也比2014年下降24.6%，如表5-1所示。

表5-1　2014—2018年湖州市各级农技推广机构人数

年份	县（市）农技推广中心人数（人）	乡（镇）农技服务站人数（人）	村农科组不脱产农技员（人）
2014	190	659	5166
2015	171	677	3424

第五章 湖州市乡村振兴内生动力转化

续表

年份	县（市）农技推广中心人数（人）	乡（镇）农技服务站人数（人）	村农科组不脱产农技员（人）
2016	243	731	3722
2017	251	722	3853
2018	307	731	3895

资料来源：2014—2018 年度湖州市农业统计资料。

近年来，湖州市基层农业科技服务能力稳步提升。2015 年末，湖州市拥有农业专业技术人员 773 人，获得省级农业科技成果转化推广奖 16 人，拥有省级团队科技特派员 10 个，省级企业法人科技特派员 9 个，市级创新团队 3 个。2016 年，湖州市中级以上农业技术推广服务人员占比 66.5%，高于浙江省 62.9% 的平均水平。建成省级农业公共服务中心 58 个。农业信息化与农业现代化同步发展步伐加快，湖州市加入农民信箱用户 27.71 万户，用户规范率达 95% 以上。建成万村联网行政村网站 1036 个，行政村建站率达 100%，规范率达 100%，27 个行政村（社区）网站获省万村联网"季度之星"称号。2017 年 5 月，湖州市被农业部列为全国唯一整市推进的基层农技推广体系改革创新试点市。

（二）湖州市南太湖农技推广产业联盟

近年来，湖州市深化"市校合作"，推进省级农技研发与推广体制机制创新试点，建立健全，扎实推进农技创新，走出了一条具有湖州特色的高效生态农业发展之路。湖州市与浙江大学"市校合作"的基础上建立"1+1+N"农技推广模式（1 个首席专家团队+1 个本地农技推广服务小组+若干新型农业经营主体），建立主导产业联盟，被列入全国唯一的整市推进基层农技推广体系改革创新试点。[①]

[①] 《湖州成基层农技推广体系改革创新试点市》，人民网，http://zj.people.com.cn/n2/2017/0523/c186953-30227368.html。

1. 农技推广举措及成效

近年来，产业联盟实施百名专家驻村工程。截至2019年，在首批37个结对村的基础上，完成新增结对村29个，并组织联盟专家驻村考察及指导273次，服务结对村或村域内产业基地200余个，参与指导的专家达1000多人次。如水产产业联盟专家对菱湖镇勤劳村、新庙里村长期阴雨，池塘存鱼量大的情况提出并制定了4条早春池塘养殖技术管理措施，进行预防鱼病发生等服务指导。蔬菜产业联盟专家对吴兴区移沿山村、德清灯塔村、安吉大竹园村等开展茭白早熟栽培及茭白废弃物资源化利用、蔬菜水肥一体化技术等服务指导。休闲观光联盟专家对安吉九亩村等开展乡村产业规划、农家乐发展方向指导服务。水果产业联盟专家对南浔练南村、长兴渚山村等指导水果栽培技术。蚕桑联盟专家对菱湖射中村、练市朱家兜村等开展蚕桑规模化饲养技术、桑园套种技术等指导服务。此外茶叶联盟、笋竹联盟、花卉苗木联盟、粮油联盟、畜禽联盟等都参与结对村服务指导活动。"1311"行动组织专家进驻结对村是对联盟服务主体的一种拓展，从点（服务主体）到面（乡村）的拓展，从单一产业到大农业的拓展，从服务技术到产业规划的拓展。

实施百项科技成果富民惠民工程。坚持项目为根基，产业联盟核心基地建设与实施"1311"行动计划相结合，精选36项技术成果下乡，把实施项目建设成为产业高质量发展示范基地、人才培育实训基地、先进理念、先进技术和先进模式展示基地、大中专学生社会实践和中小学生校外研学基地。并充分利用项目建设和基地载体，正在争取更多的浙江大学硕博士到乡村服务。

继续引进推广新品种、新技术（新模式），助推产业升级。2019年产业联盟共引进推广新品种91个，指导应用"机器换人"、生态种养等新技术或新模式74项。其中水果联盟引种柑橘新品种"红美人"，推广栽培面积5128亩，建立示范基地5个，并在南浔区练市镇西堡村筹备建立浙江省最大的集中连片柑橘设施栽培基地。引进的柑橘新品种"红美人"在浙江农业之最"红美人"柑橘擂台赛上获得三等奖，填补了湖州在省柑橘大赛上无获奖的空白；水产联盟大力推广池塘内循环水养殖（跑道养鱼）技术，主持完成了市级地方标准《大口黑鲈池塘内循环流水养殖技术规范》，协助养殖企业建造养殖水槽（跑道）277条，养殖水槽面积达3.05万平方米，养殖品种以加州鲈鱼、草鱼、黄颡鱼、三角鲂为主，每条水槽年产量5—12.5吨。

以创新工作成效宣传模式为抓手，通过"互联网+"发布农情信息、联盟典型案例等，扩大联盟影响力。2019年度，联盟信息平台发布各类信息465条，联盟培训、技术服务、外出考察和例会等信息全方位展示联盟工作，实用技术专栏针对低温、雨水等天气实时发布作物种植、畜禽和水产养殖技术要点和防治措施，"1311"行动专栏凸显联盟创新工作成效；另有多个新闻媒体报道联盟活动，联盟获得关注度显著上升。6月19日在长兴举办2019年湖州市南方早熟葡萄栽培技术培训会上，国内著名农技社区服务平台191农资人对培训会进行了现场直播；10月12日花卉苗木联盟专家组团坐镇长兴花木大会现场，为花卉种植户带来林博士100问，得到了央广网、腾讯视频等相关媒体的报道，联盟各类活动受众更加广泛，推广效力更加显著。

2. 进一步开展农技推广的对策

（1）深化农科教一体化农推新体系建设，探索产业联盟工作新机制。

进一步优化《联盟专家选聘办法》，调整联盟专家队伍结构，吸收适合农业全产业链发展需求的浙大知名专家入驻产业联盟开展工作，高校联盟专家稳定在100名左右，地方农技专家稳定在200名左右，服务主体实现湖州市重点农业龙头企业、农业专业合作社、家庭农场等全覆盖。

（2）加强先进实用技术引进推广。

按照湖州农业"稳定粮油、提升蚕桑，优化畜禽、做强水产，做特果蔬、壮大林茶，发展生产、富裕农民"要求，在农林渔牧特色地方品种选育与优质高效安全生产、畜禽水产优良新品种与生态养殖、农产品精深加工与现代储运、现代农业装备、农药化肥减量增效、农业生物技术等领域，筛选推广实用农业科技成果，以项目带动为推手，建立试验示范点，帮扶带动周边农户发展，助力村域或镇域挖掘地方特色品种，打造区域优势品牌，形成"一村一品"或"一镇一业"。

（3）提升农业主体创新能力。

重点打造100家核心示范基地建设，鼓励、支持有条件的核心示范基地或企业与高校专家共建首席专家工作室，让高新技术"直通"农家。建立乡村振兴"首席专家"制度，从服务乡村振兴的专业精英中遴选聘请产生10名左右市级"首席专家"，在湖州市组建一批首席专家工作室，实施一批"首席专家"领衔项目（课题、活动），并探索新形势下专家工作室运行和保障机制；通过专家工作室的建设及核心示范基地的辐射带动，力争拥有更多区域主推品种，抢占种业发展的前沿，打造更多的农产品区域品牌，提升农产品的市场影响力、竞争力，提高农产品的科技附加值，实现农业经营收入的持续稳定增长。

（4）加强农业关键技术攻关研究。

以提高湖州市农业科技创新能力和解决主导产业发展关键技术、共性技术为核心，重点围绕生物种业、循环农业、种养结合模式、设施农业、农产品加工、面源污染防控等重点领域，以自主创新、集成创新和引进、消化、吸收再创新为途径，强化产业联盟间、专家团队与经营主体间的协同和合作，持续推进培育农业科技创新团队，力争新培育在相关领域具备解决重大技术难题、具有持续创新能力和成果转化能力的创新团队3个。

(5) 创新高校农技推广服务机制。

继续推进"1311"产业联盟助力乡村振兴工程，探索新形势下高校服务地方乡村振兴"陪伴式"服务模式。在湖州市重点农业龙头企业或研究机构设立高校乡村振兴"陪伴式"服务点，根据企业或研究机构发展需求，安排相关高级专家开展专家驻点服务。单个服务点陪护式工作服务时间总长不少于50人/日，重要生产节点时需到场指导工作。

(6) 打造"市校合作乡村振兴示范带"。在八里店南片高新农业产业集聚区域，通过产业发展、示范基地建设、质量品牌打造、环境治理、人才培养、打造"市校合作乡村振兴示范带"及"现代生态循环农业样板区"，在美丽乡村、产业融合、乡村治理、乡村改革等方面积累模式经验，实现乡村振兴的协同创新。

三　数字农业农村建设

发展数字农业农村是顺应信息化进入大数据新阶段的必然要求，是抢占农业农村现代化制高点的迫切需要，也是创新推动农业农村信息化发展的重要途径。2019年4月，农业农村部信息中心发布了《全国县域数字农业农村发展水平评价报告（2019）》，湖州市三县两区均获评2018年全国县域数字农业农村发展水平评价先进（区）县，为全国首家实现区县全覆盖地级市。

(一) 数字农业农村试点

1. 德清县数字农业试点

2018年，德清县发布《德清县智能农业发展三年行动计划》，提出德清县总的数字农业技术路线图，通过云计算、物联网、大数据、人工智能、遥感等技术手段，建设一个中心、三个平台、四个应用、四大示范项目；提出未来三年在农业生产、经营、管理、创新等几个方面进行智能农业建设，将建成一个大平台（智能农业云平台），培育10个智能农业示范园区、100个智能农业示范基地，农产品网上交易额突破20亿元。

德清县通过推动现代农业与地理信息、人工智能、数字经济等产业深度融合，全力打造数字乡村新高地，为乡村振兴插上数字化"翅膀"。2019年4月，德清县荣获"2018年度全国县域数字农业农村发展水平评价先进县"。德清县在建设数字农业农村过程中，凝练了一些先进经验。一是以"数字促生产"，加快推动现代农业大转型。截至2019年3月，德清全县已建设智能化农业园区10个，农业物联网应用示范点87个，成功创建浙江省首批农业领域"机器换人"示范县，"机器换人"让生产过程省时省力。大力发展农产品智能商务、智能物流，建立了涵盖全县行政村的电商服务点，"电商平台"让经营模式焕然一新。利用VR/AR技术开发建设虚拟农场、智能农业体验馆等休闲农业项目，切实提高了农产品附加值。全面整合农业数据中心、应急指挥中心、行政监管平台等载体资源，搭建智能农业云平台，实现对县、镇、村三级实时动态监管，"智慧监管"让产品质量安全可控。二是以"数字优生态"，着力打造城乡美丽大花园。"一张图"引领乡村建设，通过开展国家数字城市地理空间和智慧德清时空信息云平台建设，建立起覆盖城乡的"多规合一"空间控制体系，并以这张蓝图为基础制订完成各村建设规划，全面完成了美丽乡村建设。"一张网"护美农村生态，围绕打好治水治违治气治土治矿生态环境整治组合拳，创新打造城乡协同的信息化管理监测系统，搭建起"县镇村一体、水陆空合一"的"生态防护网"。"一平台"引导美丽行为，充分利用数字技术直观易懂、便于收集的天然优势，依托阿里云ET"城市大脑"智慧监管平台，广泛将其运用到农村生活垃圾分类、农村生活污水治理等工作中。三是以"数字优生活"，全面构建智能治理大格局。全县域完善"信息网络"，大力推进农村信息化改造，启动铺设5G基站，全面完成所有镇（街道）的"一室四平台""雪亮工程"建设。让此前农村有些"看得见、管不着"的事变成了"看得见、管得着、管得好"。全环节打通"数据孤岛"，以"最多跑一次"改

第五章　湖州市乡村振兴内生动力转化

革为引领，大力推进政府数字化转型，率先成立县域大数据管理发展平台，汇集56个部门3270万条基础数据，并尽可能把数据权限向基层开放。全领域提供"智慧服务"，持续加强教育、医疗等公共服务资源共建共享，特别是创新推出"智慧交通""智慧旅游""智慧诊所"等便民机制，真正让"乡下人"也能享受到和"城里人"一样的优质服务。①

2. 浙江省数字乡村试点市、县

2019年12月，湖州市、德清县、安吉县分别获批为浙江数字乡村建设试点示范市、县。其中，湖州市打造市级数字乡村中枢云平台，提升乡村产业、乡村生活数字化水平，建立渔业大数据、农村电商示范、乡村治理数字化应用示范，优化市、县、镇村、主体四级联动的数字乡村层级架构。基本建成市级乡村云平台框架及六大类核心数字资源库；建成湖州市智慧渔业大数据中心；完善美丽乡村治理数字化平台功能。

德清县做好全国数字农业试点县建设内容，高质量完成农业资源数据中心，数字农业综合决策分析平台、农产品质量安全监管平台，粮食生产智能管理应用、水产养殖智能管理应用，德清渔业创客孵化中心智能化感知与高效管控示范项目、鱼菜共生智能生态循环示范项目、国家级罗氏沼虾种虾培育基地智能化管理示范项目、先锋农机专业合作社智能农机应用示范项目。安吉县打造安吉乡村数据仓，开展耕地质量、农业主体、农资管理与流通等数据可视化专题建设；基于安吉县农业物联网公共管理平台，打造农业掌上应用；建立安吉白茶产销一体化系统，开展白茶全产业链大数据分析；建成县域乡村农旅一张图；完善安吉县智慧养老信息监测平台。②

---

① 《全国第一名！德清荣获"2018年度全国县域数字农业农村发展水平评价先进县"》，搜狐网，https://www.sohu.com/a/309513204_99934520。

② 《浙江数字乡村建设又迈进一步！这些地方率先试点示范数字乡村和数字农业工厂！》，搜狐网，https://www.sohu.com/a/359661092_349219。

（二）产业数字化深入推进

近年来，湖州大力推进数字农业，遥感监测、远程诊断、精准作业、环境自动监测与控制、水肥药智能管理、精准饲喂等技术开始大面积应用，已培育农业物联网试验示范基地86家。推进26个数字化融合项目建设，计划投资5.98亿元，已完成投资3.97亿元，竣工项目18个。庆渔堂物联网智能养鱼模式，平台注册用户5万余户，渔业物联网监控服务安装7000余套，服务鱼塘55万亩以上。举办"5G+农业龙头示范"全国研讨会，共谋数字乡村发展的美好未来，聚智聚力乡村振兴战略的实施。全面推进渔业尾水治理智能化监管，在德清县建成全国首个尾水治理信息化管理平台。

专栏：

南浔区数字渔业实施"八个一"工程

1. 建设一个淡水鱼加工园区。以打造现代化"中国渔业硅谷"为目标，近期在菱湖镇规划200亩的工业用地，建设一个渔业加工工业园区，重点引进水产品精深加工、饲料生产、冷链物流、渔药研发生产、渔业机械制造、渔业智能装备研发、垂钓装备生产等涉渔企业，实现渔业产业的集聚化发展，有效促进渔业科技孵化。利用3—5年的时间，引进和培育一批具有影响力的淡水鱼相关领域的企业，形成全国淡水渔业加工示范园区。

2. 打造一个数字化淡水鱼交易中心。以建设浙北最大水产交易中心为目标，集水产品综合交易区、水产品展销中心、物流配送体系、水产品检测中心、信息服务平台等多功能模块于一体，建设数字化平台统领下各模块有机衔接的智能市场系统。以建设数字化交易平台为目标，加强与互联网、电子商务、数字物流的有机融合，发布价格指数，实现价格透明化、供求信息化、产

品订单化、物流无缝化。以"市场准入＋可追溯管理"为目标，实现产品的合格准入和出场产品二维码溯源，逐步建立"质量征信数据库"和"黑白名单"机制。水产品交易中心运行后，力争年交易能力达10万吨，年交易额达20亿元以上。

3. 培育一批水产良种场。以打造"中国淡水渔业种质资源库"为目标，实施现代种业发展工程，在菱湖、千金和和孚建设加州鲈鱼、黄颡鱼和罗氏沼虾等的良种场，为南浔水产品种结构调整提供保障，增强渔业发展后劲。同时，全面完善亲鱼培育池、苗种繁育车间等相关硬件设施，提升水质净化控制、智能管理管控等管理水平，将机械设施和人工智能集于一体，替代传统的"老经验"和"土方法"。到2021年，建成省级以上水产良种场3家，特种水产苗种场5家，突破育种核心技术3项，研发新品种2个，年淡水鱼苗种繁育能力突破150亿尾，本地优势品种苗种基本实现本地自给。

4. 创建一批现代渔业核心试验区。按照"政府主导、整村流转、统一规划、合作经营"的方式，建立一批千亩现代数字渔业试验区。通过土地整村流转，小鱼塘改造，转变以往低小散养殖模式，为新饲料、新设备、新技术的试验、推广提供支持和保障；同时，充分利用"跑道"、传感器、水下无人机等设施设备及技术，搭配集约化水产养殖智慧系统，打造万亩跑道鱼。到2021年，菱湖、和孚、千金各建设1个连片2000亩以上的"跑道鱼"园区。

5. 建设一个智慧渔业大脑。在和孚镇建设数字渔业科创园，设立区渔业大数据中心，加快物联网、大数据、智能装备等现代信息技术和装备在渔业生产全过程的广泛应用，积极推广遥感遥测、智能识别、自动控制、水下机器人等技术装备。引进设施养殖、加工流通、智能装备等科创公司和人才，探索信息化技术应用和推广，推动大数据与渔业深度融合。利用现有服务平台资源，拓展功能模块、扩大覆盖范围、强化服务能力、提升科技水平，打造在产品销售、养殖服务、知识更新方面具有实用价值，在病害预警、市场预期、品种调整方面具有决策价值，以及在安全监管、质量监管和环保监管方面具有监管价值的智慧渔业大脑。

6. 打造一个渔旅综合体。建设集桑基鱼塘、范蠡养鱼历史、科普教育、休闲观光、品牌宣传等要素为一体的中国淡水鱼都博物馆，采用VR、AR等智能技术，让观鱼、赏鱼更具科技感，使游客通过虚拟体验+现实体验，进一步深刻了解南浔渔业文化。以"桑基鱼塘"文化商业化开发和系统性保护为核心要素，建设竞技垂钓场地、渔宴美食街、风情民宿等业态，打造休闲、观光、垂钓、竞技、餐饮、住宿于一体的渔旅综合体，实现渔业产业附加增值，满足现代人的多样化需求。

7. 建设一个科技金融服务中心。以区农合联为主体，组建金融综合服务平台，打通养殖户、农资企业、加工企业和银行之间的融资渠道，解决养殖户融资难、贷款难的难题。引进金融机构3家，谋划建立"区农合联+渔资企业+银行+保险+养殖户"的多方参与金融综合服务平台，有效联合本地企业资源，通过农合联和金融机构合作，采用担保、企业直销、银行放贷、农户返利、风险基金共享的模式，为养殖主体提供快捷便利、价格优惠、服务多样的农业金融一站式服务。深入推广"绿贷险"等保险产品，探索渔业价格指数保险等新型产品，降低渔业养殖风险。

8. 组建一个渔业产业联盟。以菱湖渔业协会为核心，组建由苗种主体、生产主体代表、加工主体、饲料企业、渔资经销主体、科技服务主体、技术专家团队等组成的区级渔业产业联盟，

第五章 湖州市乡村振兴内生动力转化

> 相关镇成立分联盟,形成全区性的渔业产业联合体。积极吸纳渔业协会、垂钓协会等相关协会和省淡水所等科研院所等资源要素,加强与联盟合作和交流,统筹资源配置,构建南浔渔业"云联盟"。充分发挥"盟主"对联盟资源的核心支配功能,实现"一盘棋、齐步走"式的发展,促进产业链各环节的资源共享,实现渔资供应统一质控、养殖过程统一标准、养殖产品统一营销、金融服务统一保障、科技研发因需而行、技术服务分片覆盖,使产业链各环节的功能充分发挥,建立互利互惠的利益共享机制。①

(三) 乡村治理数字化初具雏形

德清县五四村建立浙江省首个美丽乡村治理数字化平台,袁家军省长称赞其为"数字乡村的典范"。梳理农业部门数据资源,做好农业产业发展指标"两山指数""经济运行"数据归集工作,共设立目录表53个,为乡村管理、民生服务、决策分析提供数据支撑。推动"物联网+三务管理",农村集体"三资"管理平台实现党务、村务、财务网上公开。推动"物联网+环境治理",开展农村环境整治遥感影像全域督查,利用航拍技术进行农村人居环境治理。农民信箱注册用户31.6万人,已经覆盖湖州市所有乡镇,农民信箱启用率91%。开展益农信息社新建、认定或改造提升,湖州市建成益农信息社993个,行政村覆盖率100%。

第二节 湖州市乡村振兴人才动力转化

作为习近平总书记"绿水青山就是金山银山"理念的诞生地和

---

① 资料来源:《南浔区数字渔业发展三年行动方案(2019—2021)》。

美丽乡村的发源地,浙江湖州通过十多年的探索和实践,总结出了创新乡村人才教育培训体系、开辟乡村引才专项通道、组建农业技术推广联盟的乡村人才振兴"湖州模式"。

一 创新乡村人才教育培训体系

早在2010年,湖州市根据新技术、新产业、新业态和新模式对乡村人才的需求变化,成立全国首家农民学院,开展"学历+技能+创业+文明素养"教育教学,实现农民学历"中职+大专本科+研究生"梯度推进,培育了一批适应农业现代化要求的新型职业农民。[①] 湖州市以湖州农民学院为龙头,搭建起了"以湖州农民学院、湖州职业技术学院(电大)教育资源为主体、浙江大学等高校院所专家教授为支撑、以中等职业教育学校和乡镇成校为基础,以开放教育为主要形式"的乡村人才教育培训体系。深入实施农民素质提升工程,打造人才孵化实训基地,加大高职扩招力度,不断提高乡村人才培养条件,提升乡村人才实践技能。

(一)坚持"两山"理念引领,把高质量发展贯穿农民教育的全过程

1."两山"理念引领农民教育

湖州市农民学院按照争当践行"两山"理念样板地、模范生的要求,会同市农业农村局、市教育局联合举办"湖州市'两山'理念与农民职业教育研讨会",深入学习习近平总书记给全国涉农高校书记校长和专家代表的回信等重要指示精神,全面贯彻市委市政府《关于推进乡村人才振兴的实施意见》,湖州农民教育要在践行"两山"理念教育上走在前列,把握农民职业教育的办学方向,突出绿色生态教育重点,优化高素质农民的培育路径,以"两山"理念教育的实际成效,推进高质量发展。

---

① 李华:《乡村发展离不开人,湖州绘就乡村振兴人才布局图》,《湖州日报》2018年6月4日第1版。

2. 院校合作深化农民教育

注重借势借力,整合农民教育优质资源,深化与中国社会科学院农发所、浙江大学、浙江农民大学、省农广校等科研院所、高等学校的合作,积极参与中国县镇经济交流促进会等高层次协会、全国涉农职业院校协作委等、省终身教育研究院等活动,借智借力,拓宽平台,不断整合优质资源和高端师资等,在科学研究、人才培养、社会服务等方面借势借力,积极争取指导和支持。

3. 内涵建设提升农民教育

持续优化提升师资队伍建设,建立健全涵盖涉农专业、企业管理、市场营销、创新创业、法律、财务等方面的师资库,开展农民学院及各教学站点管理人员、兼职教师培训、新型职业农民培育工作班主任研修班等工作,选送创业导师外出进修,不断提升师资能力。通过网络平台和微课录制等举措,不断推进学习资源建设和应用推广,2019年浙江省农民大学微课比赛,湖州市农民学院获"优秀组织奖",推荐的作品获一等奖1项,二等奖1项,三等奖两项。在2019年浙江省农业农村厅优秀农民培训课程微视频竞赛中获二等奖1项,三等奖1项。

(二)紧扣农业产业发展,突出高层次人才重点扎实开展农民教育培训

1. 精准开展农业领军人才培训

校地合作,承接德清县农业农村局"德清县百名美丽农业领军人才培育"项目,结合德清当地产业发展需要和学员生产经营状况,采取课堂理论教学、现场实践教学、论坛经验分享、外派学习交流、创业跟踪服务等形式,开设水产班和综合班,培训内容涵盖农村电商、农村融资、家庭农场及物联网等,共有种植、养殖能手学员100名学员。2019年培训班在上海开展4天培训并圆满完成,有效地助推了德清农民增收致富和德清农业特色化、品牌化发展。

2. 扎实开展新型职业农民培育

全面做好湖州市新型职业农民培育指导工作，与市农业农村局、市农广校联合召开农民教育培训业务能力提升会议，召开湖州市本级新型职业农民培育工作推进会。全面落实培育工作，湖州市共培训新型职业农民2289人（其中市本级815人、长兴527人、德清450人、安吉497人）。在两区15个乡镇开设休闲观光、农村信息、茶叶种植、水产养殖、农村经纪人、水产养殖、果树种植7个专业共18个班，按照培训方案和要求完成各项工作，培训人数达815人。创新中级新型职业农民培育，按照《湖州市中级新型职业农民培育方案》，以"分段式、导师制"形式对学员开展创新创业四个阶段的教育培训，果蔬、水产、茶叶三个产业进入第四阶段，休闲观光产业进入第三阶段培育。

3. 深入开展中级实用人才培训

围绕"两山"主题转化开展民宿创客高级研修班、民宿女管家提升发展研修班、民宿主能力提升研修班、农村妇女电子商务高级研修班、农村青年电子商务高级研修班及乡村振兴合作创业带头人提升发展研修班两期等培训班次，围绕农村产业技术发展方面开展蜜蜂养殖技术专题研修班、花卉苗木产业专题研修班、林下经济产业专题研修班等班次，围绕乡村治理与南太湖农推中心联合举办"美丽乡村带头人"专题研修班，全年共开展11个班次培训，培育人数达509人。

（三）主动融入国家战略，积极推进农民教育提升开放办学成效

1. 积极融入长三角联动发展

响应长三角更高质量一体化发展战略，推进上海市、江苏省、安徽省与湖州农民培育合作，助推湖州农业产业联动、资源共享。与上海市农广校合作举办"上海湖州两地青年农场主培训联合培训班"，实施沪湖两地青年农场主联合培训，沪湖两地共有150人参加，通过视野拓展、能力提升、创业辅导、成果分享四个阶段，历

时一年的培训，提升了学员的创新理念和创业兴业能力，也加强了两地交流，实现优势互补，推进两地农业产业链深度融合。

2. 拓展"一带一路"等国际合作

与湖南省农业集团有限公司国际交流中心合作，开展发展中国家蜜蜂养殖及蜂蜜生产加工技术培训班。2019年在湖州农民学院蜂业教学基地（长兴意蜂蜂业科技有限公司）开展4期发展中国家蜜蜂养殖及蜂蜜生产加工技术培训班，来自巴勒斯坦、缅甸、埃塞俄比亚等"一带一路"10余个国家200多名学员参加培训，促进养蜂及加工生产技术的国际合作与交流。

3. 积极参与两岸农民大学生创新创业交流

深入推进农民大学生创新创业教育，积极培育农民大学生创业基地，2019年新认定农民大学生创业基地11家，湖州市累计达到85家，并依据产业和规模，结对省市校乡创业导师，并配置办公设备、订阅报纸等，搭建平台，组织基地成员开展乡创客等培训、参加2019年第三届两岸乡村振兴与休闲观光论坛等活动。深化农民大学生创业联盟建设，召开农民大学生创业联盟委员会工作会议，丰富联盟建设内涵，明确工作要点，不断提升影响力。

（四）注重加强内涵建设，着力推进农民教育提质增效

1. 完善制度，规范管理

深化改革，结合实际，健全完善各项制度。出台《湖州农民学院经费管理实施细则》、修订2019年湖州市新型职业农民培训经费预算表，规范资金使用，及时做好各类台账资料；深入排摸调研，及时调整各类方案或管理办法，修订《农民大学生创业基地结对指导教师管理及考核办法》、制订2019年湖州市市本级新型职业农民培育项目先进单位、先进工作者、优秀学员评优管理办法、起草《湖州市中级新型职业农民认定管理办法》等，通过制度完善不断提升管理质量。加大宣传力度，通过典型先进案例和优秀经验做法，推广湖州农民学院，不断提升知名度。

2. 做精做强，深化学历教育和技能培育

深化"学历+技能+创业"培训模式，按照循序渐进、做精做强的要求，不断扩大生源规模，努力提高大学生素质。2019年新招农民大学生422人，湖州市在籍学员达到3147人，全年405人获得农作物植保员、动物疫病防治员等初（中）级职业技能证书。继续推动农推硕士班遗留生毕业论文答辩工作，目前已毕业获得学位证书57人。进一步规范农民大学生教学管理，加强对教学过程重点环节的监控，对南浔成校等9个直属教学点开展教学检查和督导工作，通过召开师生座谈会，开展推门听课、问卷调查，考察各教学点的教室和实训场地、教学设施设备等情况。

3. 按需送教，服务基层

持续做好"农民大讲堂"，充分排摸需求，将大讲堂开设到农民家门口或者田间地头，内容涉及农业技术、网络营销、种养殖等各个方面，不断提升农民使用技能，全年已完成50讲，受众人次2000余人。

二 开辟乡村高端人才外引内培专项通道

（一）招引高层次农业创业创新领军人才

湖州市在本省率先实施"南太湖精英计划"的同时，专门设置乡村人才引才专项，大力引进带项目、带技术、带资金、带团队的农业创业创新领军人才。

安吉县在落实湖州市《关于高水平打造人才生态最优市的若干意见》"1+N"人才新政基础上，还实施了"美丽英才计划"、美丽乡村科研院人才驿站引才机制、异地孵化器建设等三个创新举措，汇聚了一批农村创新创业人才。新招引从事现代农业大学生1863名，新培育乡创客224名。

2019年，湖州市组织18家涉农企业赴黑龙江招引大学生，推出岗位123个，达成就业意向大学生481人。

（二）重点培育"五类英才"

制订出台了《关于推进乡村人才振兴的实施意见》,[①] 配备 1000 万乡村人才专项资金，重点开展产业领军人才、专业服务精英、乡村创客、能人乡贤、工匠能手等"五类英才"培育，积极引导大学生、青年人才返乡下乡就业创业，吸引推进教育、卫生、法律等专业人才下乡服务乡村建设，乡村人才队伍逐步健全。

1. 培育产业发展的领军人才

深入实施"南太湖本土高层次人才特殊支持计划"等培育工程，重点在农业企业负责人、农民专业合作社带头人、农家乐民宿经营业主、家庭农场主、农业服务组织负责人、农村电商带头人等生产经营能手中遴选支持一批引领带动现代农业、乡村旅游、乡村服务业、农村电子商务等特色产业发展的领军人才。每年遴选"南太湖特支计划"乡村振兴领军人才。2019 年，湖州市将乡村振兴领军人才纳入"南太湖特支计划"重点专项，首批乡村振兴领军人才遴选共评选出 16 名领军人才。

2. 培育服务乡村的专业精英

积极推行"首席专家"结对帮扶制度，引导和支持农业科技人员、医生、教师、律师、文艺工作者、乡村规划设计建设人员、农推联盟专家等各类社会人才组团下乡，定期服务乡村。从优秀行业人才队伍中选拔一批高层次专业技术人才聘请为"首席专家"，组建"1 名首席专家＋1 个专业团队＋若干个乡村主体"的"1＋1＋N"专家帮扶团，长期入驻乡村挂职服务，极力打造一批农业农村急需的科技创新团队、创业导师团队和公共服务团队。每年培育服务乡村的专业精英 100 名以上。

3. 培育双创带动的乡村创客

实施"乡村创客培育"工程，落实大学生就业创业"新十条"、

[①] 参见《关于推进乡村人才振兴的实施意见》（湖乡振组〔2019〕3 号）。

新生代企业家"311"领航计划、农村青年创业致富"领头雁"培养计划、青年农村电商培育工程等项目政策，引导大学生、外出农民工、经商人员、返乡青年等围绕现代农业、农产品加工、休闲农业与乡村旅游、农村电子商务等乡村第一、第二产业和第三产业回乡创业兴业，全面实现"一村一客"。每年从青年创业主体中培育乡村创客250名以上。

4. 培育乡村治理的能人乡贤

实施"万名贤人回乡计划"，以"名誉村主任"以及"乡贤参事会"等新社会组织为载体，吸引支持企业家、党政干部、专家学者、医生教师、技能人才、社工人才等回馈故里、服务乡村，每年吸引能人乡贤750名以上。大力实施乡村人才"三培养"工程，把乡村人才优秀分子培养成党员，把农村优秀党员培养成农村实用人才，把优秀党员实用人才培养成基层党组织带头人，不断提高农村基层干部的整体素质。依托"村村都有好青年"选培活动、乡村"领头雁"工程、农村带头人队伍整体优化提升行动、村党组织书记"雏雁计划"等，吸引高校毕业生、农民工、机关企事业单位优秀党员干部到村任职、兼职。加强农村社会工作专业人才队伍建设，鼓励社会组织参与乡村治理。到2022年，湖州市选树200名左右市县兴村（治社）导师，推动每个村"两委"班子至少有1名大学生。

5. 培育各行各业的工匠能手

实施乡村工匠培育工程，加强乡土技能人才队伍建设，重点围绕乡村旅游讲解员、农村种养能手、农村规划建设人才、农村文体协管员、传统手工艺者、非遗传承人等挖掘培养，探索建立工匠能手认定发证制度，支持组建技能大师工作室，培养传统技艺文化传承人，打造一批吴兴名点师、南浔渔技师、德清钢琴匠师、长兴紫砂名师、安吉茶艺师以及湖羊繁育师、湖笔制作师、湖州绣娘等湖州特色工匠品牌。每年培育有一技之长、示范带动明显的工匠能手

1250名以上、乡村旅游讲解员250人以上；到2022年，培育传统工艺美术传承保护和创新发展团队10个以上。

三 "1+1+N"产业联盟

湖州市与浙江大学战略合作，建立了湖州市现代农业十大主导产业联盟，创新了"1+1+N"运行模式，不仅为乡村引进了高水平农业科技人才，而且有效地促进了当地农业技术推广人才队伍的成长和发展。

（一）持续深化农业科技创新团队建设

针对湖州现代农业产业发展中的共性关键技术难题，围绕生物种业、循环农业、种养结合模式、设施农业、面源污染防控等方面，联盟已择优组建了特色养殖种业、低碳循环渔业、农业生物资循环利用、果树种质资源、蔬菜瓜果种业、果树种质资源、竹林机械装备等7个农业科技创新团队。2019年，3个第二批湖州市农业科技创新团队"果树种质资源创新团队""蔬菜瓜果种业创新团队""竹林机械装备科技创新团队"全面完成了任务书规定的研究内容和指标要求，通过验收。果树种质资源创新团队在调查和收集湖州市地方优良桃品种资源、开发稳定"三本提"葡萄芽变品系的基础上，选育了"庚村阳桃"和"南太湖特早"葡萄新品种（系），完成了农业部非农作物品种登记；制订了"庚村阳桃"栽培技术规程1项，发表相关学术论文3篇；建成桃、葡萄育繁推一体化种苗基地和技术推广试验基地，其中桃两个120亩、葡萄2个82亩；"庚村阳桃"和"南太湖特早"葡萄分别示范推广330亩、2000亩，示范基地新增亩效益分别为4167元、6244元，合计年新增效益101.2万元。蔬菜瓜果种业创新团队围绕品种→种苗→示范→推广，主抓品种差异化发展，开展了新优品种引进筛选、自主选育、传统地方品种提纯等研究，共计引进蔬菜瓜果新品种31个，筛选出"浙农松花50天"等适合湖州市推广的新优品种5个；收集鉴定湖州市传统地方蔬菜品种资源11份，其中提纯"绣花锦"（白种）等资源3份；研究总结出"冬春季下陷式苗床建设规范"等果菜类蔬菜育苗技术3套以及"茄子嫁接育苗技术"等蔬菜嫁接育苗技术2套；选育"浙甜103"等蔬菜新品种（新组合）4个，其中两个新品种通过国家新品种登记；建立核心基地1个、示范基地3个；累计培育优良品种的优质秧苗980余万株，培育的秧苗推广4700余亩，累计增加农民收入560余万元。竹林机械装备科技创新团队直面笋竹产业发展痛点，推进机器换人新思路，改进优化竹林微耕机、轻型伸缩式竹子钩梢专用工具、充电便携式竹电动采伐锯，研发了竹林模块化可拆卸式运输设备；研发成果申报并获授权发明专利两项、实用新型两项；发表论文3篇；建成毛竹、早园竹等机械化生产示范基地15个，面积2514亩，辐射推广面积10500余亩；微耕节省成本450元/亩，机械采伐节省成本60—130元/亩，毛竹钩梢节省成本30—50元/亩，毛竹无动力管道下山节省成本150元/亩。第三批3个创新团队也已启动了申报、评选和拟立项工作，团队名称分别为：湖羊种质资源保护创新团队、生态循环渔业科技创新团队、智慧农业创新团队，新成立的3个创新团队将聚焦湖州农业发展热点、痛点，集中力量，以解决产业中的若干个关键问题为目标，为湖州市农业产业转型升级服务。

（二）积极申报、实施科研项目

2019年，产业联盟共计申报或实施市级以上各类项目46项，涵盖国家重点研发计划（含子课题）、国家（农业、林业）科技推广示范项目、省级产业技术团队项目、省级重大科技协同推广项目、省市级科技特派员团队项目、各类标准修订项目、省院校合作或市校合作或校企合作项目等，如笋竹联盟参与省院校合作项目"重组竹材自动化连续生产线关键设备研制与应用"和林业行业标准制修订项目"彩色竹地板"，将实施地点放在安吉境内，利用笋竹初加工废料等，变废为宝，增加竹子附加值，促进行业良性循环发展。南太湖农推中心也有《太湖河蟹生态养殖物联网监测与智能调控技术研发与应用》《竹林食用菌复合经营中高品质食用菌筛选与种植技术研究》等5个市级科技项目在本年度提交了验收申请。这5个项目面向智慧渔业、林业复合经营新模式、新品种引进推广及模式探索、本土优势品种保护与开发利用等湖州农业热点，集中高校科研院所优势资源开展合作攻关，圆满完成了各项工作，取得了不错的应用效益。如《太湖河蟹生态养殖物联网监测与智能调控技术研发与应用》项目对太湖河蟹的养殖水域进行分析和管理，利用物联网技术和传感器技术，开发了一套水产养殖水域感知系统，并通过无线网络进行联络管理，在管理中心执行自动增氧、智能报警等操作。该套系统和程序已在湖州长兴洪桥"漾荡"河蟹专业合作社养殖基地投入使用，共安装了5套水质在线采集设备，构成了基于无线自组网的水质在线采集系统，并形成实时在线的监测网络，通过软件实时观测蟹塘的水质变化情况，为螃蟹养殖提供最科学的水质调控依据。

（三）继续探索农业技术入股激励机制

从2014年开始，通过市委市政府发文先后出台《鼓励推行农业技术入股实施办法》等政策，以"1+1+N"现代农业产学研联盟为主平台，持续探索推进技术入股促进现代农业科技成果转化方式，力助农业发展。截至目前，产学研联盟共与农业经营主体签订技术入股合作协议25项，涵盖粮油、蔬菜、水果、畜禽、水产、茶叶、蚕桑七大主导产业。2019年度，畜禽联盟继续创新，鼓励技术人员开展技术入股工作，与湖州太湖湖羊养殖合作社签约了技术入股协议。通过一年努力，合作社种质水平得到提升，种母羊的产羔率同比增加18%，全年提升供种3000多只；饲养技术不断改进，存栏生长羊日增重、出栏均重同比提高10.5%、12.6%；经济效益增加明显，本年度合作社共计出栏7050只，总值1130.46万元，纯收益150多万元；生态效益也有所增长，通过农作物秸秆循环利用，全年共利用农作物废弃物秸秆7300吨，生产优质羊粪有机肥2100

吨，为周边农户带来优质的肥料资源。

（四）以"人才下乡""科技进村"为抓手，开展培训服务

各联盟结合产业特点，积极开展工作，通过以会代训、举办专业技术培训班等多种形式，开展农业科技知识培训和技术推广服务。截至2019年年底，产业联盟共开展多种形式的培训208余场次，累计培训农民和技术人员10367余人次，同时积极配合农业农村局、农民学院等相关部门完成2019年农民学院职业农民培训、大学生创业基地省级导师结对等工作。茶叶联盟更是服务接地气，不仅将培训课堂搬到了"1311"结对村的文化礼堂、大学校园、茶叶产地上，培训内容也因时因地制宜，涉及茶园管理、茶园生态建设、机采机制、茶叶加工、绿色防控、标识标签规范使用、茶叶审评、茶艺表演及冲泡、茶文化专题等，更是引领跨界交流学习，构建相关产业交流平台，极大提升湖州茶产业从业人员的业务素质，开阔视野，提升发展理念。还有在蔬菜联盟专家支持下，湖州吴兴金农生态农业发展有限公司总经理施星仁获得了首届全国新农人奖，联盟人才培养见成效。

第三节　湖州市乡村振兴农业生产经营组织化动力转化

一　湖州市农业企业发展状况

农业龙头企业已经成为农业产业化经营的骨干力量。近年来，湖州按照"政策引导、资金扶持、项目支撑"的企业培育原则，着力促进农业企业成长，重点培育了一批骨干农业龙头企业，不断增强龙头企业带动作用。随着农业产业利益联结机制进一步完善、示范带动作用进一步凸显，农业企业盈利能力明显提升。

第五章 湖州市乡村振兴内生动力转化

（一）强化农业龙头企业培育

加快完善新型农业经营主体扶持体系，大力实施千家新型农业经营主体培育工程。2014年，湖州市拥有农业龙头企业1519家，平均每家农业龙头企业资产为2075.0万元/家。到2018年，湖州市农业龙头企业已经增长到1647家，相比2014年增长8.4%；平均每家农业龙头企业的资产也达到2772.3万元/家，相比2014年增长33.6%，如图5-8所示。

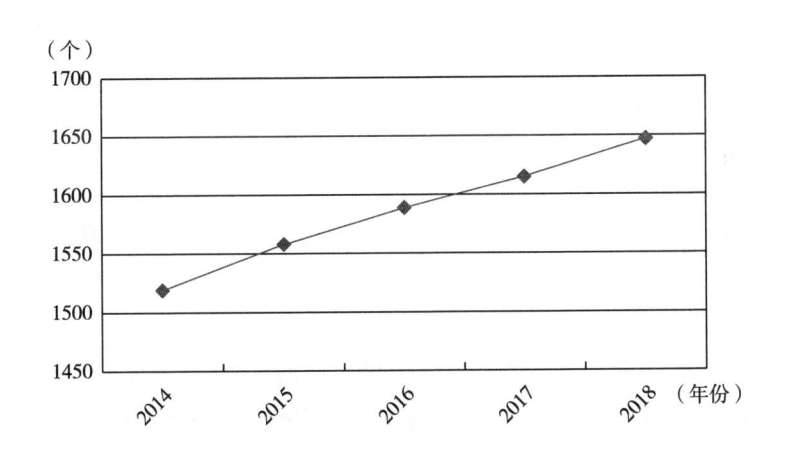

图5-8 2014—2018年湖州市农业龙头企业个数

资料来源：根据2014—2018年度湖州市农业统计资料整理。

近年来，湖州市农业龙头企业的销售收入和利润也处于增长态势。2014年，湖州市农业龙头企业的销售收入为535.78亿元，平均每家企业的销售收入为3527.20万元。2015年，销售收入出现负增长，随后逐年增长。2018年，湖州市农业龙头企业的销售收入达到644.07亿元，相比2014年增长20.21%；平均每家企业的销售收入为3910.57万元，相比2014年增长10.86%。2014年，湖州市农业龙头企业的税后利润为37.34亿元，平均每家企业的销售收入为245.80万元。2018年，湖州市农业龙头企业的税后利润达到

44.91亿元，相比2014年增长20.29%；平均每家企业的税后利润为272.71万元，相比2014年增长10.94%，如图5-9所示。

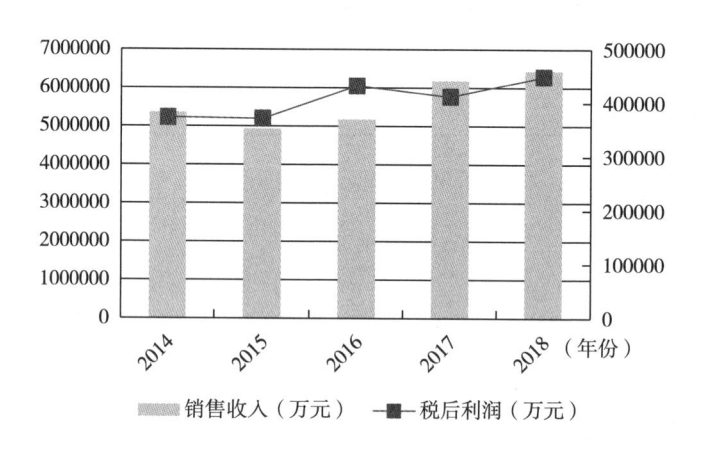

图5-9 2014—2018年湖州市农业龙头企业销售收入和税后利润
资料来源：根据2014—2018年度湖州市农业统计资料整理。

近年来，湖州市农业在对外出口方面的表现不尽如人意。2014年，湖州市农业龙头企业出口总额为46.49亿元。此后的2015年和2016年，湖州市农业龙头企业出口总额连续下降，2016年出口总额降至34.18亿元。2017年开始缓慢上升。2018年，湖州市农业龙头企业出口总额回复到43.47亿元，但仍然低于2014年的出口总额水平，如图5-10所示。

（二）强化龙头示范和带动作用

1. 农业龙头企业示范作用

2019年，湖州市已培育市级以上农业龙头企业247家，其中省级39家，国家级4家。目前，湖州市挂牌上市农业龙头企业已达10家，占湖州市挂牌上市企业总数的9.3%。浙江庆渔堂农业科技有限公司入围世界物联网500强企业排行榜，荣列第408位。愚公生态农业发展有限公司"e桌美味"平台线下体验店3家投入运营。

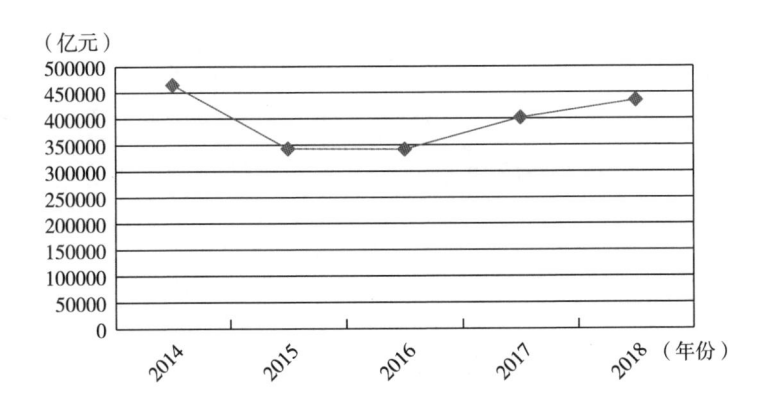

第五章 湖州市乡村振兴内生动力转化

(亿元)

图 5-10 2014—2018 年湖州市农业龙头企业销售收入和税后利润

资料来源：根据 2014—2018 年度湖州市农业统计资料整理。

德华兔宝宝装饰新材股份有限公司、湖州南浔浔味堂食品有限公司、湖州鲜绿多健康农产品产业发展有限公司、老娘舅餐饮有限公司、浙江欧诗漫集团有限公司、浙江新市油脂股份有限公司 6 家农业龙头企业获批省级供应链创新与应用试点企业。

案例：

浙江庆渔堂农业科技有限公司

庆渔堂成立于 2016 年，是一家集物联网、大数据、区块链技术应用与运营服务的高科技公司，以水产养殖为切入点，针对目前存在的水产品供给侧矛盾突出、技术和模式落后、产业链信息孤岛化严重、环境污染、农药残留严重等核心制约因素，面向农业供给侧改革，基于物联网"六域模型"标准建立首个智慧渔业的物联网运营服务平台，将零散鱼塘资源组织成规模化科技养殖服务体系，通过人工智能等算法实现 24 小时全过程监管，并实现农业大数据的综合开发利用，提供农资溯源及高效利用服务、

> 农产品溯源销售服务、农业物联网金融服务等，自主创新设计的生态高效养殖新模式，可以综合实现"高品质、高效益、零排放"等，为养殖户增产增收、为消费者保障品质、为社会保护生态。
>
> 公司创立两年多以来，已初步实现物联网"六域模型"参考架构标准与传统渔业的创新融合及落地运营，目前已上线运行智慧渔业监控平台、农户智慧养殖APP、养殖管家APP、麦渔平台、"鱼粮"区块链积分系统、物联网金融、物联网保险服务系统等，已服务鱼塘面积45000亩以上，建成基于物联网平台可规模化推广的循环水高效生态养殖示范基地500亩，申请32项自主发明和实用新型专利、9项软件著作权、23类注册商标。
>
> 庆渔堂将继续努力，推动物联网与生态渔业的全面融合发展，通过技术和模式创新，建立国际领先的大规模智慧农业物联网运营服务体系，未来三年，目标服务养殖户10万以上。①

2. 农业龙头企业带动作用

农业龙头企业发挥着重要的带动农户的作用。2014年，湖州市农业龙头企业带动农户数达到244.28万户，其中本市农户为100.39万户。到2018年，湖州市农业龙头企业带动农户数达到269.88万户，相比2014年增长33.61%。其中本市农户为120.49万户，相比2014年增长20.02%，如图5-11所示。2019年，通过完善农业龙头企业与农民专业合作社、家庭农场、小农户的利益联结机制，培育水产、粮油等省级农业产业化联合体6家，申报农业产业化联合体项目6个，获得财政支持300万元。

---

① 资料来源：庆渔堂网站，http：//www.celefish.com/index.asp。

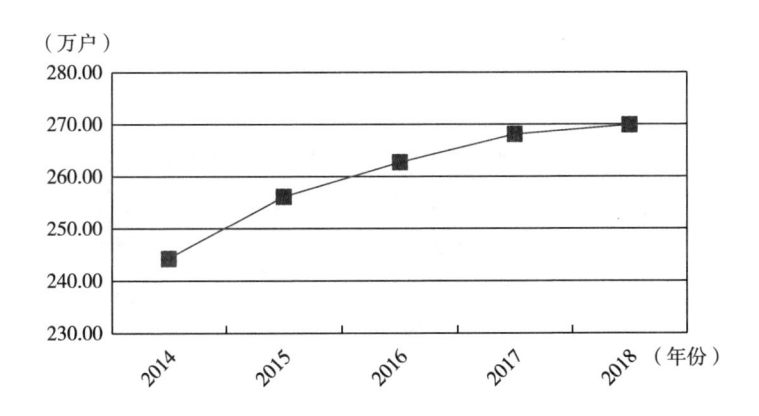

第五章　湖州市乡村振兴内生动力转化

图 5-11　2014—2018 年湖州市农业龙头企业带动农户数

资料来源：根据 2014—2018 年度湖州市农业统计资料整理。

二　现代农业园区发展情况

（一）湖州市农业园区建设现状

1. 现代农业园区逐年增长

近年来，湖州市按照区域化布局、专业化生产、规模化经营的要求，科学谋划推动现代农业园区建设。截至 2018 年，湖州市拥有现代农业园区 468 个，其中省级现代农业园区 110 个，省级现代农业园区创建总数浙江省排名第二；市级现代农业园区 231 个。已累计创建吴兴区国家级现代农业产业园 1 个，吴兴南太湖、南浔东部、德清新港、长兴农园新景、安吉笔架山 5 个万亩省级现代农业园区。

近年来，湖州市深入践行"两山"理念，在休闲农业和乡村旅游方面取得非凡成绩，休闲观光农业园区也取得了长足的发展。2014 年，湖州市拥有休闲观光农业园区 94 个。2018 年，湖州市拥有的休闲观光农业园区已经上升到 265 个，相比 2014 年增长 181.91%，如图 5-12 所示。

2018 年，湖州市拥有省级现代农业园区 110 个，其中省级现代农业综合区 12 个、主导产业示范区 29 个。相对而言，主导产业示

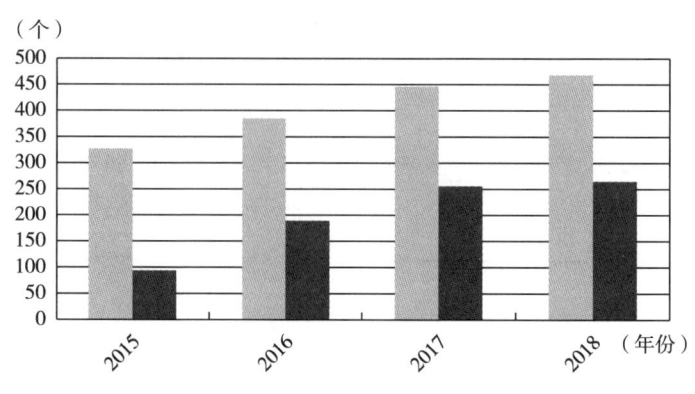

图 5-12　湖州市现代农业园区和休闲观光农业园区

资料来源：根据 2014—2018 年度湖州市农业统计资料整理。

范区的占比相对偏少，2018 年省级现代农业园区中主导产业示范区占全部省级现代农业园的比例为 26.36%。湖州市拥有市级现代农业园区 231 个，其中，主导产业示范区只有 31 个，占全部市级现代农业园的比例为 13.42%。

2. 现代农业园区投资出现波动

湖州市政府专门出台了加快建设现代农业园区的扶持政策，整合相关部门资金资源，对市本级现代农业综合区落实每个不少于 150 万元的以奖代补资金。充分发挥"强农基金"和"乡村振兴基金"的引导作用，多渠道吸引工商资本、金融资本和社会资本投入园区建设，形成了政府引导、各方支持、社会力量广泛参与的园区建设投入格局。经过近年来的快速发展，湖州市现代农业园区总建设面积达到 68.72 万亩，已流转土地 36.45 万亩，累计投资 103.58 亿元。但近年来新增投资出现波动，2014 年新增投资 7.82 亿元，2015 年达到峰值，为 14.21 亿元。随后的 2017 年大幅下降，新增投资额只有 9.12 亿元，相比 2016 年下降 35.82%；2018 年新增投资额有所增长，达到 10.11 亿元，但也只是相比 2017 年增长 10.87%，如图 5-13 所示。

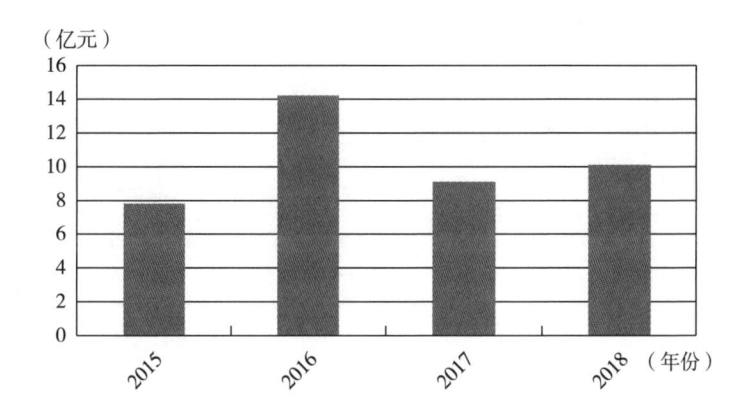

图 5-13　湖州市现代农业园区当年新增农业园区投资

资料来源：根据 2014—2018 年度湖州市农业统计资料整理。

3. 现代农业园区发挥带动作用

以现代农业园区为集聚平台，大力实施"千家新型农业经营主体提升工程"。通过开展"国字号""省字头"园区平台创建，吸引、培育、带动家庭农场、专业合作社、农业龙头企业等新型农业经营主体数量快速增长、规模日益扩大、领域不断拓宽、实力逐渐增强。以现代农业园区建设为抓手扎实开展"打造整洁田园建设美丽农业"行动，全面整治田园生产环境，目前，湖州市打造田园景观点 300 多个，创建浙江省"最美田园"24 个。

4. 现代农业园区经营效益明显

2018 年，湖州市现代农业园区实现销售额 79.28 亿元，园区亩均产值超过 1 万元（见图 5-14），比周边地区高出 30% 以上。现代农业园区种养规模化、科技集成化、营销品牌化、功能多样化水平不断提升，推动水产、茶叶、蔬菜、水果、畜牧等特色主导产业的优质项目持续向园区平台集聚。农业物联网技术广泛应用，建成农业物联网试验示范基地 75 个，推广应用渔业物联网 4909 户，现代农业园区成为农业数字化转型的先行示范区。

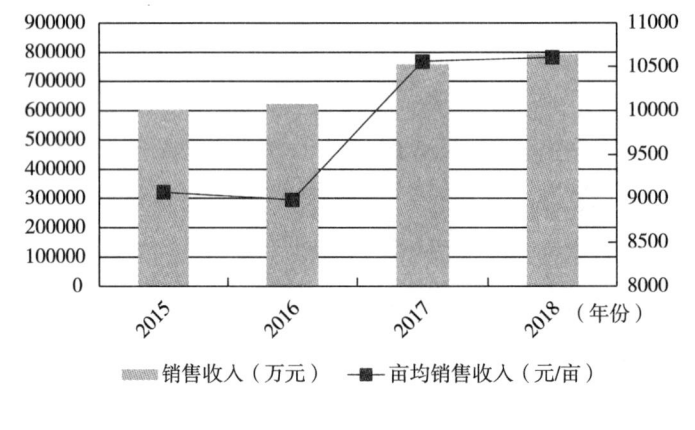

图 5-14　湖州市现代农业园区销售收入和亩均销售收入情况

资料来源：根据 2014—2018 年度湖州市农业统计资料整理。

（二）推进现代农业园区建设对策建议①

进一步推进湖州市现代农业园区建设，要以习近平总书记新时代"三农"思想为指导，全面贯彻新发展理念，坚持以推进农业供给侧结构性改革为主线，着眼于示范带动作用的发挥，突出问题导向，主动拉高标杆，在提高水平上下更大功夫，努力形成以现代农业园区为主要抓手推进乡村产业振兴的良好局面，为湖州市打造实施乡村振兴战略示范区提供有力支撑。

1. 壮大特色优势产业

一是明确特色优势产业。每个园区要根据市里的规划布局，依据自身的自然禀赋和产业基础，分析能够承载产业发展的环境容量，围绕渔业、茶叶、果蔬、畜禽和粮食等主导产业，进行细分，确定主攻方向，着重打造两至三个特色优势产业，提高产业集中度，强化上下游连接，形成较强的竞争力。二是加强产业准入管控。特色优势产业一旦确定下来，要一以贯之，确保一张蓝图干到底。要制定产业目录，实施统一规划，完善配套政策，实行清单管

---

① 胡国荣：《关于湖州市推进现代农业园区建设情况的调研报告》，2019 年 11 月。

第五章 湖州市乡村振兴内生动力转化

理,严格产业准入管制。三是坚持招大育强。一手抓现代农业招商,围绕特色优势产业,以园区为招商平台,重点引进种子种苗、农产品精深加工、休闲观光农业、农产品现代物流等优质大项目。一手抓新型经营主体培育,支持园区内专业大户、家庭农场、龙头企业等围绕特色优势产业,进一步做大做强。

2. 提高农产品质量

一是实施更严标准。围绕特色优势产业,进一步健全完善农业生产标准体系,逐步做到生产标准全覆盖。注重农业投入品标准化建设,在农药、化肥、添加剂等方面可制定严于国家标准的具体规范。持续推进农业投入品减量,开展生产标准和投入品标准的培训、推广、应用,加强标准应用的督促检查,出台标准制定、推广、应用的鼓励措施,并将其作为政策支持的重要条件。二是注重品牌培育。正确发挥政府在提升质量、降低风险、提高效率等方面的作用,同时运用市场的力量,大力实施农产品品牌战略,使之成为湖州的名片。推进区域农产品公用品牌建设,开展专业品牌、产业链品牌、特色品牌的创建探索,引入现代要素改造提升传统名优品牌,创建一批市场知名度高的农产品品牌。紧紧抓住地处长三角地区的区位优势,不断强化与周边大城市市场的联系,推动湖州市农产品品牌与市场对接,积极抢占农产品高端市场。三是加强质量监管。规范标准化农业生产操作规程,完善农产品质量安全追溯体系,严格投入品使用监管,推进农产品产地准出和市场准入制度的落实推广,加大抽检监测力度,建立完善全程可追溯、互联共享的追溯监管综合服务平台,将园区建成专业化、规模化、优质化、标准化的农产品生产基地。

3. 推动农村产业深度融合

一是发掘新功能新价值、培育新产业新业态。深入发掘农业农村的生态涵养、休闲观光、文化体验、健康养老等多种功能和多重价值,支持有条件的园区建设具有历史、地域、特色的生态观光、休闲农业、乡村旅游园区。依托现代农业园区，积极打造农村产业融合发展的平台载体，大力发展农业+文化创意、农业+休闲旅游、农业+互联网、农业+健康养老，促进农业内部融合、延伸农业产业链、拓展农业多种功能、发展农业新型业态等多模式融合发展。加快培育农商产业联盟、农业产业化联合体等新型产业链主体，打造产加销一体的全产业链企业集群。引导工商资本进入物流及电商领域，产生现代农业电商企业。二是加强分级包装、冷链配送体系建设。加快引进、培育农业现代供应链主体，注重加强加工、包装、储运、冷链物流等配套建设，重点解决农产品产后分级、包装、仓储、物流、营销的实际问题，特别是要加快补上冷链物流等短板，完善鲜活农产品直供直销体系，继续做优、做活冷藏农产品、鲜活农产品中短途保鲜、保活运输，推进农超对接、产销直挂和电子商务工作，提高产加销一体化水平。三是强化政策保障、稳定投资预期。各级各部门要广泛宣传、认真落实已经出台的各项"稳农、惠农、兴农"政策，保持政策的稳定性，把推进产业融合发展的措施落到实处。有重点地开展相关政策落实情况的督促和实施绩效评估，着力解决政策执行和落实中存在的问题。积极引导各园区将第一、第二产业和第三产业融合发展纳入政策支持范围，调动好、保护好社会多元投入的主动性和积极性。

4. 农业科技研发推广

一是发展现代种业。以提高种子种苗质量和集约化供种为目标，加强种质资源保护，推动种养业优良新品种的引进、繁育、示范与推广，重点发展特种水产、茶苗、湖羊、果蔬、家禽等具有湖州特色优势的种（苗）业基地，着力建设一批以生产种子种苗为重点的科技型现代农业园区。二是推广装备设施。进一步创新农业科技推广服务机制，不断完善"1+1+N"农推联盟体系，创新农合联新型农技服务方式。针对物联网和智慧农业等方面的技术需求，进一步加强农技科研、推广机构与各类农业经营主体的联系，推动有利于绿色降本增效的农业装备设施的应用推广。三是培训职业农民。搞好园区内各经营主体和周边农民职业技术培训,加强技术指导和服务。每个现代农业园区要组建一支由科研院所、大专院校和农业技术人员组成的技术服务队伍,开展新品种、新技术、新模式、新机制示范推广,培养新一代爱农业、懂技术、善经营的新型职业农民。

5. 体制机制创新

一是创新农民利益联结机制。坚持把农民更多分享增值收益作为基本出发点,倡导开门办园、"有边界,无围墙",引导农民与园区开展产前、产中、产后全过程、全方位合作,鼓励农户土地经营权、项目资金、人才管理、科技服务、设施装备、品牌共享等现代生产要素广泛参与园区的专业化生产和社会化分工,创新收益分享模式,健全联农带农有效激励机制,让农民更多分享园区产业发展的增值收益。二是健全农业社会化服务机制。进一步完善政府性公共服务与社会化专业服务相结合的服务体系,不断提高农业的组织化、规模化和产业化水平。着力培育各类农业社会化服务组织,发展农业生产全程社会化服务,以市场化方式将生产要素有效导入农业,带动农户进入现代化生产链、开展标准化生产。逐步完善农业风险保障服务,大力发展政策性农业保险,探索农产品市场价格风险分担机制。三是完善园区用地保障机制。将现代农业园区建设用地纳入当地土地利用总体规划,年度新增建设用地、城乡建设用地增减挂钩节余等指标向现代农业园区倾斜,积极支持现代农业园区优先安排实施农业"标准地"项目和设施农业发展用地。抓住新一轮国土空间总体规划修编的契机,积极争取规划调整,在满足相关控制性指标要求的前提下,为园区留出一定的用地空间,用于发展现代农业。

三 小农户与现代农业发展有机衔接

党的十九大报告指出,要"实现小农户和现代农业发展有机衔接"。2019年2月中办、国办印发了《关于促进小农户和现代农业发展有机衔接的意见》,对扶持小农户,提升小农户发展现代农业能力作出了全面部署。大国小农是基本国情,在今后相当长的时期,小农户作为经营主体不可能改变。目前,湖州市小农户数量仍然很多,其收入仍然较低,城乡收入差距仍然明显。如何对待占据农户大多数的小规模经营农户,既是一个经济问题,也是一个政治问题和社会问题。因此,在湖州市打造实施现场振兴战略示范区的大背景下,认真落实中央精神,更好地引导和帮助小农户与现代农业相衔接,值得深入研究。

(一)小农户在湖州市农业农村现代化建设中发挥重要作用

1. 小农户仍在湖州农业生产经营主体中占重要地位

小农户是以家庭承包经营为基础、统分结合的双层经营体制的重要载体。小农户家庭经营仍然是湖州市农业的主要经营方式之一。2017年湖州市家庭承包经营的耕地面积164万亩,家庭承包经营的农户数483775户,通过转包、出租等流转出承包耕地的农户数为305758户,流转面积105.2万亩,即还有178017户未流转耕地。实行规模经营30亩以上的只有8569户,经营10—30亩的农户有10646户,即经营规模小于10亩的农户还有158802户;按照世界银行标准,经营规模小于30亩的小农户还有169448户(世界银行将土地经营规模在30亩以下的农户界定为小农户)。

2. 小农户是农产品多样性的供给主力军

湖州市农林牧渔业发达,粮食、水产、畜牧、油料、茶叶、蔬菜、蚕桑、水果、花卉苗木、林产品等丰富多样,小农户与多种多样的农产品供给相匹配。湖州市七山一水两分田,与小农户的生产方式相适应。同时,精耕细作的小农生产在稳定农村就业方面发挥重要作用。

3. 小农户在传承文明中发挥独特作用

在弘扬传承传统农耕文明、发展乡村旅游、建设生态文明和维系乡村社会稳定中发挥着独特作用。湖州是鱼米之乡、丝绸之府，有着深厚的农耕文化。小农户是传统文化和经济发展的基础，也是几千年农耕文明形成和发展的源泉，还孕育出了浓厚的家国情怀和乡土情结，是农业文明的一种独特印记和文化图腾。在非经营性收入不足以维持小农户家庭生计和发展需要的现实条件下，农村土地依然具有保障生存和发展生产的社会经济双重功能。

（二）湖州市小农户与现代农业相衔接的探索

1. 土地确权颁证工作走在浙江省前列

湖州市从2015年起开展土地承包经营权确权颁证工作。截至2018年，湖州市共856个村完成审核公示、完成率为100%，完善承包合同数40.3万份、完成率为96.15%，为"三权"分置、土地流转、适度规模经营等奠定坚实基础。

2. 农户组织化带动

农民专业合作社带动农户取得一定成效，2017年湖州市农民专业合作社共有普通成员数75913个，带动非成员农户数238921户。农业龙头企业带动本市农户119.25万户。市级、县（区）级和乡镇级三级"三位一体"农合联于2016年成立，发挥着带动农户的作用。2017年，湖州市农产品电子商务主体253个，销售农产品22.6亿元。

3. 外来资源带动

近年来，回乡创业人员、工商资本下乡等外来资源逐渐汇集到乡村。特别是在湖州市打造实施乡村振兴战略示范区的大背景下，将吸引更多的资源回乡带动小农户的发展。

4. 社会化服务帮扶

"1+1+N"产业联盟、农民学院、各地农校等开展了大量的培训，也提高小农户现代农业意识和技能。基层农业综合服务平台、村集体经济也发挥带动作用。

(三) 湖州市小农户与现代农业有机衔接的不足

现代农业是相对于传统农业而言的、处于最新发展阶段、高产、优质、高效、生态、安全的农业。

1. 小农户自身能力和素质弱

小农户主体规模不大，还处于传统水平生产经营模式、科技承接力弱。农业普查数据显示，湖州市农业生产经营人员未上过学的占4.6%，小学文化占50.5%，初中文化占37.6%，高中及以上占比7.3%。

农村劳动力偏老，随着青壮年农村劳动力向城镇转移，农村劳动力年龄偏大的现象比较突出，第三次全国农业普查数据显示，农业生产经营人员中年龄在55岁以上的占52.9%，35岁以下的仅占4.4%。小农户世代更迭与现代农业接班人供给短缺。

2014—2017年，湖州市累计完成初级新型职业农民培训9311人，认定9593人，仅占第一产业从业人员的4.36%。中级新型职业农民培育刚刚开始。劳动力技能培训供需错配的问题日益凸显。

2. 小农户的小农生产经营模式与现代农业有差距

小农户的精耕细作并不意味着土地缺乏生产效率，但劳动力的规模效益相对偏弱。小农户的分散经营也不利于农产品的标准化，且抗风险能力不强。

随着市场经济的发展，小农户也从传统的自给自足小农户转变为市场经营主体，但小农户在参与市场交易时，其交易成本高、市场议价能力弱，对市场的把握能力弱。一些优质绿色农产品在农民手里卖不出好价、无法实现优质优价。

小农户收入增长前景堪忧。小农户可分为纯小农户、以农业为主的兼业农民、以农业为辅的兼业农户，农业经济效益不高，且增长缓慢。兼业农民主要依靠打工，但随着经济的转型升级，兼业农民最先被排斥在现代产业之外。

3. 小农户的有效组织有待提升

2017年，湖州市农民专业合作社1698个，其中被市县农业主管部分认定为规范社的只有462个，占比为27.2%。

2016年年底，湖州市"三位一体"农合联框架已搭建，但其引领产业化发展的作用还有待进一步显现。农村电商规模偏小，标准化建设不足，基本仍处于"单打独斗"的局面，还未形成电商联盟。"互联网+小农户"等现代农业经营模式建设任重道远。

为小农户提供代耕托管等社会化服务短缺，农产品深加工缺乏专业技术指导，小农户对农产品质量体系了解不够，农业标准化建设在小农户层面未能落地生根。"公司+农户"模式成为目前采用率最高的农业产业化经营模式，但订单（购销合同）履约率不高，订单农业的合约稳定性极低，制约着农业产业化的可持续发展。

一些农村党支部战斗堡垒作用发挥不明显，湖州市还有软弱落后的村党组织52个。2017年村级集体经济年经营性收入不足30万元的还有393个村，占湖州市村级集体经济组织的38%。

4. 对小农户的支持政策不强

政府对小农户重视不够，小农户被"边缘化"。省级以上农业项目基本上与小农生产无关。例如，2014年以来长兴县共争取省级以上农业项目资金6020.5万元，几乎全部用于扶持新型农业经营主体和产业化经营上。

在快速推进城镇化建设的过程中，公共政策是一种偏向城市的政策，农村居民所获得的机会和人均占有的公共资源仍远低于城市居民，不利于小农民人力资本增长。

直接针对小农生产的扶持少。小农生产的区块成为农业基础设施建设配套的"盲区"，农田水利设施不完备，道路交通设施不够通畅。小农户抵御自然风险能力弱。

农业保险基本不惠及小农户。市强农基金也不惠及小农户。各级政府的阳光雨露顾及不到小农户。

城镇化发展和农民市民化保障制度建设存在不同步、不协调。2018年,湖州市农村人口149.18万人,占湖州市人口的55.86%;农村居民人均可支配收入达到31767元,相比城镇居民低22626元。一些农户基于保障生存的需要,不愿意流转,从而影响农业适度规模经营的发展进程。

(四)加快推进湖州市小农户与现代农业发展有机衔接的建议

湖州市打造实施乡村振兴战略示范区,必然要高度重视小农户与现代农业的有机衔接,共同走向农业农村现代化。湖州市既有条件也有基础可以做得更好一些,步子迈得更快一些。

1. 提升小农户与现代农业发展有机衔接的能力素质和内生动力

要以自强为基础,提升小农的自我发展能力和主动性。通过搭建田间学校、互联网等多种形式的培训平台,加强对小农户的技术和经营培训,强化小农户的市场意识、经营意识、信息联通。

大力培育新型职业农民,提升农民现代化水平,也提升现有小农户接班人的现代化水平,让小农户的代际更迭不断优化。

各级政府要从理念上重视小农户的发展,不要让其成为现代农业的"边缘人",或者说以前对新型经营主体支持"过热""过猛"形成事实上的对小农户"歧视",现在要回归正常,可以考虑适当向小农户倾斜,制定专门的扶持政策。

2. 完善小农户与现代农业发展有机衔接的政策支持

不断完善财政支农。建议财政补助资金重点扶持带动小农户发展的新型农业经营主体,支持他们通过股份合作、订单农业等方式与小农户建立紧密的利益联结机制,让处于产业链低端的小农户也能分享财政支农的政策红利。鼓励新型农业经营主体向农业服务主体转型,增强为小农户提供服务的能力。建议对面向小农户的农业生产性服务收费免征增值税。

多渠道筹集资金扶持小农户。支持地方政府在法定债务限额内发行一般债券用于支持小农户的公益性项目;创新财政涉农资金使用方式，设立小农户专项基金，扶持小农户发展；积极发展农业普惠式金融体系，面向小农户降低农业信贷担保门槛、扩大担保覆盖面。

农村土地出让收益，不得侵占小农户的利益，可考虑分阶段逐步提高用于支持小农户发展的比例。

3. 提高小农户与现代农业发展有机衔接的组织化程度

不断完善"三位一体"农合联。重点是要发挥供销社的积极性，把供销合作社的流通优势、农民合作社的生产优势、信用合作社的资金优势有机整合起来，引导面向小农户的服务业集聚、集约发展，打造服务小农生产生活的综合平台，重点解决小农依靠自身力量办不好办不了的问题。

引导专业合作社发展，规范其发展，并吸纳更多的小农户参与合作社。坚持农户成员在合作社中的主体地位，提升小农户合作层次和规模。鼓励新型经营主体与小农户建立契约型、股权型利益联结机制，带动小农户专业化生产。

发展壮大集体经济，让小农户共享现代农业发展成果。深化农村产权改革，发展多种形式的股份合作，小农户成为新型农村集体经济组织的股东。发挥村级集体经济组织作用，引导小农户与服务组织对接、协调服务组织与小农户关系、推进农业生产托管等，促进服务主体与小农户有机衔接。强化村级集体经济收入分配，让小农户共享发展成果。

发挥基层党组织主心骨和船头堡垒作用，提高小农户组织化程度。

4. 提高小农户与现代农业发展有机衔接的社会化服务水平

发展"互联网+"小农户形式。大力发展农村电商，打造供销e家电商平台和县域流通体系，带动小农户农产品销售。

发展农业生产性服务业，重点发展小农户急需的农资供应、绿色生产技术、农业废弃物资源化利用、农机作业、农产品初加工等服务领域。完善利益联结机制，积极支持工商资本带动小农户融入现代农业。鼓励工商资本在创办现代农业产业园区、农业科技园等园区时，把带动小农户作为这些园区建设的重要内容。发挥龙头企业对小农户的带动作用，鼓励发展全产业链。

鼓励开发适应小农户的技术装备，并列入相应装备补偿。鼓励建设适合小农户生产经营的基础设施建设，加强农业防灾减灾体系建设，提高小农户抗御灾害能力。

强化安吉白茶、湖羊等特色农业品牌和区域公用品牌，让小农户分享品牌增值收益。

5. 拓展小农户增收空间

发挥小农户精耕细作的传统优势，大力发展绿色生态循环农业，引导小农户开展标准化生产、专业化经营，提供更多的特色优质农产品，获得更高的收益。

大力发展全域旅游、深入推进乡村旅游，深度挖掘农耕文化，带动小农户发展休闲农业、农家乐、特色手工业、创意农业、农产品初加工，增加小农户经营性收入。

在第二、第三产业转型升级的过程中，带领小农户打工者一起成长，增加其工资性收入。支持有条件的小农户结合自身优势进行创新创业。

支持小农户出租闲置农房、流转土地等，增加财产性收入。加大政府转移支付，提升小农户转移性收入。

第六章　湖州市乡村振兴制度供给转化

第一节　湖州市乡村振兴制度框架和行动方案

一　湖州市乡村振兴战略的总体框架

湖州市乡村振兴战略的总体政策框架可以归纳为：一个目标、五个定位、六个乡村、七项任务。①

1. 一个目标：打造新时代乡村振兴先行示范区。

2. 五个定位："全域美丽标杆、绿色产业高地、'两山'转化样板、改革创新先锋、城乡融合典范"五大发展定位

3. 六个乡村：新时代鱼米之乡、新时代美丽乡村、新时代人文乡村、新时代善治乡村、新时代幸福乡村、新时代乐活乡村"六个乡村"建设

4. 七大任务

（1）乡村振兴新格局。

一是"一带、两片、四轴、多点"市域空间格局。一带，南太湖城市发展带，由吴兴城区、南浔城区、长兴城区组成"一体两

---

① 参见湖州市发展改革委员会、湖州市农业农村局《湖州市乡村振兴战略规划（2018—2022年）》。

翼"的空间格局；四轴，连接南太湖城市带和协同发展区域的四条发展轴线；两片，山林休闲片和水乡田园片；多点，依托各自资源禀赋和优势条件建设分工明确、特色鲜明的城镇和乡村节点。

二是差异化推进区县乡村振兴。吴兴区突出以城乡融合发展为主线，打造城郊型乡村振兴样板。南浔区打造现代化水乡田园型乡村振兴典范。德清县以现代化、国际化、智慧化为标签，打造乡村振兴标杆县。长兴县突出打造以工农协调为特色的乡村振兴先行区。安吉县打造高质量践行"两山"理念的乡村振兴引领区。

三是分类推进村庄发展。集聚提升类村庄。城郊融合类村庄。特色保护类村庄。搬迁撤并类村庄。

（2）高质量发展乡村经济。

突出现代化导向，主要从产业体系、生产体系、经营体系三大体系建设推进"产业兴旺"，加快向数字化、智慧农业、科技农业升级，向农村第一、第二产业和第三产业深度融合升级，全面推动乡村经济高质量发展，打造新时代鱼米之乡。

一是乡村产业新体系。优化产业结构，拓展农业产业链，打造产业集聚平台。

二是乡村生产新体系。创新农业发展数字化，强化技术应用科技化，加速产品生产品牌化，推动农业生产标准化。

三是乡村经营新体系。培育多层次的新型农业经营主体，发展多形式的适度规模经营，深化多方位的农合联体系建设。

（3）建设新时代美丽乡村。

聚焦生态宜居，深入推进美丽生态系统、美丽宜居乡村、美丽成果转化"三美同步"。围绕"两山"转化加快美丽乡村建设成果向经营成果转化，建设浙江省"大花园"中的湖州"大景区"，打造新时代花园式"美丽乡村"。

（4）塑造乡村文明新风尚。

围绕"生态引领、全域创建、乡风文明、文化兴盛、和谐发展"，打造新时代"人文乡村"。深化新时代精神文明建设，营造乡村文明新风尚，做好历史文化新传承，打造乡村文化新生活。

（5）推进乡村治理现代化。

大力推广"余村经验"，着力抓好自治、法治、德治"三治结合"，健全完善支部带村、发展强村、民主管村、依法治村、道德润村、生态美村、平安护村、清廉正村"八个村"建设，大力提升湖州市乡村治理现代化水平。①

（6）全面创造美好新生活。

大力实施乡村民生优化行动，不多拓宽农民增收致富渠道，加快城乡公共资源均衡配置，推进城乡一体化的基础设施建设，不断释放乡村振兴的绿色福利和生态红利，全面创造美好新生活，打造新时代"幸福乡村"。

（7）释放城乡融合发展新动力。

加快完善城乡融合体制机制和政策体系，加速城乡要素合理流动，不断培育乡村振兴新动能，激发农业农村发展新活力，打造新时代"乐活乡村"。

二 湖州市打造实施乡村振兴战略示范区行动方案

坚持农业农村优先发展，按照产业兴旺、生态宜居、乡风文明、治理有效、生活富裕总要求，以实施乡村振兴战略为指引，以率先实现农业农村现代化为目标，以全面推进农业供给侧结构性改革集成为动力，大力实施"六大行动"，全力建设农业全面现代化、环境全域美丽、生活全民幸福、要素全效流动的乡村振兴示范区，为湖州加快赶超、实现"两高"，奋力当好践行"两山"理念样板地、模范生做出更大贡献。②

---

① 参见《关于全面推广"余村经验" 大力提升乡村治理现代化水平的实施意见》（湖委发〔2019〕1号）。

② 参见《湖州市打造实施乡村振兴战略示范区行动方案》（湖委发〔2018〕1号）。

1. 实施绿色引领、融合发展的乡村产业提升行动

围绕打造"现代经济新高地",聚焦农业绿化,把增加绿色优质农产品供给放在突出位置,注重农业功能拓展与产业链延伸,加快构建绿色产业体系,不断健全现代经营体系,着力推进"高质量、高水平"的绿色高效农业发展,切实强化第一、第二、第三次产业深度融合,全面提升农业市场竞争力。

2. 实施全域覆盖、生态宜居的新时代美丽乡村建设行动

围绕打造"美丽湖州新高地",聚焦农村美化,深入开展美丽乡村四级联创,着力健全城乡一体的规划体系、建设机制和环境提升机制,进一步丰富"美"的内涵、拓展"美"的范围、提升"美"的层级,大力建设具有诗画江南韵味的美丽城乡,打造浙江省"大花园"中的湖州"大景区"。

3. 实施乡风文明、素质全面的人文乡村发展行动

围绕打造"先进文化新高地",聚焦新农人培育,以培育和践行社会主义核心价值观为重点,实施"乡风文明培育、移风易俗弘扬时代新风、乡村文化兴盛、农村志愿服务推进、小城镇文明"五大行动,打造"生态引领、全域创建、成风化俗、和谐发展"的农村精神文明建设"湖州模式"。

4. 实施"三治结合"、治理有效的善治乡村推进行动

围绕打造"政治生态新高地"和"民主法治新高地",聚焦农村和谐,按照全面依法治国和从严治党要求,把加强基层党建放在核心地位,不断完善党委领导、政府负责、社会协同、公众参与、法治保障的社会治理体制,综合运用好自治法治德治,建设"清廉乡村",不断提升乡村治理现代化水平。

5. 实施共建共富、全民共享的乡村民生优化行动

围绕打造"幸福民生新高地",聚焦农民增收,把实现好、维护好、发展好广大农村居民的根本利益作为出发点和落脚点,不断健全城乡一体社会保障制度、城乡一体社会事业发展体系,促进农

第六章 湖州市乡村振兴制度供给转化

民增收和全面发展。

6. 实施城乡融合、活力迸发的制度完善行动

聚焦重农强农，不断深化城乡综合配套改革，探索建立山水林田湖草及美丽乡村建设基础设施等资源资产的作价入股机制，不断健全土地管理使用制度、财政金融支持服务体系、合作共建机制，着力推进城乡融合，培育、激发、强化乡村振兴新动能。

第二节 湖州市农村土地管理制度改革创新

一 "标准地"概述

近年来，我国国有土地使用权出让方式基本都是采取招标、拍卖、挂牌和协议方式。理论上，土地招拍挂制度可以从源头上防止土地批租领域腐败的重要举措，也是提高经营城市土地水平，改善投资环境的根本性措施，比协议出让有着明显优势，让土地以更公平、合理的价格出让，减少人为干扰因素，遏制腐败产生。挂制度的以上优点，是假设该制度本身高度完善并有严格、合理的操作流程和实施细则，并有良好的政治、法律环境和人文基础。

地方政府低价协议出让的土地绝大多数是工业（制造业）用地，但工业用地的相对低价是基于与"招拍挂"商服用地出让价格的横向比较，从时间序列来看，协议出让的工业用地价格是普遍上升的，至少也具有波动上升的趋势，而地方政府的土地征收补偿几乎不变，这说明工业用地价格的上升并非成本驱动，更多的是地方政府的策略所致，这说明地方政府不会一味地压低协议出让的工业用地价格吸引制造业，而是根据自身条件的改善不断调整策略；另外，协议出让工业用地所带来的工业的发展，扩大了商服用地的需求，招拍挂出让商服用地价格的上涨自然在情理之中，这种利益才

是地方政府发展制造业的真实动机。①

（一）湖州市"标准地"改革的动因

所谓"标准地"，是指带着建设规划、能耗、环境和亩产税收等一系列标准进行出让的国有建设用地。企业拿地前，就知道该地块的使用要求和标准。拿到"标准地"后，经发改部门"一窗受理"，就可以直接开工建设，不用经过各类审批。建成投产后，相关部门按照既定标准与法定条件验收，合格后准予投产，充分体现"最多跑一次"的精神。湖州市凝聚区县及部门合力，全力推动"标准地"改革，至少有以下三方面原因：②

一是推动地方产业转型升级的门槛。通过"标准地"改革把土地绩效标准和产业发展导向融合起来。针对湖州市亩均效益偏低的现状提出了以亩均税收30万元为核心的"345"指标标准体系，并以此招商选资，在项目引进阶段就把产业准入门槛说清楚、讲明白，既体现政府高质量发展意图，又让投资商未来预期更加清晰明了，减小了事后约定导致的政企纠纷概率。

二是串联项目全过程管理的轴线。通过"标准地"改革把项目招引、项目前期、备案审批、开工建设、竣工投产以及项目后评价等各环节全部串联起来。事先告知标准、签订标准协议、按标施建、对标验收、信用监管和联合奖惩贯穿了项目监管全过程，实现了闭环管理。特别前期阶段，通过"标准地"改革，解决了单一业务主管部门推进区域评估乏力的困境，实现了区域评估的全覆盖，为审批阶段程序精简和推行告知承诺奠定了基础，客观上也为业主节约了时间和成本（尤其是环境影响评价方面）。

三是保障土地集约节约利用的底线。违约土地的处置一直是基

---

① 李学文、卢新海：《经济增长背景下的土地财政与土地出让行为分析》，《中国土地科学》2012年第8期。

② 余佳能：《"标准地"不止是"地"——关于推进"标准地"改革的几点思考》，《湖州日版》2019年1月30日第8版。

层的"老大难"问题,"标准地"改革之前有,改革后也必然存在。"标准地"改革突出以信用为核心的事中事后监管体系建设,为保障约定标准履行提供了一种新的途径。对信用不良企业在源头上筛选,过程中从严监管。对于固投、产出和税收指标达不到底线要求的,引入信用黑名单制度,依法进行严重失信认定,使其处处受限倒逼履约。

(二)德清"标准地"改革试点及成效

2017年8月14日,省长袁家军在浙江省政府第十次全体会议上首次提出要建立"标准地"制度。袁家军表示,要全面整合和优化企业投资项目"审批流",努力实现企业投资审批"最多跑一次"。一是建立健全"标准地"制度,从2018年起,浙江省各地的新增工业用地、商业用地、旅游用地,要带着能耗、环境、建设、亩产等标准进行"招拍挂",为企业投资项目"最多跑一次"改革奠定基础;二是探索建立企业投资项目发改委(局)"一窗受理"制度,涉及国土、建设、环保、规划等部门的,由发改委(局)代跑。

德清县结合实际,迅速启动了"标准地"试点工作。德清县起草了《"标准地"试点实施方案》,从深入推进区域评价制度、建立"标准地"出让控制性指标体系、建立"标准地"出让部门联审机制、明确"标准地"使用履约责任、加强事中事后监督管理等5个方面入手开展"标准地"试点工作。面对无先例可循的"标准地"制度,德清县在莫干山高新技术产业开发区22平方千米范围内提前完成区域能评、环评的基础上,选定地块、确定产业、明确标准,并完成了能耗、环境、建设、亩产等指标的制定,并于2017年8月底推出了浙江省首宗"标准地"。在首块以"标准地"形式出让的公告中就明确:固定资产投资强度≥340万元/亩,土地产出≥600万元/亩,土地税收≥21万元/亩,单位工业增加值能耗≤0.5吨标煤/万元……与以往挂牌出让国有建设用地使用权的公告相比,新增了4个指标。2017年9月29日,德清县浙江启聚实业有限公司通过招拍挂拿下浙江省首宗"标准地"。企业从拿地到开工仅用时2个多月,时间缩短了一半,主要制度性交易成本降低95%。

浙江在"标准地"改革创新实践中,抓住土地这一核心要素资源,找准"有为政府"与"有效市场"的结合点,推动实现了企业拿地从"找市长"向"找市场"转变、政府"事后提要求"向"事前定标准"转变、"招商引资"向"招商选资"转变,巩固了"清""亲"政商关系,进一步优化了市场化、法治化、国际化的营商环境。①

二 湖州市农业产业"标准地"改革

(一)农业"标准地"改革的积极意义②

1. 深化农业领域"最多跑一次"改革,推进农业供给侧结构性改革

土地是农业经营主体发展壮大、实现产业兴旺的关键要素,政府引导农户适度规模流转土地至关重要。一方面,农业"标准地"改革让农民放心流转土地。通过制度设计,使农民承包权得到保障,让农民没有了后顾之忧。同时,通过建立综合性评价指标体系,突出农业项目带动农民增收的导向,使农民可以二次获利。另一方面,农业"标准地"改革让农业生产主体放心经营。通过开展农业"标准地"改革,农业生产经营主体拿到的相当于是"净地",实现了"即签即用"。因此,农业"标准地"改革是农业领域"最多跑一次"改革的深化,是农业招商引资的新"法宝"。

2. 撬动乡村加快系统治理

农业"标准地"改革既是"地理图"也是"项目库",对土地流转、设施农业、品牌创建、村集体经济"消薄"、精准扶贫等各

---

① 浙江省发展和改革委员会投资处:《"标准地"改革"浙三年"》,《浙江经济》2020年第2期。

② 金艳:《以农业"标准地"改革助推乡村振兴》,《新农村》2019年第9期。

项工作起到撬动作用,起到"牵一发而动全身"的作用,加快了乡村系统治理,推进乡村振兴战略的实施。

3. 优化布局农业生产力要素

农业生产力布局,即布局新型职业农民、新型经营主体等农业从业人员,布局土地、良种、优质农药肥料、先进机械设备等农业生产资料,布局先进适用农业科技与生产方式等。农业"标准地"改革,从土地流转环节看,对土地等生产要素进行了优化配置;从土地流入层面看,让耕地流入种粮大户、新型农业经营主体等,解决了"谁来种地"的问题;从设置控制性指标层面看,倒逼种粮大户、新型农业经营主体等土地流入方采用先进适用农业科技,优化了政府对农业科技投入的布局,破解了"如何种地"的难题。因此,农业"标准地"改革将优化农业生产力要素布局。

4. 推动现代农业高质量发展

农业"标准地"改革从土地利用、产业布局、经营管理等全方位推进农业"标准化""精细化",让农用地有效服务现代农业发展,坚决遏制农地"非农化",有效破解当前农村"空心化"、农业从业者"老龄化"、产业管理"粗放化"、比较效益"低下化",以及土地抛荒等问题。特别是对粮食生产功能区"非粮化"问题,建立了非粮作物逐步退出机制。同时,通过设置控制性指标,全面提升农业现代化评价水平,进一步推动现代农业高质量发展。

(二)湖州市农业"标准地"改革及成效

1. 湖州市农业"标准地"改革

用地难是目前农业产业发展的重要制约因素。湖州市围绕用地难的问题,开展农村土地全域整治工作,优化农村土地资源配置,创新实践农业融合发展和大好高项目"标准地"模式,着力破解农业"大好高"项目,第一、第二、第三产业融合项目发展难题,大力发展乡村新产业新业态。为此,湖州市印发了《湖州市保障农业产业融合项目建设"标准地"促进乡村产业振兴的通知》，① 这是浙江省首个农业产业融合项目建设"标准地"制度安排，为浙江省乃至全国乡村振兴提供可复制的经验和路径。

湖州市农业产业融合项目"标准地"，主要用于以农业特色优势产业为基础的休闲农业、农业科技服务、农产品营销服务等第一、第二、第三产业融合发展项目。其准入要求为实施主体须认定为区县级以上的示范性农民专业合作社、家庭农场、重点农业龙头企业或农业"大好高"项目业主；从事休闲农业的，要求种植业土地流转面积达到150亩以上、养殖业土地流转面积达到100亩以上。建筑容积率原则上不低于1.1。同时，亩均农业"标准地"应符合以下标准：投资50万元以上、产值50万元以上；吸纳当地劳动力就业15人以上（农民专业合作社和家庭农场除外）；带动周边农户10户以上（家庭农场除外）。用地额度标准：按不高于项目流转总面积的2%申请农业"标准地"，一般单个项目用地原则上不超过5亩。对于科技含量高、带动力强且投资超过5000万元的项目可适当提高用地额度。

2. 农业"标准地"改革的初步成效

2019年，湖州市共认定的标准地项目81个。其中，吴兴区妙西镇五星村股份经济合作社休闲农业项目等47个项目为第一批农业"标准地"项目，涉及总用地面积为214.67亩。吴兴区八里店镇移沿山村股份经济合作社休闲农业项目等34个项目为第一批农业"标准地"项目，涉及总用地面积为185.40亩。2019年，湖州市新引进、开工农业重点项目79个，其中"大好高"项目26个，投资亿元以上项目17个；竣工项目49个，完成投资25.79亿元。

---

① 参见《湖州市人民政府办公室关于保障农业产业融合项目建设"标准地"促进乡村产业振兴的通知》（湖政办便函〔2019〕22号）。

3. 湖州市农业"标准地"改革的主要特点

湖州市农业"标准地"的改革，主要有以下四个特点：一是准入规范化。坚持优先配置、专地专用、节约集约、融合带动原则，农业"标准地"对符合要求的区县级以上的示范性农民专业合作社、家庭农场、重点农业龙头企业或农业"大好高"项目业主，可获批不高于项目流转总面积2%的农业"标准地"指标，一般单个项目用地不超过5亩。对于科技含量高、带动力强的项目可适当提高用地额度。二是使用高效化。农业"标准地"以使用农村集体建设用地为主，相关土地规费区县所得部分可以按先缴后奖的方式奖励给所在村集体，对壮大村级集体经济意义重大。使用国有建设用地的农业"标准地"出让底价参考同区域工业基准地价，有利于减轻主体投资建设的资金压力。三是落地精准化。优先配置农业"标准地"指标，保证农业"标准地"政策落地实施。自然资源和规划部门在国土空间规划编制、全域土地综合整治工作中预留一定比例建设用地指标优先支持农业"标准地"项目，确保农业"标准地"的用地空间需求。各区县统筹上级下达的奖励、挂钩指标以及土地复垦产生的建设用地指标，每年安排一定的用地指标，用于保障农业"标准地"用地指标需求。四是监管联动化。建立市区县农业农村、自然资源和规划等部门各负其责、齐抓共管的联动工作机制，根据职责对农业"标准地"实行全过程监管。严格农业"标准地"用途管制，不定期开展专项检查，依法依规严肃查处改变用途、私自转卖等行为。建立"守信者受益、失信者受限"的联合奖惩机制，项目达产后，区县农业农村部门牵头对农业"标准地"承诺标准进行复核，切实提高土地的综合利用水平。

第三节 湖州市农村金融制度改革创新

一 绿色金融概述

（一）发展绿色金融的意义

绿色发展，离不开绿色金融，绿色金融做得好、程度深、质量高，绿色发展才会有一个可靠的基础。发展绿色金融既是践行习近平总书记在浙江提出的"绿水青山就是金山银山"的重要论断，也是"两美浙江"建设的需要。习近平总书记在党的十九大报告中指出，要把绿色金融作为推动绿色发展、加快生态文明体制改革、建设美丽中国的重要路径。

金融业包括信贷、证券、保险各类产品，在开展业务时，具有两种类别的前提条件，一种是内生的，一种是外部的。所谓内生条件，就是银行要有效益，支持的企业和产品要有前景、有营收、有利润，至少得还得起贷款。如果企业不能还款，产品没有前景、没有市场，那就不能发放贷款。这样金融才可持续，企业才可持续。这些要求本身就是替经济发展质量把关。金融业务还有一些外部要求，这些要求是引导性的，并不强制，但是这个外部的要求很重要，绿色金融正是一个重要的外部性要求。绿色金融产品从设计到执行、考核，整个流程、运行过程都要把绿色的要求嵌入进去，嵌入全业务流程中去。发展绿色金融需要不断创新金融产品，不断从制度、机制、从业人员素质等方面来适应。绿色金融堪称是绿色发展的一台动力强大的"发动机"，也是绿色发展的一台"过滤器"。它把一些高耗能、高污染、落后的产业以及落后的发展模式淘汰掉，使得绿色发展更有质量、更加纯净。有绿色金融支持的绿色发展，是生态文明建设强有力的推动力量。生态文明本质上是人与自然的和谐发展，要实现这样一个目标，绿色金融意义非常重大。

从国际经验来看，美国、欧洲等国在绿色金融发展方面走在了前列。美国政府在1980年制定了《超级基金法案》，规定银行等各类金融机构进行项目贷款审批时必须进行项目环境影响评估，向投资者提供环境影响风险报告，并根据环境影响评估结果决定是否给予贷款。世界上第一家经营环保类信贷业务的生态银行于1988年在德国法兰克福成立，标志着绿色金融在全球发展迈出了第一步，此后，全球商业银行开始将绿色金融的理念渗透到其经营和管理中去。① 世界银行下属的国际金融公司（IFC）和荷兰银行于2002年10月提出了一项适用于行业总成本超过1000万美元的新项目融资的企业贷款准则，即赤道原则。这项准则要求金融机构在向一个项目投资时，要对该项目可能对环境和社会的影响进行综合评估，并且利用金融杠杆促进该项目在环境保护与经济效益方面和谐发展。② 赤道原则已经成为国际项目融资的一个新标准，包括花旗、渣打、汇丰在内的60余家大型国际金融机构已明确实行赤道原则，项目融资额约占全球融资总额的85%。2006年，日本政策投资银行在原有环境经营评价系统中增加二氧化碳排放量的评分项，达到相应标准的企业可以获得优惠贷款利率。③ 2007年，日本又推出了环境评级贴息贷款业务，对能在5年内降低单位产量二氧化碳排放量5%以上的申请环境治理贷款的企业给予进一步的利率优惠。

（二）湖州市建设国家绿色金融改革创新试验区

2017年6月，国务院决定在浙江等5个省区的部分地区试点绿色金融改革创新，浙江湖州入选试点城市。根据《中共中央国务院关于加快推进生态文明建设的意见》和《关于构建绿色金融体系的

---

① 王军华：《论金融业的"绿色革命"》，《生态经济》2000年第10期。
② 侯亚景、罗玉辉：《我国"绿色金融"发展：国际经验与政策建议》，《经济问题探索》2016年第9期。
③ 王玉婧、江航翔：《以绿色金融助推低碳产业发展的路径分析》，《武汉金融》2017年第4期。

指导意见》文件精神,要将湖州绿色金融创新试点的经验,形成可推广、可复制性的发展模式。

  湖州是习近平总书记"绿水青山就是金山银山"理念的发源地,也是首批绿色金融改革创新试验区之一。两年来,湖州对照中国人民银行等国家部委对湖州绿色金融改革创新试验区建设的期望和要求,坚持打造绿色金融"湖州样本""湖州模式"。一是在推进路径上,坚持国家战略与地方特色协调融合。制订绿色金融改革创新试验区实施方案、五年规划、年度行动计划和考核体系,明确了三个阶段、五大目标、21项具体任务,并排出了政策、改革、任务、产品"四张清单"。市政府出台绿色金改"25条政策",每年配套10亿元财政资金重点支持绿色金融发展。二是在基础设施上,坚持标准体系与平台建设协同推进。率先制定"六项规范",引领绿色金融关键标准体系构建。积极推动绿色金融认定、评价、产品标准化,通过两年来的实践探索,初步形成湖州市统一、有公信力、可操作性的地方绿色金融标准体系。率先搭建"五大系统",保障绿色金融重要基础设施建设。率先探索研究区域绿色金融发展指数,评价结果显示,湖州市绿色金融发展2017年指数值为115,2018年跃升到151,显示出湖州市绿色金融基础日渐扎实,市场活力被充分激活并释放。三是在服务体系上,坚持金融产品与服务模式不断革新。如湖州银行创新"绿色园区贷"助力"低小散"污染治理,为在重点绿色产业集聚园区内的小微企业提供批量化金融服务;安吉农商行全国首创"绿色信用贷",在对客户"绿色信用"行为采集的基础上,依托"个人绿色积分"管理系统,对持有一定分值的客户发放信用贷款;人保财险创新建立"保险+服务+监管+信贷"的保险新模式。四是在金融供给上,坚持产融结合与绿色发展同步落实。立足绿色产业创新发展和传统产业转型提升,不断深化产融对接。五是在能力建设上,坚持机构培育与监管评级相互结合。率先开展绿色金融专营模式并建立全国首个绿色银行评级

第六章 湖州市乡村振兴制度供给转化

体系,构建绿色信贷业绩评估体系,编制绿色银行综合发展指数("绿茵指数")。①

湖州市绿色金融改革也取得了不俗的成绩,截至2019年7月,湖州地方口径绿色信贷余额占全部信贷余额比重达19.2%,银行存贷款增速、金融业增加值等指标保持在浙江省前列,信贷资产质量居浙江省第一位,累计创新绿色信贷产品114个,设立绿色产业基金42只,发行绿色贴标债券12只,创新开发绿色保险产品系列7个,制定6项绿色金融地方标准,设立绿色专营机构35家。湖州在长三角"40+1"城市群绿色金融发展竞争力综合评估中位列第一,荣获《亚洲货币》最佳绿色金融实践地区,辖内湖州银行成为中国境内第三家赤道银行。②

二 湖州市绿色金融服务乡村振兴的制度安排

2018年,湖州市金融工作办公室、湖州市委农业和农村工作办公室、中国人民银行湖州市中心支行和湖州市银监分局联合制订了《湖州市金融服务乡村振兴战略行动计划(2018—2022年)》③,明确提出农村金融保障更加有力、农村金融改革扩面提质、农村金融服务全面覆盖、农村金融生态持续向好四大目标,并提出了金融服务乡村振兴四大行动。

(一)开展金融助力乡村产业提升专项行动

1. 强化农业重点建设项目资金保障

综合运用中长期贷款、产业基金和投贷联动等方式,积极支持湖州市现代农业产业园、农村产业融合发展示范园、特色农产品优势区、农业科技园区、农业特色强镇等农业重点建设项目,建立并

---

① 郑锦国:《打造绿色金融"湖州样本"》,《中国金融》2019年第10期。
② 郑锦国:《打造绿色金融"湖州样本"》,《中国金融》2019年第10期。
③ 参见《湖州市金融服务乡村振兴战略行动计划(2018—2022年)》,湖州市人民政府金融工作办公室网站,http://jrw.huzhou.gov.cn/zcfg/hzzcfg/20181225/i1275875.html。

规范发展融资担保、保险等多种形式的增信机制，提高各类投资建设主体的融资能力。加大对绿色渔业、特色果蔬、优质名茶等主导产业的融资支持力度，最大限度满足生产资金需求。涉农金融机构要单列支农信贷计划，适当放宽涉农贷款不良率容忍度，优先保障湖州市乡村振兴重点领域和关键环节的信贷需求。力争至2022年，湖州市涉农贷款新增700亿元以上，新开工农业"大好高"项目的授信率达到100%。

2. 提升新型农业经营主体金融服务

精准对接农业龙头企业、粮食生产大户、农民合作社、家庭农场、农业产业化联合体、社会化服务组织、农村电商、农创客等金融需求。探索开展大型农机具抵押、农业生产设施抵押、存货抵押、大额订单质押等创新产品，满足各类新型农业经营主体多元化融资需求。对产业化程度高的新型农业主体，推广"产业化龙头企业+家庭农场""新型农业主体+农户"等服务方式，探索产业链金融、供应链金融、专项信贷产品和服务方案，助力农业规模化生产。力争至2022年，湖州市农户贷款新增300亿元，农村综合产权抵质押贷款新增40亿元，贷款户数和覆盖面实现明显提升。

3. 推动涉农龙头骨干企业上市挂牌

按照储备一批、培育一批、股改一批、上市一批的基本思路，动态遴选主营业务突出、竞争能力较强、盈利水平较好、具有发展潜力的涉农龙头骨干企业，纳入企业上市挂牌后备资源库，实行动态管理、梯度培育、包干联系，帮助企业协调解决上市过程中遇到的项目审批、土地房产变更、资产转让、税费减免以及产权确认等问题，推进企业多元化融资和规范发展。力争至2022年，推动15家涉农企业在多层次资本市场挂牌上市，培育涉农上市公司3家。

（二）开展金融助力美丽乡村建设专项行动

1. 加大绿色信贷投入

重点加大对生态农业发展、农村人居环境整治、小城镇环境综

第六章　湖州市乡村振兴制度供给转化

合整治、生活垃圾分类处理、生活污水治理、农村"厕所革命"、农业面源污染防治等生态领域的信贷支持。积极探索乡村振兴领域绿色金融产品标准，推广"美丽乡村贷""两山白茶贷""锅炉改造贷""公益林生态贷""光伏贷"等绿色信贷产品。积极推进"绿贷通"金融综合服务平台在农村地区的推广和应用，引导农业经营主体依托"绿贷通"平台，足不出户发布融资需求，实现与银行的高效对接。扩大银行卡支持结算信息记载功能在乡村垃圾分类回收、食品安全溯源等方面的拓展服务，充分运用绿色金融工具支持乡村生态资源保护和合理开发。力争至2022年，湖州市开发农村绿色金融产品100只以上，涉农金融机构绿色贷款新增250亿元。

2. 推动绿色债券融资

加大企业债券融资工具在农村地区的宣传推广力度，支持符合条件的农业龙头企业、美丽乡村建设重点项目在资本市场发行涉农债券，筹集中长期资金，力争湖州市农村地区债券发行规模有明显突破。支持法人金融机构发行"三农"、绿色、小微、双创专项金融债，充分利用全国金融市场资金，拓宽金融服务乡村振兴资金来源。积极推动法人金融机构涉农、绿色、小微企业信贷资产证券化，盘活信贷资产支持乡村振兴。力争至2022年，累计发行涉农债券300亿元。

3. 发展特色农业保险

推进政保合作项目的实施，加大对农业保险的政策支持力度，持续"扩面、增品、提标"。加快健全乡（镇）、村两级"三农"保险服务体系，确保每个乡镇都有保险服务站和指导员、每个行政村都有保险服务点和协保员，提升涉农保险服务水平。创新发展气象指数保险、价格指数保险、收入保险以及其他地方特色保险品种试点，助推农业现代化和美丽乡村建设。力争到2022年，政策性农业保险大户参保率达到80%以上，政策性农村住房保险参保率达到99%以上。大力推进"险资入湖"工程，探索开展保险资金支农融资业务，为乡村振兴战略实施助力输血，力争到2022年，保险支农融资规模达到3亿元以上。全力构建覆盖现代农业生产的全链条、全风险环节的综合保险服务体系，大力推动保险服务在农民生活以及农村社会领域的全面延伸。

(三) 开展金融助力乡村有效治理专项行动

1. 提升农村基础金融服务

加大农村金融基础设施建设力度，着力解决农村偏远地区金融服务不平衡不充分的问题。进一步加大乡镇及以下网点的布设力度，推动现有乡镇网点金融服务升级，加强服务点风险控制和规范化管理。深化银行卡助农服务，持续推进小额取款、代理缴费等业务的应用，实现农村基础金融服务"不出村"。推进数据上云、移动办贷、自助办贷、模型审批、系统风控的"跑数"模式与走村访户的"跑村（街）"模式有机融合，降低服务成本和运营风险，持续提升支农薄弱地区服务功能和服务覆盖面。力争至2022年年末，湖州市银行机构农村网点占比超过65%。

2. 完善农村信用体系建设

完善农户信用信息采集、更新机制，全面推进"信用户、信用村（社区）、信用乡（镇、街道）、信用县"四级信用体系创建。加强与政府部门、农村基层组织信息共享，建立完善农户信用档案和信用创建成果转化机制，促进信用信息和信用创建成果在金融机构发掘优质客户、创新金融产品、管理信用风险等方面的应用。推广"整村批发、集中授信"等信贷支农新模式，提高农户信用贷款比重和覆盖面。开展信用知识宣传教育，引导农民诚实守信，建立诚信激励约束机制，持续改善农村信用环境。力争至2022年年末，湖州市农户信用信息建档80%以上，金融机构应用信用建设成果惠及信用村比例达到90%以上，省级信用乡（镇、街道）比例达到10%以上，三个县全部创建成为省级信用县。

3. 优化农村金融生态环境

围绕"乡村治理"和"乡风文明"主线，结合乡村文化建设特点，深入开展"送金融知识下乡""防范非法集资宣传月"及其他有针对性的公众教育宣传活动，宣传和推广农村金融政策和金融知识，积极配合地方政府有效防控和打击农村地区金融欺诈、非法集资等非法金融活动，增强农村居民风险识别、自我保护的意识和能力。各银行业金融机构要加强涉农信贷全面风险管理，落实授信准入、贷款用途和还款来源，防止"户贷企用""冒名贷款"，防范过度融资，有效控制信用风险，确保涉农贷款不良率控制在浙江省平均水平以下。深化整治农村金融市场乱象，加强对金融产品和服务的信息披露和风险提示，严治以普惠金融、小额信贷等名义向农民进行虚假欺诈宣传，严厉整治不规范收费，为金融机构推进乡村振兴金融服务营造良好氛围。

（四）开展金融助力乡村民生优化专项行动

1. 结对帮扶经济欠发达村

围绕湖州市新一轮经济薄弱村帮扶行动计划，组织湖州市金融系统与集体经济欠发达村，建立结对帮扶机制，组织金融机构安排专人到乡镇和村级集体经济联系服务，深度参与乡镇、村经济建设和社会治理工作。落实湖州市村级集体经济三年强村计划，加强与村级集体经济组织的融资对接，加大对村级集体经济项目建设支持力度，帮助提高经营性收入。实施经济欠发达村的结对帮扶计划，帮助其"造血""摘帽"。力争至2022年，为经济欠发达村累计发放促增收贷款50亿元以上。

2. 深入推进金融精准扶贫

按照"10万元以下、5年期以内、免担保免抵押、基准利率放贷"的政策要求，规范发展扶贫小额信贷，在风险可控前提下，探索对扶贫小额信贷实行无还本续贷。建立健全金融支持产业发展与带动低收入农户发展的挂钩机制和扶持政策。运用好"丰收爱心卡""美丽乡村富民卡"等,有效满足低收入农户金融需求。积极开发推广低收入农户主要劳动力意外伤害、疾病和医疗等扶贫小额人身保险产品,防止农户因病因灾致贫返贫。统筹兼顾已退出欠发达村、低收入农户,支持加快发展,避免返贫,不断提高金融帮扶的可持续性和有效性。

3. 大力支持农民自主创业

完善创业担保贷款政策,将农村自主创业农民纳入创业担保贷款支持范围,降低贷款申请条件,放宽担保和贴息要求,在不断提高风险评估能力基础上,逐步取消反担保要求。大力发展农村小额信用贷款,完善农户建档、评级和授信工作,健全农户授信评议和授信公示制度。密切跟踪乡村振兴中各类群体的创业需求,支持青年创客、巾帼创客、返乡农民工创业,支持科技人员、工商业主、高校毕业生、退役士兵等下乡创业创新。力争至2022年,湖州市农户小额信用贷款新增130亿元。

三 湖州市绿色金融服务乡村振兴的探索

绿色金融是引导资源差异化支持乡村振兴的有效途径,是将"绿水青山"转变为"金山银山"的有力机制。乡村振兴离不开金融"活水",作为银行机构,要不断创新服务、创新产品,使越来越多农户在金融"活水"的滋润下走上增收致富之路。近年来,在湖州市实施乡村振兴战略过程中,辖区内金融机构也越来越重视发展农村绿色金融业务。一些金融机构对绿色金融服务乡村战略进行了积极探索,取得了一定成效。截至2019年11月,湖州市银行业针对乡村振兴战略共推出信贷产品多达70款,信贷余额达430余亿元,较年初增加100多亿元;惠及农户及乡村民营企业17万余户,较年初增加4.8万余户,有力支持了乡村振兴战略的实施。

(一)湖州银行服务乡村振兴实践

湖州银行是湖州市本土地方股份制商业银行,始终坚持"服务地方经济、服务小微企业、服务城乡居民"的市场定位,被评为

第六章　湖州市乡村振兴制度供给转化

"金融支持地方经济发展综合优秀单位""浙江支农支小服务之星""湖州市国家绿色金融改革创新试验区建设优秀金融机构"等。

近年来，湖州银行紧紧围绕支持乡村振兴战略，适时顺势转变经营理念，推出了针对个体经营户、小微企业主、农户等人群的"移动快捷贷"。该产品被中国银行业协会评为"2017年服务三农五十佳金融产品"。

"移动快捷贷"产品将开卡、身份核查、贷款受理、发放和贷后管理等步骤用一部移动设备统一办理、集成服务、一次办结，解决农村无金融网点，农户享受不了金融服务的问题，真正让农户体验并获得"零距离、零跑次"的金融服务，实现个人贷款业务的集约化和批量化经营；采用影像电子化传输技术对个人贷款业务进行流程再造，信贷资料以照片、录像等形式主，解决信贷资料多，纸质资料多的问题，节约环保，实践"绿色金融"；以信用和保证为主要担保方式，贷款最长5年，贷款金额最大30万元，解决农户融资难、融资贵、担保难的问题，切实为农户提供实实在在的普惠金融服务。

（二）湖州农信系统服务乡村振兴

截至2019年年底，湖州市农信系统营业网点已达200多个，实现了湖州市乡镇和主要集镇全覆盖。建立丰收驿站近860家，实现湖州市行政村全覆盖。农信系统充分发挥点多面广优势，代收水费、电费等23项业务，签约客户超200万户；代办社保、工商、税务等6大类55项政务代办项目等。

同时，为深化农村信用体系建设，湖州市银行业积极推进"村银"共建，逐步建立流程化、规范化的授信服务模式。湖州市各农商行依托客户信息管理系统2.0版本，客户经理在走访过程中使用普惠通手机等移动媒介，直接将收集的信息录入系统，建立以家庭信用为基础的普惠金融档案，实现对数据的加工、查询、应用。

长兴农商行开发一种不需要担保和抵押的信贷产品"兴扶贷"。

"兴扶贷"授信额度在3万—10万元，还款周期一般为3年。被列入"兴扶贷"的农户，一个身份证、一张申请表、一份合同就能办理贷款，一方面可享受银行低利息的贷款；另一方面，还可以获得来自于政府财政的补贴。

丰收驿站是浙江农信2015年创新推出的升级版金融便民服务点，为城乡居民尤其为农村居民提供金融、电商、物流、民生、政务"五位一体"便民服务。经过4年的发展，丰收驿站已成为浙江农信深化普惠金融、助力乡村振兴的重要载体。

（三）农发行湖州分行服务乡村振兴

农发行湖州市分行结合湖州市绿色金融改革创新试验的要求和农业政策性银行业务特色，制订了绿色金融改革发展三年行动计划和绿色信贷中长期发展规划，在农发行系统内第一个挂牌绿色金融事业部、第一个全网点配备绿色金融产品经理，实行绿色信贷差异化资金定价，完善绿色信贷考核评价体系和奖惩机制，并围绕绿色经济、环境质量、节能减排、污染防治、生态保护、灾害防控、生态人文等大力发展绿色信贷业务。①

农发行湖州市分行以服务乡村振兴为抓手，2018年累计发放贷款61.86亿元，同比多放31.11亿元，增幅101.17%，资金净投放在湖州市金融机构中排名第一。一是全力保障粮食安全，累放粮油贷款3.88亿元，支持中央和地方储备粮轮换20.35万吨，地方储备粮轮换12.43万吨，粮食主导银行地位得到巩固。二是致力服务脱贫攻坚，积极探索"旅游+扶贫"绿色信贷支持新模式，发放浙江省系统首笔旅游扶贫项目贷款3亿元，有效带动贫困地区建档立卡人口增收，实现产业精准扶贫。三是着力补齐支农短板，累放农业农村基础设施项目贷款53.6亿元，同比增加25.25亿元，增长89.07%；累放棚户区改造贷款43.8亿元，支持棚改拆迁面积

---

① 严慧：《发展绿色金融推动绿色"三农"》，《农业发展与金融》2019年第9期。

168.6万平方米，建设安置房1540套。四是坚持让利与农，给予农村公路等贷款同期同档次基准利率下浮7.24%的融资优惠；继续坚持减费优惠，免收企业各项费用，贷款加权平均利率低于湖州市金融系统平均水平1个百分点，向相关项目和企业单位让利1.3亿元。

2019年，农发行湖州市分行又取得新进展，截至2019年7月末，农发行湖州市分行绿色贷款余额25.99亿元，比2018年初增加12.19亿元，增幅90%。

(四) 中国农业银行湖州分行服务乡村振兴

农村历来是农业银行深耕之地，作为金融服务的主力军，农行湖州分行全方位定制"三农"金融产品，加大农村金融资源供给。创新推出"美丽乡村贷""景区开发贷""乡村旅游贷""五水共治贷"等，支持美丽乡村建设和生态建设。还在农村建立农户信贷档案，引入互联网思维，使得村民可通过惠农通、手机微信等方式自助申请、发放、归还小额信用贷款，提高农户贷款的可获率，还在农村互联网平台加载了在线购销农产品、接受农家乐订单、惠农支付结算等功能，真正实现了农村生产、供销、信用"三位一体"。[①]

2014年以来，农行湖州分行连续5年累计派出85人次到乡镇挂职，建立市县行行领导、部门中层"三联系"制度和督导员"三农"联系工作小组，重点开展蹲点帮扶，做好对接，解决难点问题，搭建完善农村金融服务渠道。在此基础上，今年全国首创"乡村振兴"导师项目，首批15名来自三县两区各具特色行政村的"乡村导师"与该行下属各县区乡镇网点负责人进行了师徒结对。通过导师结对，把懂农村、爱农村、爱农民的金融队伍持续推进农村腹地，有力促进农村发展、农业增效和农民增收。2018年，中国农业银行湖州分行乡村振兴学校正式成立。乡村振兴学校是农行湖

---

① 《农行湖州分行40年，与湖州经济同行共进！》，湖州市档案馆官网，http://daj.huzhou.gov.cn/show-117-21876-1.html。

州分行在今年初全国首创乡村振兴导师制基础上推出的,旨在把各类金融知识宣传到田间地头。

2015年,德清县启动了农村集体经营性建设用地使用权抵押贷款试点。但在试点过程中,遇到了法律支撑依据不足的问题,农行湖州分行对《担保法》进行深入研究,提出法律仅提出乡(镇)、村集体所有制企业的土地使用权不得单独抵押,并未限制有限公司或自然人的此项权利,成功破解《担保法》法律瓶颈,农村集体经营性建设用地使用权抵押贷款试点得以顺利推进。在拍卖会现场,湖州农行为全国集体土地使用权"第一拍"买受人林国祥给予最高额690万元授信,同时为买受人德清醉清风度假酒店公司赵建龙,发放全国"第一笔"基于农村集体经营性建设用地使用权抵押的贷款150万元。截至2018年年底,农行湖州分行农村集体经营性建设用地使用权抵押的贷款余额1500万元,累计发放贷款5000万元。

第四节 湖州市幸福乡村制度创新

一 农村集体产权制度改革

(一)湖州市农村集体产权制度改革发展历程

产权制度是市场经济的基石,农村集体产权则是基石的基石。农村产权制度改革也是我国农村改革进入深水区的一个重点和难点。2002年,湖州市在德清县开始实施农村产权制度改革试点,2008年开始逐步扩大改革范围,到2014年年底全部完成村集体资产股份合作制改革,成为浙江省率先全面完成股份制改革的市。目前,所有县区均建立农村产权交易中心,乡镇(街道)建立分中心。

第六章　湖州市乡村振兴制度供给转化

1. 德清县农村集体产权制度改革试点制度创新

德清以"六项权能"①为抓手,以"八项制度创新"②为主旨,在做好强化领导、方案制订、宣传发动、业务培训等工作的同时,把握好关键节点,积极推进改革。

制度创新的具体操作如下。一是把村股份经济合作社成员身份资格的确认工作作为制度创新的基石。在具体工作中,按是否持有股权,将村股份经济合作社成员划分为社员股东和社员非股东,明确规定其身份认定条件、享有的权利和承担的义务,并对成员身份变动及登记备案作出具体的规定,规范化资格确认的标准和方法。二是不以量化的股份作为选举依据,而是以一人一票为村股份经济合作社选举的原则,以更凸显民主性和公平性。通过构建成员代表大会、董事会、监事会的"三会"制度,建立村股份经济合作社的法人治理结构,对社员股东、社员非股东的选举权与被选举权作相应规范。同时确定选举流程和规则,明确村股份经济合作社选举与村党组织、村民委员会选举同步。三是赋予农民对集体资产股份有偿退出权、继承权,使农民可以在一定情况下对其股份有相应的处置权,尤其是退出、转让、继承等方面。在制度上对继承人和赠予人资格条件、继承赠予程序及相应权利义务作出明确的规定,重点规范继承赠予的程序和条件,规范继承赠予后的权利和义务。明确规定,量化的股份仅作为村集体年度收益分红的依据,不与选举权和被选举权挂钩。四是探索政经分离。行政上,村民委员会与村股

---

① "六项权能"为农民对集体资产股份占有、收益、有偿退出、继承、抵押、担保六项权能。

② 八项制度包括:《德清县股份权能改革"政经分离"试点工作方案》,《德清县村股份经济合作社示范章程(试行)》,《德清县村股份经济合作社成员身份确认办法(试行)》,《德清县村股份经济合作社选举办法(试行)》,《德清县村股份经济合作社股权有偿退出办法(试行)》,《德清县村股份经济合作社成员登记备案制度(试行)》,《德清县村股份经济合作社股权继承与制度(试行)》,《德清县村股份经济合作社股权抵押担保制度(试行)》。

份经济合作社主要负责人不再相互兼任；经济上，采取账本分设，村民委员会负责公益事业开支，村股份经济合作社负责经济业务往来。明确基层党组织的核心作用，负责讨论和决定社区建设、管理和服务中的重要方向性事项，对自治组织和经济组织人选推荐和考评，监管集体资产，但不参与其具体经营活动。①

为了更好地实现农村产权流通交易，德清县创造性地建立农村产权交易体系。2014年，德清县构建了以四级农村产权交易平台为载体的农村产权交易体系。第一，成立县农村综合产权流转交易管理委员会，集体领导全县农村产权交易体系建设的相关工作。管委会下设农村综合产权流转交易中心，提供各类农村产权流转交易场所设施、信息发布等服务。第二，搭建四级农村综合产权流转交易平台。一是建立县农村综合产权流转交易中心，按照统一平台建设、统一信息发布、统一交易规则、统一交易鉴证、统一监督管理模式运行，接受县农村综合产权流转交易管委会的监督管理。二是建立乡镇农村综合产权流转交易分中心，负责农村产权交易信息的收集、录入和资料报送；承担县交易中心授权的流转交易；负责平台日常维护与管理；负责村（社区）服务站指导管理。三是建立村级综合产权流转交易服务站，负责产权流转交易基础信息的采集和提供；负责产权流转交易需求的协调和保障；公开产权流转交易动态信息；负责平台日常维护与管理。四是农户显示平台，以农户家庭有线电视中的农村"三资"信息公开窗口为依托，增设产权流转交易动态信息显示模块，见产权交易动态信息进入农户家庭，方便群众，增强透明度，扩大影响力。五是建立完善各相关环节机制。建立村各项综合产权流转交易各环节相关机制。出台了《德清县农村综合产流转交易管理办法（试行）》《农村土地承包经营权抵押担

---

① 林航、李震华：《农村集体资产股份权能改革试验与对策研究——以浙江省德清县为例》，《浙江农业学报》2017年第11期。

第六章 湖州市乡村振兴制度供给转化

保贷款实施方案》《农村股权抵押担保贷款实施方案》等 24 个办法、规则，确保农村综合产权顺畅流转交易。六是建立完善相关金融服务。《农村居民住房财产权抵押担保贷款实施方案》《农村综合产权抵押贷款的指导意见》等方案，并出台了《关于鼓励金融机构开展农村综合产权抵押贷款的指导意见》。县内各金融机构积极配合改革进度，及时出台了农村三权抵押贷款的相关操作办法。此外，还商定了全县农村居民住房财产权抵押贷款和农村土地（林地）承包经营权抵押贷款评估原则，便于金融机构操作。[①]

2. 德清县农村产权改革试点成效

从德清县试点的情况来看，德清以"确权、赋权、活权"为主线，摸索出了一系列切实可行的方法，取得了显著的成效，为农民带来了实实在在的收益，提高了农民对改革的满意度，为下一步推进农村集体资产股份权能改革总结了一些可复制、可推广的经验。一是明确了产权关系。德清县全面完成全县 160 个村经济合作社（151 个行政村和 9 个撤村建居的村级经济组织）的股份合作制改革，共核实集体总资产 18.32 亿元，共量化村级集体经营性资产 1.98 亿元。严格按照要求将经核实的集体经营性资产量化到人、发证到户，并对股权实行"生不增，死不减"的静态管理，确定股东 30.01 万人，发放股权证书 9.07 万本，现已完成全县 81.351 户农房发证。通过改革，让村民明确了对集体资产的拥有份额，使产权关系真正得到了明晰，有效推进了"资产变股权，社员当股东"。二是规范了运行机制。建立了村股份经济合作社的法人组织管理机构，进一步完善了所有权与经营权相分离的内部治理结构，创新了集体资产的管理机制和分配机制，提高了集体资产经营效率。同时，将村民委员会、村党支部与村股份经济合作社分离，建立了互

[①] 郑伟雄、何汀源：《德清县健全农村产权交易体系的做法与思考》，《新农村》2016 年第 11 期。

不相辖又相互合作的治理构架，厘清了相互关系，明确了各自责任。①

（二）深化农村集体产权制度改革

2018年，湖州被列为全国农村集体产权制度改革试点市。积极开展农村集体产权制度改革，是党中央、国务院和浙江省委、省政府作出的一项重大部署，是实施乡村振兴战略的重要抓手，也是全面深化农村改革的重点任务之一。

1. 深化农村集体产权制度改革方案

农村集体产权改革主要是为了构建归属清晰、权能完整、流转顺畅、保护严格的中国特色社会主义农村集体产权制度，保护和发展集体经济组织成员的合法权益。为此，湖州市特制订出台了《湖州市深化农村产权制度改革试点方案》，主要试点任务有以下七个方面。

一是开展集体资产清产核资。按照农业农村部等9部委的要求，以2017年12月31日为清查基准日，对集体所有的各类资产（包括经营性资产、非经营性资产和资源性资产）进行全面清产核资。清产核资结束后，完善集体资产登记、保管、使用、处置等制度，加强台账管理，做到账证和账实相符。

二是完善村股份经济合作社成员身份确认机制。按照"尊重历史、兼顾现实、程序规范、群众认可"的原则，稳妥开展村集体经济组织成员的身份确认工作。不能违背法律、法规和政策，以村规民约和成员代表大会集体通过为借口侵犯少数人的合法权益。探索农村集体经济组织成员家庭今后新增人口，通过分享家庭内拥有集体资产权益的办法，按章程获得集体资产份额和集体成员身份。市、县区制订出台村股份经济合作社成员身份确认指导意见，建立

---

① 林航、李震华：《农村集体资产股份权能改革试验与对策研究——以浙江省德清县为例》，《浙江农业学报》2017年第11期。

合作社成员登记备案制度。

三是完善深化股份合作制改革。开展股份合作制改革回头看，全面完成股改，健全"三会"、严格"三治"的村内部现代治理机制。全面开展股权信息化管理，健全成员资格登记备案，实行换发股权证、退出集体股，完善《村股份经济合作社章程》。探索家庭内部股权静态，成员身份属性动态的管理模式。

四是探索权能有效实现形式。在赋予农民对集体资产股份的占有权的基础上，拓展股权收益、有偿退出及抵押、担保、继承的权能。南浔区重点建立健全股权有偿退出机制，吴兴区重点建立村集体经济组织赎回及继承、转让、赠与等流转制度，进行规范有偿退出及股权流转的形式、条件、程序等。长兴县重点制订村股份经济合作社股权抵押、担保管理办法，规范股权管理和股权抵押担保工作程序。

五是发展壮大村级集体经济。市及县区出台新一轮村级集体经济扶持政策，通过发展物业经济、深挖土地潜力、盘活存量资源、推动产业发展、拓展服务项目等途径，力争通过三年努力消除村集体年经营性收入30万元以下和年经常性收入100万元以下的村。

六是探索村级组织"政经分开"。规范收益分配机制，鼓励有条件的村股份经济合作社按照章程开展分红。德清县选择条件成熟的村（社区），以"产权清晰、权责明确、管理规范、分配有序"为原则，实行村级行政事务和集体经济事务分离，探索建立人员资格分离、组织功能分离、干部管理分离、议事决策分离、账目资产分离机制。按农业农村部相关要求，开展由县区农业部门向村股份经济合作社发放组织登记证书。

七是加强农村集体"三资"监管。加强乡镇农村经营管理队伍建设，配足配强农经人员。贯彻落实《浙江省农村集体资产管理条例》，强化集体"三资"监管平台功能，将清产核资结果、集体经济组织登记、产权制度改革信息等纳入平台。落实民主理财，规范财务公开,切实维护集体经济组织成员的监督管理权。推行村级劳务用工报酬非现金支付。完善县区、乡镇(街道)两级农村集体产权交易平台。

2. 湖州市农村集体产权改革的成效

截至2018年年底,湖州市稳步开展农村承包地确权登记颁证,颁发承包权证40.14万本(户),颁证率96.20%。推进农村宅基地及住房的确权登记发证工作,全年新增发放不动产权证2.23万宗。推进农村产权交易平台建设,全年新增产权交易962笔、交易金额3.3亿元,累计完成产权交易3964笔、交易金额11.77亿元。推进农村产权抵押贷款,到2018年底湖州市农村综合产权抵质押贷款余额38.76亿元,比年初新增3.13亿元,期末贷款户数12897户,全年累计发放贷款20.62亿元。

到2019年,湖州市基本完成全国农村集体产权制度改革试点工作,制定《村股份经济合作社社员身份确认指导意见》、《村股份经济合作社选举办法(试行)》、《农村集体资产股权流转办法(试行)》、《关于进一步保障落实农村集体经济组织成员权益的若干意见》系列制度;完成6个区县级、61个乡镇级产权交易平台整合,全年新增产权交易569宗1.44亿元,累计4517宗13.19亿元,其中平台整合后实现交易52宗、0.17亿元;在浙江省率先实现非生产性开支村级公务卡发放使用全覆盖;基本完成村集体经济组织登记赋码工作。推进农村承包地"三权分置",完成土地承包经营权确权登记颁证"回头看"工作,排查整改问题861件,涉及承包方10500方,涉及面积3.25万亩,整改率约为94.5%;推进承包地集中连片流转,土地流转率达到66.44%,155个村实现整村流转;累计发放流转土地经营权证2450本,当年累计发放土地经营权抵押贷款2.8亿元。出台《关于进一步加强农村集体"三资"盘活利用工作的行动方案》(湖乡镇组〔2019〕4号),组织推进村集体闲置或低效资产资源盘活利用、资金竞争性存放、低效合同清理等工作。

第六章 湖州市乡村振兴制度供给转化

共排查经营性资产资源10451处,其中闲置或低效利用1143处,盘活利用1132处,年增收2869万元。排查合同11534份,完成不规范合同清理709份,年增收938万元。856个村完成资金竞争性存放,涉及资金127983.72万元,年增收1003万元。

二 村级集体经济

近年来,湖州市始终把发展壮大村级集体经济,全面消除经济欠发达村作为推动乡村振兴的重点工程,2018年启动实施新一轮"三年强村计划"。

(一)三年强村计划[①]

2018年,湖州市发布村级集体经济三年强村计划,提出以加强农村基层政权建设为核心,以增强村集体经济组织造血功能为主攻方向,以创新管理体制、经营机制、发展模式为动力,大力推进村级集体经济持续较快发展。目标任务为,通过三年努力,全面消除集体经济年经营性收入30万元、年收入(包括各级财政一般性转移支付补助资金、经营收入、发包及上交收入、投资收益和其他收入,不含项目补助和村干部报酬补助)100万元以下的欠发达村。

大力发展村级集体经济,主要从以下几个方面加以强化。一是发展物业经济。县区或乡镇(街道)采取统一规划、统一建设、统一经营(出租)、收益归村等方式,在经济开发区、城镇商业区、城乡社区等区位条件较好、产业集聚度较高的区域,单个或多个欠发达村组团,兴建或购置商铺店面、农贸市场、仓储设施、职工宿舍、标准厂房、写字楼等集体经济物业。二是深挖土地潜力。按照"谁实施、谁受益"的原则,推动符合条件的欠发达村优先开展全域农村土地综合整治,城乡建设用地增减挂钩用地指标优先用于村庄各类项目建设需要,鼓励将节余土地指标有偿调剂收益补助村集

---

① 参见《中共湖州市委办公室 湖州市人民政府办公室关于实施村级集体经济三年强村计划的意见》(湖委办〔2018〕41号)。

体，将土地整治和开发的收益转化为村集体收入。三是盘活存量资源。引导和推动村集体盘活闲置、低效使用的办公用房、会堂、老校舍、厂房、仓库等各类集体资产，做好存量资产发包和租赁经营。村集体以建设用地使用权、资产、资金等，按照保底分红、按股分红等方式参股效益稳定、资产质量较好的经营主体。四是推动产业发展。支持村集体利用闲置土地发展主导特色产业，建好用好农业大棚、粮食烘干、仓储、冷库等农业设施，以经营或出租等方式增加农业经营性收入。有条件的村结合发展乡村民宿、休闲观光、农家乐等休闲旅游业，建设服务中心、商铺、停车场等旅游配套设施，发展美丽经济。对区域内有较大影响的特色农产品、地理标志、非物质文化遗产等以村集体名义注册商标，通过出让商标使用权获得收入。村集体可以自办或以土地使用权入股、联营等方式建设农村电商平台、众创空间等，发展新业态经济。五是拓展服务项目。在依法自愿有偿前提下开展土地规模流转，为新型农业主体发展现代农业，提供基础设施使用有偿服务。创办农业合作社、劳务中介等服务组织，提供生产性服务。以劳务承包方式承接社区服务、乡村公路（绿化）养（管）护、道路河道保洁、秸秆综合利用、企业后勤等服务项目。加强对村级经营性服务组织的培训和指导，为农村公益事业提供便捷、高效、全方位的服务，增加服务性收入。

（二）强村计划助推村级集体经济

截至 2018 年年底，湖州湖州市 392 个年经营性收入 30 万元以下的欠发达村，已经有 273 个实现了"摘帽"，湖州市欠发达村消除率达到 69.64%。截至 2019 年 10 月底，已全面消除年经营性收入 30 万元以下的欠发达村，提前一年完成"三年强村计划"任务。

1. 聚焦"全面摘帽"，组织推进扎实有力

市委市政府出台《实施村级集体经济三年强村计划的意见》市县（区）乡三级分别成立领导小组，党政主要领导亲自挂帅，狠抓

项目规划、资源整合、统筹联建、督促指导等工作。湖州市上下形成主要领导亲自抓、分管领导具体抓，层层抓推进抓落实的良好态势。

2. 聚焦"输血造血"，要素保障全面到位

一是强化财政扶持，市、区县两级每年安排专项扶持资金近1亿元，其中市财政共确定扶持项目30项，覆盖市本级欠发达村76个，补助金额2280万元。

二是强化金融支持，各级金融部门推出系列支持农村集体经济发展壮大的金融产品，如湖州农信系统创新产品服务，推出"强村""惠农""支农"系列信贷产品。农商行已为333个行政村提供村集体贷款，贷款金额13亿元，其中欠发达村85个，贷款金额3.18亿元。长兴农商行推出"兴村贷"，为发展集体经济授信10亿元。安吉县设立乡村振兴专项资金，由农商行出资3亿元，其中免息资金1亿元。

三是强化用地保障，对村集体经济参与的物业项目，共落实建设用地447亩，并依托土地利用综合整治项目，腾出建设发展用地，促进村域经济发展和集体增收。如长兴县夹浦镇丁新村利用土地综合整治项目，规划建设4600平方米的农贸市场和3200平方米的金融大楼等项目，年经营性收入达252万元。

3. 聚焦创新增收，强村路径多元高效

引导村级深挖潜力，实现增收。一是改革活权法，将土地权益变发展股本；二是发展物业法，将现金资产变房产增值；三是土地开发法，将散乱荒地变连片宝地；四是项目引入法，让外来资本促本地发展；五是盘活资源法，将闲置资源变致富源泉；六是美丽撬动法，将美丽环境变美丽经济；七是资产租赁法，将不动产权变现金流量；八是服务生财法，将劳务服务变真金白银；九是村企合作法，将各有所长变合作共赢；十是乡贤反哺法，让乡贤参事出智出资。通过全面推广上述"强村十法"，引导各地因地制宜，挖掘潜

力、精选项目、靶向发力。2019年实施的151个欠发达村项目中，物业类67项、产业类7项、服务类21项、投资类15项、盘活资源类40项，合并村类1项。特别是创新实施农业经营性项目"标准地"政策，盘活村集体建设用地，第一批审核通过农业"标准地"项目47个，总面积为213.735亩，其中使用农村集体建设用地170.845亩，涉及40个行政村，每亩可为村集体一次性增收15.3万元。

4. 因地制宜，强村模式创新

湖州市委、市政府把强村增收壮实力问题作为"三服务"活动聚焦的"六个重点问题"之一，已化解常规、重点问题34个。建立健全区县领导班子成员结对帮扶和机关部门挂钩帮扶制度，各区县级领导结对欠发达村325个，区县机关部门挂钩帮扶欠发达村337个。从市、区县优秀后备干部、"老乡镇"、国有企事业单位优秀人才中选派第一书记、农村工作指导员入驻欠发达村集中攻坚。组织湖州市国有企业和市、区县工商联执（常）委企业与集体经济欠发达村开展"一对一"结对，湖州市354家企业与371个欠发达村实现结对。支持县区或乡镇（街道）在条件好的区位，抱团兴建联合物业项目，项目用地所涉新增指标给予优先保障。目前湖州市共有抱团联合物业项目25项，其中长兴县16项，总投资3.56亿元，欠发达村投资1.04亿元，预计将为欠发达村带来收益1073.8万元。安吉县天子湖镇发动20个村组建"天衡实业"，通过村与村之间通力合作、部门与部门之间相互支持来创新经营模式，实现资源优化配置，共同解决凭各村一己力量难以解决的问题，实现共同发展，运营一年来，公司已实现经营性收入近500万元，20个村年收入均高于15万元。长兴县小浦八都岕内5个村经济合作社组建"八都岕经济合作社联合总社"，实现统一财务管理、统一政策处理、统一物业管理、统一资源管理和统一集体经济发展，已实施观光小火车、银杏谷漂流、玻璃栈道3个项目，总投资额5800万元，其中"观光小火车"项目自2018年11月投入运营以来,经营性收入已达100余万元。

5. 聚焦精准考核,督查机制求真务实

将强村增收工作纳入今年市政府重大事项和乡村振兴重点任务,纳入乡村振兴"八个全覆盖"重点任务清单,把任务完成情况纳入区县年度综合考核、区县领导班子和领导干部实绩考核以及党委书记抓基层党建述职评议考核。市领导小组办公室对"一村一策"项目质量、实施情况开展不定期检查,建立项目进展每月通报制度,及时总结推广各地的好经验好做法,形成"比、学、赶"的良好氛围。

三　农民收入水平

生活富裕新时代乡村振兴的目标。2018年,湖州市制订发布了《湖州市促进农民增收三年行动计划》[①],明确提出坚持"两山"理念,坚持就业为本,坚持城乡融合,紧紧围绕绿色农业发展强基础、新型业态兴旺育动能、农民就业创业拓渠道、农村改革赋权增活力、农村保障优化固基本五大重点,大力推进农业供给侧结构性改革集成,持续加大强农惠农富农力度,着力挖掘经营性收入增长潜力,稳定工资性收入增长势头,释放财产性收入增长红利,拓展转移性收入增长空间,形成新业态新动能引领、多点发力、多极增长的农民增收新格局,确保全市农民收入持续普遍较快增长,到2020年,农村居民人均可支配收入达到38000元,年均增长8.5%以上;城乡居民收入比保持缩小,达到1.70∶1,乡镇或区域之间农民收入水平更趋协调、平衡;低收入农户人均可支配收入年均增幅高于面上农民人均可支配收入年均增幅。

(一)农村居民收入水平不断提高

经过多年的发展,湖州市农村居民人均可支配收入呈现快速增

---

① 参见中共湖州市委办公室湖州市人民政府办公室《湖州市促进农民增收三年行动计划》,2018年6月19日。

长态势。2013年，湖州市农村居民人均可支配收入为20257元/人。2018年，湖州市农村居民人均可支配收入已经增长到31767元/人，六年来平均每年增速达到9.65%，如图6-1所示。

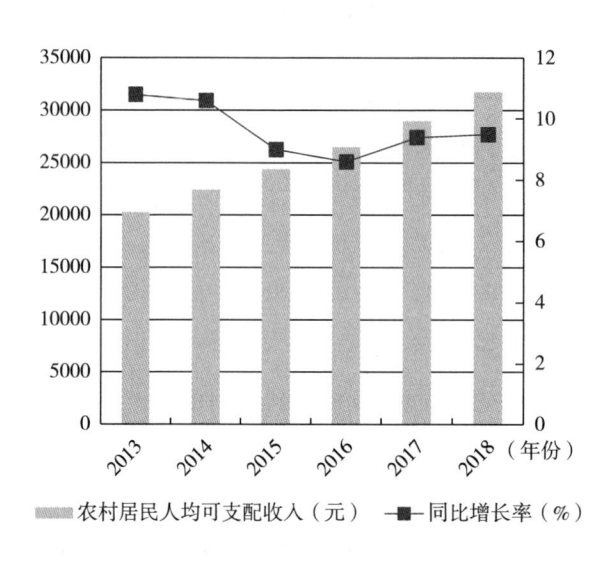

图6-1 湖州市农村居民人均可支配收入情况

资料来源：2019年《湖州市统计年鉴》。

1. 农村居民工资性收入快速增长

居民工资性收入已经成为湖州市农村居民可支配收入最主要的组成部分。2013—2018年，湖州市农村居民工资性收入呈快速增长趋势，由2013年的12768元/人增加到2018年的20865元/人，年均增速达到10.34%。其间，2014年的增速为峰值，达到13.93%。2016年增速跌至谷底，为8.94%，此后逐步回升，如图6-2所示。

2. 经营性收入波动较大

经营净收入是人均可支配收入的主要组成部分。统计显示，2013—2018年，湖州市农村居民人均经营净收入总体上呈现增长态势。2013年，湖州市农村居民人均经营净收入为6015元/人；2014年与2013年相比基本持平，为6039元/人。此后呈现快速增长，2018年，

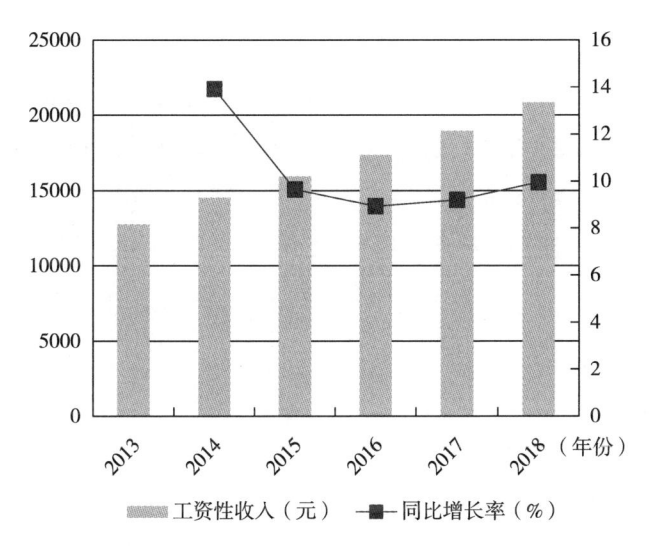

第六章 湖州市乡村振兴制度供给转化

图 6-2　湖州市农村居民人均工资性收入情况

资料来源：2019 年《湖州市统计年鉴》。

湖州市农村居民人均经营净收入达到 7882 元/人。2014—2018 年，湖州市农村居民人均经营净收入平均增速达到 6.89%，如图 6-3 所示。

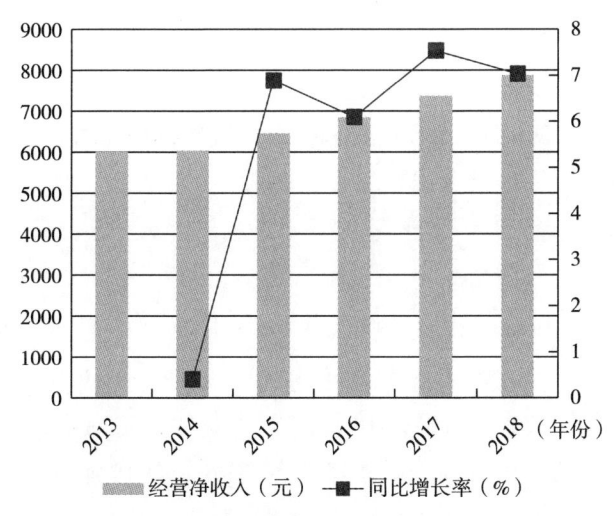

图 6-3　湖州市农村居民人均经营净收入情况

资料来源：2019 年《湖州市统计年鉴》。

3. 财产性收入基数低，增长快

财产性收入水平是衡量国家市场化和国民富裕程度的重要标志之一。湖州市农村居民的财产净收入基数比较小。2013 年，湖州市农村居民人均财产净收入为 660 元/人。2013—2017 年，湖州市农村居民人均财产净收入未超过 1000 元/人。2018 年农村居民的财产净收入大幅上升，从 2017 年的 982 元/人直接上升到 1129 元/人，同比增长 14.97%，如图 6-4 所示。

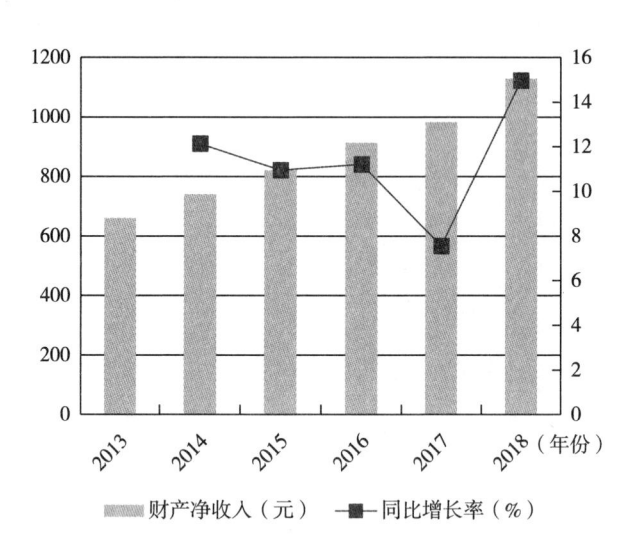

图 6-4 湖州市农村居民人均财产净收入情况

资料来源：2019 年《湖州市统计年鉴》。

4. 转移净收入增幅不够稳定

湖州市农村居民转移净收入由 2013 年的 815 元/人增加到 2018 年的 1891 元/人，是 2014 年的 2.32 倍。2013—2018 年湖州市农村居民转移净收入平均增幅为 18.60%，但各年份之间增幅不够稳定，差异较大，如 2015 年的增幅为 9.73%，2017 年的增幅达到 22.41%，如图 6-5 所示。

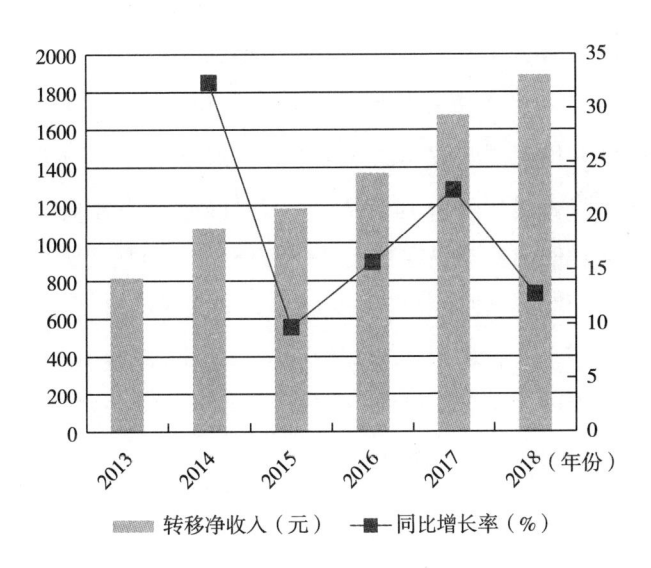

第六章　湖州市乡村振兴制度供给转化

图6-5　湖州市农村居民人均财产净收入情况

资料来源：2019年《湖州市统计年鉴》。

（二）农村家庭可支配收入的特点

1. 农村居民可支配收入增长率与经济增长率基本同步

2013—2018年，湖州城乡家庭居民人居可支配收入水平均有了很大提升，且基本高于生产总值名义增长率。2013—2018年，农村居民收入增长率分别为10.8%、10.6%、9%、8.6%、9.4%、9.5%，2013—2014年增长率均高于0%，此后三年增长速度放缓。总体上看，湖州市农村居民收入增长率与湖州市经济增长率基本同步，且略高于经济增长率。

2. 城乡家庭居民人均可支配收入比逐步缩小，但收入绝对值差距仍在扩大

随着湖州市出台的一系列粮食补贴和综合补贴新政策，以及新农村建设和乡村旅游不断推进，农村居民人均可支配收入增长率一直快于城镇居民人均可支配收入增长率。2014年，农村居民可支配收入增速比城镇居民收入增速高出1.6%；2016年，农村居民可支

配收入增速与城镇居民人均可支配收入增速的差距最小，为0.2%。2013年，湖州市城乡家庭居民可支配收入之比为1.90∶1。此后城乡家庭居民人均可支配收入比逐年下降，2018年，湖州市城乡家庭居民可支配收入之比下降到1.71∶1。但同时城乡家庭居民人均可支配收入绝对值的差距仍在扩大中。2013年城镇居民人均可支配收入为36220元/人，农村居民人均可支配收入19044元/人，两者相差17176元/人；到2018年，城镇居民人均可支配收入54393元/人，农村居民人均可支配收入31767元/人，两者相差22626元/人。这说明农民增收的渠道还不够丰富。

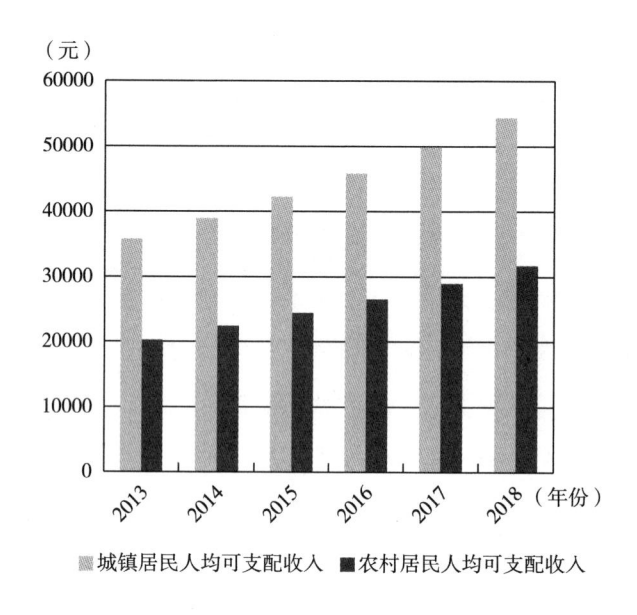

图6-6　湖州市城镇和农村居民人均可支配收入情况

资料来源：2019年《湖州市统计年鉴》。

（三）提高农村居民收入的主要途径

1. 调整产业结构，发展绿色农业促增收

在传统种养业收入下降的情况下，一是通过大力发展绿色种养业，引导农民大力推进和发展特色果蔬、花卉苗木、优质名茶等特色优势主导产业和畜禽绿色生态养殖业，推行生态循环、林下经济、"一亩田千斤粮万元钱"等高效生态种养模式，创新农作制度，推广轮作、套种、混养等方式，确保农民获得稳定、持续、较高的种养业收入。二是通过大力发展绿色渔业，着眼打响水产品太湖品牌，调整优化品种结构，重点发展"青虾、河蟹、中华鳖、加州鲈鱼、黄颡鱼、鮰鱼"等名特优水产品种和"罗氏沼虾"苗种等优势种产业，运用新技术、新模式、新智能，加强重点园区、重点品牌、重点企业及重点项目建设，全面推行渔业养殖尾水治理，实施现代渔业绿色发展，以重振湖州"鱼米之乡"的风采。三是加快农业生产经营体系创新。鼓励和引导农民大学生、中青年农民参与家庭农场、休闲观光农业、农产品经营配送及农产品精深加工业发展。深化"三位一体"改革，通过发挥农合联生产、供销和信用服务作用，带动更多农户参与生产发展，推进小农生产现代化。鼓励农业龙头企业建立产业联盟，建设一批深加工基地，与农业合作社、家庭农场、种养大户和农户结成利益共同体，通过"企业＋合作社＋农户""基地＋农户＋农贸市场""基地＋农户＋超市"等方式，加强资本、产业、基地、农户、市场之间的联合。四是加快农业科技创新，不断提高农业劳动生产率，紧紧抓住我市建设农业部基层农技推广体系改革创新试点市契机，发挥市校合作共建优势，深化与高等院校、科研院所的科技合作，加快推进农业科技园区、研发中心等创新平台建设，积极培育农业科技示范基地和农业科技型企业。完善"1＋1＋N"农推联盟建设，实现联盟服务绿色农产品基地全覆盖、绿色农业产业全覆盖。推进智慧农业发展，加快物联网、云计算、移动互联网等现代信息技术和农业智能装备在农业生产经营领域应用，促进农业生产过程的精准化、农业资源管理的数字化、农业设施装备的智能化。

2. 着重打好乡村旅游和农村电商两张牌，鼓励农户多渠道增收

一是打好乡村旅游牌。运用好湖州国际乡村旅游大会永久会址、中国乡村旅游第一市等品牌载体，探索美丽经济转化路径，吸引社会资金投入，大力发展乡村休闲旅游业。湖州旅游业发展步入快车道，长兴"上海村"，德清"洋家乐"，安吉"星球村"等成为具有湖州特色的旅游区域品牌，吸引了大量国内外游客。旅游服务业的发展为农民从业提供了不少机会，在发展旅游的同时，各种文化节应运而生，刺激了游客消费，促进了农民收入的增长。借鉴成功品牌的经验与反思，继续深入打造精品乡村旅游路线，让旅游服务业向更高端发展，鼓励更多农户参与经营农业旅游项目。二是打好农村电商牌。目前，湖州湖州市现有农村电商经营主体已达6000余家，县（区）电商服务平台已实现全覆盖，省级电子服务专业村已达40余个，湖州市42.60%的村建立了电子商务配送站点（不包括代收代寄快递的小卖部、便利店和无人值守的各类配送柜），但是规模效益还不显著。应通过推进农业领域"电商换市"，健全农村电商平台和网络，培育多种电商发展模式，把现代农业适度规模经营主体培育成农产品电子商务经营主体。以返乡高校毕业生、回乡创业青年、大学生干部、农村青年、巾帼致富带头人、退伍军人等为重点对象，培育一批农村电子商务创业带头人，引导鼓励农村居民通过参与农村电子商务经营增加收入。

3. 加强农村就业服务指导，提高社会整体保障水平

进一步完善农村居民劳动者的就业扶持政策体系。落实好城乡一体化就业政策，注重开发公益性岗位。推进农村"双创"建设，搭建农民大学生创新创业平台，探索形成一批农民创新创业产业带，根据产业区分组建农民大学生创业联盟和创新创业团队，推动农民大学生开展众创众筹，构建创业孵化空间。大力培育农村实用人才和新型职业农民，重点培养一批新农村带头人和农村技术推广人员，支持一批农民企业家，培养一批能工巧匠型农村实用人才和一支"双创"型领军人才队伍。加快农业科技创新,深化市校科技合作,加快推进农业科技园区、研发中心等创新平台建设,积极培育农业科技示范基地和农业科技型企业。不断提升低收入农户发展能力,根据低收入农户帮扶需求,强化"扶持产业帮扶一批、促进就业帮扶一批、社会保障帮扶一批、社会力量帮扶一批",不断提升低收入农户发展能力,确保低收入农户人均可支配收入增速高于全市农村居民平均水平。

4. 深化农村综合改革,提升农村居民收入

一是在坚持农村土地集体所有的前提下,推进承包地"三权分置"、宅基地"三权分置"改革,以新版《土地管理法》为基准,完善农村土地承包经营权、农村集体建设用地、农村住房、村级集体资产等产权的确权。深化农村产权交易体系建设,积极探索、完善盘活农村产权的有效举措,加快农民财产性收入增长。二是加快推进农村集体产权制度改革,通过组建土地股份合作制等多种途径,拓宽农民持股渠道,扩大持股农民队伍,促进农民持股增收。大力发展村级集体经济,积极引导、推进村股份经济合作社按照章程规定开展集体经济收益分配,让更多的成员获得分红收益。鼓励农业新型经营主体以相互持股等方式,参与农村产业融合发展、分享产业链收益。三是加快推进农村"新金改",以建设国家绿色金融改革创新试验区为契机,以合作金融为重点,加快发展多元化的新型农村金融组织,丰富农村金融服务主体,切实发挥好农业银行、农商银行、村镇银行、邮储银行等金融服务"三农"的主力军作用。加大农村综合产权抵质押贷款创新力度,完善农村住房、土地承包权等物权抵押试点,对确权登记后的农民住房、农村集体非农建设用地、农村土地承包权,在市域范围内进行抵押借款、抵押贷款。适应新产业新业态发展趋势,依法依规探索、扩大农业农村有效担保物范围。

5. 城乡融合发展，改善农村民生

加大农村基础设施项目建设的扶持力度，加快城乡一体的公路、公交、电力、供水、邮政、信息、电信、广电、文体等设施的网络化建设，推进城市基础设施向农村加快延伸覆盖。以推进城乡义务教育一体化发展为重点，完善教师城乡交流机制，促进学校办学条件、办学经费和师资力量的合理配置，实现城乡义务教育优质均衡、各类教育协调发展，保障所有适龄儿童、少年享有平等受教育的权利。全面推进健康湖州建设，健全公共卫生、医疗服务、计划生育、全民健身服务体系，切实保障人民群众身体健康。实施全民参保计划，完善基本养老保险制度、社会保险关系转移接续政策，建立完善养老待遇正常调整机制。完善城乡低保一体机制，健全最低生活保障标准确定及动态调整机制，推动最低生活保障从满足生存需求转向满足基本生活需求，从收入型贫困救助转向收入型和支出型贫困救助并重，适当扩大低保对象覆盖面，推动由县域城乡统一向全市城乡统一最低生活保障标准转变。强化社会救助机制建设，及时化解农民因灾、因病带来的减收风险。

附录

湖州市乡村振兴发展评价（2019年）
——以2035年基本实现农业农村现代化为目标

中国社会科学院农村发展研究所　朱钢　张海鹏

中国社会科学研究院院农村发展研究所和湖州市联合编制全国首个乡村振兴发展指数，湖州成为该指数首个评价样本。评价报告显示，湖州作为"两山"理念诞生地、美丽乡村发源地，在乡村振兴上走出了一条特色发展之路，湖州市乡村振兴发展程度大幅领先全国平均水平，已经接近基本实现农业农村现代化。湖州市将于2022年，即提前13年基本实现农业农村现代化。

一　指标体系与测算方法

（一）指标体系

指标体系由5个一级指标、15个二级指标、40个三级指标和47个具体指标组成。乡村振兴发展指数总体框架和指标体系分别见附图1和附表1。

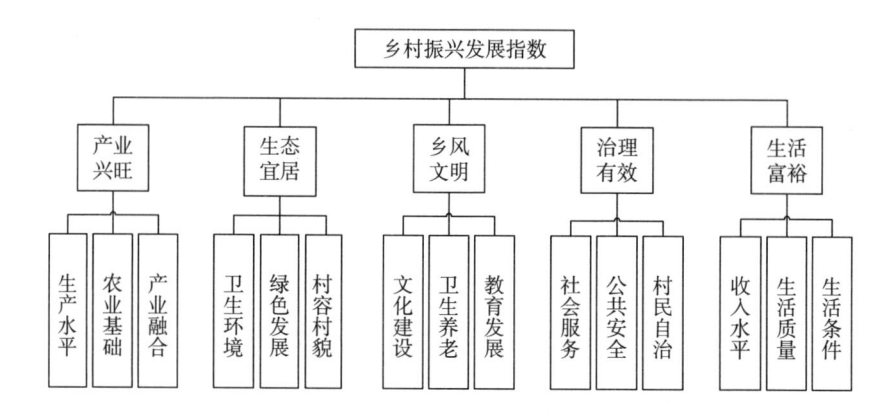

附图1 乡村振兴发展指数总体框架

附表1　　乡村振兴发展指数指标体系

一级指标	二级指标	三级指标
产业兴旺	生产水平	农业劳动生产率（农业劳动力人均增加值）
		粮食生产水平（粮食单产水平）
		农业主导产业发展（农业主导产业增加值）
	农业基础	农业机械化（主要农作物耕种收综合机械化率）
		农业用水效率（农田灌溉水有效利用系数）
		土地经营规模（土地流转率）
	产业融合	农产品加工（农产品加工业产值与农业总产值比）
		乡村旅游（开展旅游接待服务的行政村比例）
		城乡经济协调发展（城乡二元对比系数）
生态宜居	卫生环境	生活垃圾处理（生活垃圾无害化处理的行政村比例）
		生活污水处理（生活污水处理农户覆盖率）
		卫生厕所（无害化卫生厕所农户覆盖率+有水冲式公共厕所的行政村比例）
	绿色发展	水质（地表水监测断面水质达标率）
		农业废弃物综合利用（畜禽粪污综合利用率+主要农作物秸秆综合利用率）
		农产品质量安全（主要农产品农药残留合格率）

续表

一级指标	二级指标	三级指标
生态宜居	村容村貌	村庄绿化（村庄绿化覆盖率）
		村内道路、照明条件（村内主干道路面硬化的行政村比例＋村内主要道路有路灯的行政村比例）
		空气质量（全年好于二级的优良天气比例）
乡风文明	文化建设	文化场所（有文化礼堂的行政村比例）
		文化组织（有农民业余文化组织的行政村比例）
		体育场所（有体育健身场所的行政村比例）
	卫生养老	卫生服务（卫生室服务行政村覆盖率＋有执业（助理）医师的卫生室比例）
		养老服务（有基本养老服务的行政村比例）
	教育发展	学前教育（农村学前儿童3年纯入园率）
		义务教育（农村九年义务教育巩固率＋农村义务教育学校专任教师本科以上学历比例）
治理有效	社会服务	综合服务［有综合服务站（中心）的行政村比例］
		志愿服务（有志愿服务组织的行政村比例）
	公共安全	灾害应急设施（有应急避难场所的行政村比例）
		治安设施（有视频监控系统的行政村比例）
		治安水平（农村刑事案件发生率）
	村民自治	基层民主（村民对村务公开满意度＋村委会选举村民参与率）
		集体经济（有集体经营收益的行政村比例＋村级集体经营性收入水平）
生活富裕	收入水平	农民收入（农村居民人均可支配收入）
		城乡收入差距（城乡居民收入比）
	生活质量	生活消费（城乡居民消费支出比）
		社会保障（城乡最低生活保障差异）
	生活条件	供水（集中供水的行政村比例）
		能源（农村清洁能源利用率）
		交通（行政村客运通车率）
		物流（有电商服务站的行政村比例）

注：括号内为具体指标。

（二）目标值设置

乡村振兴发展指数指标目标值见附表2。

附表2　乡村振兴发展指数指标目标值（2035年）

指标	单位	目标值
1. 农业劳动力人均增加值	元	>87500
2. 粮食生产水平	公斤/公顷	比2015年提高10%
3. 农业主导产业增加值	万元	比2015年提高80%
4. 主要农作物耕种收综合机械化率	%	>80
5. 农田灌溉水有效利用系数		>0.63
6. 土地流转率	%	>80
7. 农产品加工业产值与农业总产值比		>3
8. 开展旅游接待服务的行政村比例	%	>30
9. 城乡二元对比系数		>0.40
10. 生活垃圾无害化处理的行政村比例	%	>95
11. 生活污水处理农户覆盖率	%	>95
12. 无害化卫生厕所农户覆盖率	%	>99
13. 有水冲式公共厕所的行政村比例	%	>80
14. 地表水监测断面水质达标率	%	>95
15. 畜禽粪污综合利用率	%	>95
16. 主要农作物秸秆综合利用率	%	>95
17. 主要农产品农药残留合格率	%	>99
18. 村庄绿化覆盖率	%	>45
19. 村内主干道路面硬化的行政村比例	%	>98
20. 村内主要道路有路灯的行政村比例	%	100
21. 全年好于二级的优良天气比例	%	>90
22. 有文化礼堂的行政村比例	%	>50
23. 有农民业余文化组织的行政村比例	%	>95
24. 有体育健身场所的行政村比例	%	>95
25. 卫生室服务行政村覆盖率	%	100
26. 有执业（助理）医师的卫生室比例	%	>80
27. 有基本养老服务的行政村比例	%	>95

续表

指标	单位	目标值
28. 农村学前儿童3年纯入园率	%	>85
29. 农村九年义务教育巩固率	%	>99.8
30. 农村义务教育学校专任教师本科以上学历比例	%	>95
31. 有综合服务站（中心）的行政村比例	%	100
32. 有志愿服务组织的行政村比例	%	>50
33. 有应急避难场所的行政村比例	%	100
34. 有视频监控系统的行政村比例	%	100
35. 农村刑事案件发生率	起/万人	<13
36. 村民对村务公开满意度	%	>95
37. 村委会选举村民参与率	%	>95
38. 有集体经营收益的行政村比例	%	>65
39. 村级集体经营性收入水平	万元	>95
40. 农村居民人均可支配收入	元	>45000
41. 城乡居民收入比		<2
42. 城乡居民消费支出比		<1.7
43. 城乡最低生活保障差异		1
44. 集中供水的行政村比例	%	>85
45. 农村清洁能源利用率	%	>80
46. 行政村客运通车率	%	>99
47. 有电商服务站的行政村比例	%	>90

注：农业劳动力人均增加值、农业主导产业增加值、村级集体经营性收入水平和农村居民人均可支配收入按2015年不变价计。

（三）测度方法

对于具体指标目标实现程度的测度，采取下面的公式。其中，正向指标计算公式如下：

$$\text{第} i \text{个指标目标实现程度} = \begin{cases} 100, & v_i \geqslant v_{2035} \\ \dfrac{v_i}{v_{2035}} \times 100, & v_i < v_{2035} \end{cases}$$

本指数绝大部分是正向指标,但还包括4个反向指标。反向指标计算公式如下:

$$\text{第i个指标目标实现程度} = \begin{cases} 100, & v_i < v_{2035} \\ \dfrac{v_{2035}}{v_i} \times 100, & v_i \geq v_{2035} \end{cases}$$

其中,v_i代表第i个指标的实际值,v_{2035}代表第i个指标2035年的目标值。经过上述处理,指标数值的大小含义相同,即指标数值越大,乡村振兴目标实现程度越高;指标数值越小,乡村振兴目标实现程度越低。

本指数采用算术平均法来设定指标权重,进而逐级合成总指数。

本指数主要考察的是所设置的乡村振兴目标值是否实现,并不关注目标值实现后的水平。因此,在计算公式当中,只要某一具体指标实际值达到了所设置的2035年目标值,不管其超出目标值多少,实现目标的最大值为100。设置目标值实现的上限可以更加客观真实地反映乡村振兴的均衡发展,避免总指数发展水平过于掩盖短板的情形发生,即只有在所有指标的目标值实现时,乡村振兴发展总目标才能最终全面实现。

二 2018年湖州市乡村振兴发展评价

(一)总体接近基本实现农业农村现代化

2018年,湖州市乡村振兴发展总指数(总目标)分值达到93.39分,距实现目标仅相差6.61分,接近基本实现农业农村现代化(见附表3)。

附表3　　　　湖州市乡村振兴发展水平　　　　单位:分

年份	总指数	产业兴旺	生态宜居	乡风文明	治理有效	生活富裕
2015	82.41	77.36	87.03	82.86	77.76	87.03
2016	85.69	80.26	91.72	86.67	81.52	88.30
2017	90.34	85.27	96.08	92.33	87.80	90.24

附 录

续表

年份	总指数	产业兴旺	生态宜居	乡风文明	治理有效	生活富裕
2018	93.39	90.84	96.58	95.37	92.21	91.94
距实现目标相差	6.61	9.16	3.42	4.63	7.79	8.06

（二）乡村振兴目标实现展望

目标实现时间的测度方法是：以2018年目标实现程度为起点，按2015—2018年目标实现程度进展大体测算各级指标实现目标的时间。在本指数中，只有当90%或接近90%的三级指标实现目标才能认定为基本实现农业农村现代化。

结论：湖州市将于2022年，即提前13年基本实现农业农村现代化。见附表4。

附表4　湖州市乡村振兴目标实现时间（按近几年进展）

指标	2018年实现程度（分）	距实现目标相差（分）	2015—2018年年均提高（%）	实现时间（年）
总指数	93.39	6.61	4.26	2020
产业兴旺	90.84	9.16	5.50	2020
1. 生产水平	79.17	20.83	3.52	2025
农业劳动力人均增加值	76.29	23.71	4.01	2025
粮食生产水平	93.69	6.31	1.02	2025
农业主导产业增加值	67.54	32.46	6.81	2024
2. 农业基础	94.24	5.76	1.95	2021
主要农作物耕种收综合机械化率	100			已实现
农田灌溉水有效利用系数	99.68	0.32	0.21	2020
土地流转率	83.05	16.95	5.71	2022
3. 产业融合	99.11	0.89	11.36	2019
农产品加工业与农业总产值比	97.33	2.67	8.12	2019
开展旅游接待服务的行政村比例	100			已实现

续表

指标	2018年实现程度（分）	距实现目标相差（分）	2015—2018年年均提高（%）	实现时间（年）
城乡二元对比系数	100			已实现
生态宜居	96.58	3.42	3.52	2019
1. 卫生环境	96.78	3.22	8.76	2019
生活垃圾无害化处理的行政村比例	100			已实现
生活污水处理农户覆盖率	90.33	9.67	42.44	2019
无害化卫生厕所农户覆盖率	100			已实现
有水冲式公共厕所的行政村比例	100			已实现
2. 绿色发展	100			已实现
地表水监测断面达标率	100			已实现
畜禽粪污综合利用率	100			已实现
主要农作物秸秆综合利用率	100			已实现
主要农产品农药残留合格率	100			已实现
3. 村容村貌	92.96	7.04	2.53	2021
村庄绿化覆盖率	100			已实现
村内主干道路面硬化行政村比例	100			已实现
村内主要道路有路灯的行政村比例	100			已实现
全年好于二级的优良天气比例	78.89	21.11	6.25	2022
乡风文明	95.37	4.63	4.80	2019
1. 文化建设	100			已实现
有文化礼堂的行政村比例	100			已实现
有农民业余文化组织的行政村比例	100			已实现
有体育健身场所的行政村比例	100			已实现
2. 卫生养老	87.81	12.19	1.98	2025
卫生室服务行政村覆盖率	100			已实现
有执业（助理）医师的卫生室比例	51.25	48.75	13.56	2024
有基本养老服务的行政村比例	100			已实现
3. 教育发展	98.29	1.71	0.52	2021
学前儿童3年纯入园率	100			已实现

◆ 附　录

续表

指标	2018年实现程度（分）	距实现目标相差（分）	2015—2018年年均提高（%）	实现时间（年）
农村九年义务教育巩固率	100			已实现
农村义务教育学校专任教师本科以上学历比例	93.16	6.84	2.28	2021
治理有效	92.21	7.79	5.85	2020
1. 社会服务	100			已实现
有综合服务站（中心）的行政村比例	100			已实现
有志愿服务组织的行政村比例	100			已实现
2. 公共安全	87.66	12.34	9.98	2020
有应急避难场所的行政村比例	100			已实现
有视频监控系统的行政村比例	100			已实现
农村刑事案件发生率	62.98	37.02	26.16	2020
3. 村民自治	88.97	11.03	6.50	2020
村民对村务公开满意度	100			已实现
村委会选举村民参选率	100			已实现
有集体经营收益的行政村比例	65.55	34.45	12.26	2022
村级集体经营性收入水平	90.33	9.67	23.23	2019
生活富裕	91.94	8.06	1.85	2023
1. 收入水平	83.33	16.67	2.61	2025
农村居民人均可支配收入	66.66	33.34	7.11	2024
城乡居民收入比	100			已实现
2. 生活质量	100			已实现
城乡居民消费支出比	100			已实现
城乡最低生活保障差异	100			已实现
3. 生活条件	92.49	7.51	3.27	2021
集中供水的行政村比例	100			已实现
农村清洁能源利用率	100			已实现
行政村客运通车率	100			已实现
有电商服务站的行政村比例	69.96	30.04	15.87	2021

参考文献

毕耕：《以习近平生态文明思想引领美丽乡村建设》，《光明日报》2018年10月24日06版。

曹永峰：《湖州现代生态循环农业发展现状及对策研究》，《湖州师范学院学报》2016年7期。

曹永峰：《水乡平原美丽乡村建设可持续发展研究》，《湖州师范学院学报》2018年3期。

曹永峰等：《湖州市"三农"发展报告2018——乡村振兴战略选择及实践探索》，中国社会科学出版社2018年版。

曹永峰：《湖州市实施乡村振兴战略的对策建议》，《湖州师范学院学报》2019年9期。

陈毛应：《希望安吉提供更多更好的经验——习近平同志在安吉考察侧记》，《今日安吉》2005年8月18日第1版。

陈鸣：《中国农业科技投入对农业全要素生产率的影响研究》，博士学位论文，湖南农业大学，2017年。

陈伟俊：《新时代生态文明建设的湖州实践》，《国家治理》2017年第48期。

陈颖、陈洁：《农行湖州分行40年，与湖州经济同行共进》，《湖州日报》2018年12月20日第2版。

程民：《徐迟笔下的湖州》，《文艺争鸣》2005年第4期。

《创新·特色——中国乡村旅游"湖州模式"》，新华网，http://www.xinhuanet.com/travel/2015-09/28/c_128274665.htm。

参考文献

德清县人民政府：《德清县国民经济和社会发展第十三个五年规划纲要》（德政发〔2016〕22号）。

《顶层设计+万千农户绘就中国农村新画卷——浙江"千万工程"获联合国"地球卫士奖"》，新华网，http://www.xinhuanet.com/politics/2018-09/30/c_1123508683.htm。

丁立江：《论新时代乡村振兴战略的逻辑新思维》，《学习论坛》2019年第7期。

杜飞进：《论国家生态治理现代化》，《哈尔滨工业大学学报》（社会科学版）2016年第3期。

付洪良，曹永峰，于敏捷：《浙江美丽乡村生态文明建设动力机制的实证研究》，《生态经济》2018年5期。

付洪良：《美丽乡村建设与农村产业融合发展的协同关系——乡村振兴视角下浙江湖州的实证研》，《湖州师范学院学报》2019年1期。

付洪良，周建华：《乡村振兴战略下乡村生态产业化发展特征与形成机制研究——以浙江湖州为例》，《生态经济》2020年3期。

葛剑平，孙晓鹏：《生态服务型经济的理论与实践》，《新疆师范大学学报》（哲学社会科学版）2012年第4期。

葛永元，张剑锋，徐亦成：《美丽乡村转化为美丽经济的实践与思考》，《新农村》2019年第7期。

顾益康，胡豹：《推进"万村景区化"实施"新千万工程"的建议》，《决策咨询》2017年第6期。

国家统计局湖州调查队企业处：《湖州大力发展食品加工业的对策建议》，国家统计局湖州调查队网站，http://www.zjso.gov.cn/huz/zwgk_441/xxgkml/xxfx/dcfx/sdfx/201911/t20191104_94559.shtml。

《贯彻新发展理念，推动形成绿色发展方式和生活方式》，中国共产党新闻网，http://cpc.people.com.cn/。

郭佑：《湖州桑基鱼塘：穿越2500年的生态农业"活化石"》，《中国生态文明》2016年第1期。

韩俊：《实施乡村振兴战略五十题》，人民出版社2018年版。

胡豹，顾益康：《数字乡村建设：乡村振兴示范省建设的主引擎——余杭区数字乡村建设的经验启示》，《浙江经济》2019年第24期。

胡锦涛：《坚定不移沿着中国特色社会主义道路前进　为全面建成小康社会而奋斗——在中国共产党第十八次全国代表大会上的报告》，《人民日报》2012年11月9日第1版。

湖州市打造实施乡村振兴战略示范区领导小组办公室：《关于推进乡村人才振兴的实施意见》（湖乡振组〔2019〕3号）。

湖州市打造实施乡村振兴战略示范区领导小组办公室：《湖州市关于建立健全新时代农村人居环境长效管理机制的指导意见》（湖乡振办〔2019〕12号）。

湖州市发展改革委员会：《湖州市乡村振兴战略规划（2018—2022年）》，2019年11月。

湖州市南浔区人民政府办公室：《南浔区数字渔业发展三年行动方案（2019—2021）》（浔政办发〔2019〕71号）。

湖州市人民代表大会常务委员会：《湖州市美丽乡村建设条例》，湖州人大网站，http://renda.huzhou.gov.cn/lzgk/lfgj/20190529/i2020848.html。

湖州市人民政府：《湖州市乡村旅游发展规划》，2015年9月28日。

湖州市人民政府：《关于提升乡村旅游集聚示范区建设的意见》，2017年5月17日。

湖州市人民政府办公室：《湖州湖羊产业兴旺发展三年行动计划（2018—2020年）》，湖政办发〔2018〕57号。

湖州市人民政府办公室：《关于保障农业产业融合项目建设"标准地"促进乡村产业振兴的通知》（湖政办便函〔2019〕22号）。

湖州市人民政府金融工作办公室：《湖州市金融服务乡村振兴战略行动

计划（2018—2022年）》，湖州市人民政府金融工作办公室网站，http：//jrw.huzhou.gov.cn/zcfg/hzzcfg/20181225/i1275875.html。

湖州市水利局：《2018年湖州市水资源公报》，湖州市人民政府网站，http：//slj.huzhou.gov.cn/xxgk/tjsj/tjgb/20190828/i2440610.html。

湖州市统计局：《湖州市第三次农业普查主要数据公报》，湖州市统计信息网，http：//tjj.huzhou.gov.cn/tjsj/tjgb/20180409/i1064265.html。

湖州市统计局：《湖州统计年鉴2019》，中国统计出版社2019年版。

《〈湖州市乡村旅游促进条例〉正式发布》，浙江省文化和旅游厅网站，http：//ct.zj.gov.cn/art/2019/10/23/art_1652992_39291583.html。

《湖州五夺浙江"五水共治"最高奖"大禹鼎"》，人民网，http：//zj.people.com.cn/n2/2019/0514/c186938-32935505.html。

何玲玲、何雨欣、方问禹：《建设好生态宜居的美丽乡村——从"千万工程"看习近平生态文明思想的生动实践和世界回响》，新华网，http：//www.xinhuanet.com/2018-12/28/c_1123921379.htm。

侯亚景，罗玉辉：《我国"绿色金融"发展：国际经验与政策建议》，《经济问题探索》2016年第9期。

黄瑞：《太湖溇港世界灌溉工程遗产及农旅结合规划研究》，硕士学位论文，浙江农林大学，2018年。

黄祖辉；《高质量、高效率推进乡村振兴战略》，《中共南京市委党校学报》2019年第3期。

刘朋虎，刘韬，赖瑞联，王义祥，翁伯琦：《生命共同体建设与乡村农业绿色振兴对策思考》，《福建农林大学学报》（哲学社会科学版）2019年第4期。

刘亚迪，冷华南，黄玲：《现代林业经济发展模式分析与政策建议——以浙江省湖州市为例》，《林业资源管理》2018年第2期。

刘艳云：《湖州水文化建设与生态旅游开发研究》，《浙江旅游职业学院学报》2015年第11期。

刘雨轩，王佳美，张巍：《发展"数字农业"推动传统农业转型升级》，《黑龙江畜牧兽医》2019年第10期。

金艳：《以农业"标准地"改革助推乡村振兴》，《新农村》2019年第9期。

李剑平：《浙江湖州桑基鱼塘被认定为全球重要农业文化遗产》，中青在线，http：//news.cyol.com/content/2017－11/24/content_16720003.htm。

李景平：《两座山理论，历史性创新——读习近平〈之江新语〉记》，《环境经济》2015年第7期。

李念文：《生态循环农业 湖州怎样做强?》，《中国生态文明》2018年第2期。

李晓西，赵峥，李卫锋：《完善国家生态治理体系和治理能力现代化的四大关系——基于实地调研及微观数据的分析》，《管理世界》2015年第5期。

李学文，卢新海：《经济增长背景下的土地财政与土地出让行为分析》，《中国土地科学》2012年第8期。

《"两山"理念的湖州实践》，中国湖州门户网，http：//www.huzhou.gov.cn/hzzx/bdxx/20171229/i751910.html。

梁枫：《新时代中国农村生态文明建设研究》，博士学位论文，河北大学，2014年。

林航，李震华：《农村集体资产股份权能改革试验与对策研究——以浙江省德清县为例》，《浙江农业学报》2017年第11期。

陆建伟：《湖州市实施乡村振兴战略的现实基础及对策研究》，《南方农业》2019年第1期。

《绿水青山就是金山银山湖州共识》，《中国生态文明》2017年第6期。

参考文献

马君，刘强，孙先明：《数字农业现状及其工程技术发展方向》，《农机使用与维修》2019年第12期。

农业部农产品加工局：《第二批中国重要农业文化遗产——浙江湖州桑基鱼塘系统》，农业农村部网站，http：//www.moa.gov.cn/zt-zl/zywhycsl/depzgzywhyc/201406/t20140624_3948709.htm。

《农村电商"三个全覆盖"助力乡村振兴》，湖州市人民政府网，http：//www.huzhou.gov.cn/hzzx/hzjj/20200110/i2600879.html。

裴冠雄：《"两山论"：生态文化的内核及其重要作用》，《观察与思考》2015年第12期。

齐家滨：《治理之道：让良好生态成为乡村振兴的支撑点》，《人民日报》2019年8月5日第8版。

祁巧玲：《"两山"理念与实践 交融出怎样的智慧？——绿水青山就是金山银山湖州会议综述》，《中国生态文明》2017年第6期。

《求是》编辑部：《在习近平生态文明思想指引下迈入新时代生态文明建设新境界》，《求是》2019年第3期。

《求是》编辑部：《做好乡村振兴这篇大文章》，《求是》2019年第11期。

《全国第一名！德清荣获"2018年度全国县域数字农业农村发展水平评价先进县"》，搜狐网，https：//www.sohu.com/a/309513204_99934520。

邵丹红：《湖州民主法治村创建走在浙江省前列》，湖州在线，http：//www.hz66.com/2019/0315/297411.shtml。

《生态环境保护多重要，听习近平怎么说》，新华网，http：//www.xinhuanet.com/politics/xxjxs/2018-05/17/c_1122844380.htm。

沈满洪：《习近平生态文明实现研究——从"两山"重要思想到生态文明思想体系》，《治理研究》2018年第2期。

《首届美丽中国田园博览会昨在德清启幕》，浙江在线网站，http：//gotrip.zjol.com.cn/201909/t20190924_11072711.shtml。

孙景淼，林健东：《乡村振兴的浙江实践》，浙江人民出版社2019年版。

孙贤龙：《因地制宜 务实推进嘉兴村庄景区化建设》，《中国旅游报》2017年11月27日第A04版。

滕琳：《从美丽乡村到美丽经济的路径转换研究》，《湖州师范学院学报》2018年第11期。

王军华：《论金融业的"绿色革命"》，《生态经济》2000年第10期。

王黎明：《生态农村建设：乡村振兴的重要路径》，《湖北理工学院学报》（人文社会科学版）2019年第4期。

王玉婧，江航翔：《以绿色金融助推低碳产业发展的路径分析》，《武汉金融》2017年第4期。

温靖，郭黎，黄珊瑜，朱逸铭：《助力乡村振兴 赋能数字农业农村——2019年数字农业农村发展论坛侧记》，《农业信息化》2019年第11期。

温铁军，张孝德：《乡村振兴十人谈：乡村振兴战略深度解读》，江西教育出版社2019年版。

吴怀民，叶明儿，楼黎静，王莉，殷益明，张占桥：《湖州桑基鱼塘生态系统保护的现状与规划》，《蚕桑通报》2017年第2期。

习近平：《之江新语》，浙江人民出版社2007年版。

《习近平对生态文明建设作出重要指示 李克强作出批示》，新华网，http：//www.xinhuanet.com/politics/2016-12/02/c_1120042543.htm。

习近平：《坚持节约资源和保护环境基本国策努力走向社会主义生态文明新时代》，《人民日报》2013年5月25日第1版。

习近平：《弘扬人民友谊 共创美好未来》（在哈萨克斯坦纳扎尔巴耶夫大学发表重要演讲），新华网，http：//www.xinhuanet. com//world/2013 – 09/07/c_ 117272280. htm。

习近平：《关于〈中共中央关于全面深化改革若干重大问题的决定〉的说明》，《人民日报》2013年11月12日第1版。

习近平：《为建设世界科技强国而奋斗——在全国科技创新大会、两院院士大会、中国科协第九次全国代表大会上的讲话》，新华网，http：//www.xinhuanet.com/politics/2016 – 05/31/c_ 1118965169. htm。

习近平：《习近平谈治国理政》（第二卷），外文出版社2017年版。

习近平：《决胜全面建成小康社会，夺取新时代中国特色社会主义伟大胜利——在中国共产党第十九次全国代表大会上的报告》，新华网，http：//www.xinhuanet.com//2017 – 10/27/c_ 1121867529. htm。

习近平：《坚持绿色发展是发展观的一场深刻革命》，人民网—中国共产党新闻网，http：//cpc.people.com.cn/xuexi/n1/2018/0224/c385476 – 29831795. html? flag = true。

习近平：《在深入推动长江经济带发展座谈会上的讲话》，共产党网，http：//news.12371.cn/2018/06/14/ARTI1528930272197355. shtml。

习近平：《推动我国生态文明建设迈上新台阶》，《求是》2019年第3期。

习近平：《把乡村振兴战略作为新时代"三农"工作总抓手》，《求是》2019年第11期。

夏坚定：《南浔区：走出一条具有时代特征的乡村振兴之路》，《政策瞭望》2018年第8期。

许峰：《湖州又添"金名片"：太湖溇港入选世界灌溉工程遗产名录》，湖州在线—湖州日报，http：//www.hz66.com/2016/1109/264364. shtml。

姚兆奇，郑艳艳，周广洲：《广东省农产品加工业发展现状分析及对策》，《热带农业工程》2019年第4期。

杨智明：《以生态文明建设引领新时代乡村振兴》，《中国环境报》

2018年12月7日第3版。

严慧：《发展绿色金融 推动绿色"三农"》，《农业发展与金融》，2019年第9期。

[英]埃比尼泽·霍华德：《明日的田园城市》，金经元译，商务印书馆2010年版。

喻鸿：《对湖州市林业建设的思考》，《现代农业科技》2015年第8期。

俞文明：《习近平在安吉调研时强调"推进生态建设、打造'绿色浙江'"》，《浙江日报》2003年4月10日第1版。

于帅：《乡村振兴战略视域下农村生态文明建设研究》，硕士学位论文，河北经贸大学，2019年。

赵德余，朱勤：《资产转换逻辑："绿水青山就是金山银山"的一种理论解释》，《探索与争鸣》2019年第6期。

张丽丽：《农业科技投入对农业经济增长贡献的实证研究——基于省际面板数据》，硕士学位论文，浙江工商大学，2014年。

张彦芝：《德清县域建设现代田园城市的规划方法研究》，硕士学位论文，浙江大学，2012年。

张泽宇：《田园城市理论在亚洲的传播与实践》，硕士学位论文，北京建筑大学，2019年。

张宁：《田园城市理论的内涵演变与实践经验》，《现代城市研究》2019年第9期。

浙江省统计局：《浙江省第三次农业普查主要数据公报》，浙江省统计局网，http：//tjj.zj.gov.cn/art/2018/1/31/art_1525568_20972758.html。

浙江省旅游局、浙江省农业和农村工作办公室：《浙江省A级景区村庄服务与管理指南》（浙旅规划〔2017〕104号）。

浙江省发展和改革委员会投资处：《"标准地"改革"浙三年"》，《浙江经济》2020年第2期。

参考文献

《浙江数字乡村建设又迈进一步！这些地方率先试点示范数字乡村和数字农业工厂！》，搜狐网，https://www.sohu.com/a/359661092_349219。

《浙江湖州获批成全国首个地级市生态文明先行示范区》，中国新闻网，http://www.chinanews.com/df/2014/06-25/6320103.shtml。

郑坚信：《宁波市农产品加工业竞争力研究》，硕士学位论文，吉林农业大学，2013年。

郑锦国：《打造绿色金融"湖州样本"》，《中国金融》2019年第10期。

郑伟雄、何汀源：《德清县健全农村产权交易体系的做法与思考》，《新农村》2016年第11期。

中共湖州市委：《湖州市打造实施乡村振兴战略示范区行动方案》，湖委发〔2018〕1号。

中共湖州市委办公室、湖州市人民政府办公室：《湖州市促进农民增收三年行动计划》，2018年6月19日。

中共湖州市委办公室、湖州市人民政府办公室：《关于实施村级集体经济三年强村计划的意见》（湖委办〔2018〕41号）。

中共湖州市委：《关于全面推广"余村经验" 大力提升乡村治理现代化水平的实施意见》（湖委发〔2019〕1号）。

中共中央 国务院：《乡村振兴战略规划（2018—2022年）》，新华网，http://www.xinhuanet.com/2018-09/26/c_1123487123.htm。

中国共产党中央委员会：《中共中央关于制定国民经济和社会发展第十三个五年规划的建议》，《人民日报》2015年11月4日第1版。

朱智：《景区村庄特色体验项目开发研究——以湖州市为例》，《湖北农业科学》2019年第19期。

庄国泰：《努力使良好生态环境成为乡村振兴的重要支撑》，《学习时报》2019年4月3日。